集人文社科之思　刊专业学术之声

集 刊 名：中国简帛学刊

主办单位：山东省社科研究基地聊城大学简帛学研究中心

《中国简帛学刊》（第三辑）

学术委员会（以现代汉语拼音为序）

《中国简帛学刊》（第三辑）

集刊序列号：PIJ-2019-372

中国集刊网：www.jikan.com.cn

集刊投约稿平台：www.iedol.cn

中国简帛学刊

（第三辑）

山东省社科研究基地聊城大学简帛学研究中心 主办

蔡先金 主编

苗菁 副主编

社会科学文献出版社
SOCIAL SCIENCES ACADEMIC PRESS (CHINA)

国家社会科学基金重大项目"中华简帛文学文献集成及综合研究"
（项目批准号：15ZDB065）阶段性成果

目　录

■ **出土文献与思想文化研究**

■ **综　述**

■ **稿　约**

本刊特稿 ————————

出土文献与《楚辞》研究

黄灵庚*

当下《楚辞》研究，难以深入的原因主要有二：一是文献资料解读难度大。由于《楚辞》文献年代绵邈久远，读懂、读通，确实不易，需要具备"小学"基本功夫，熟练运用文字、音韵、训诂知识解读《楚辞》文献的能力。这个能力不是一蹴而就的，这正是时下《楚辞》研究者所欠缺的学养。《楚辞》研究中的疑难问题，自两汉至民国，都有学者从不同角度、不同层面进行过探索，该解决的问题都已解决，未解决的问题仍然存在。后人在前人已有基础上，再去掏一点"新意"而不至于"炒冷饭"，确是戛戛乎难也。二是《楚辞》及其相关的文献资料匮乏，成为难以突破的一个"瓶颈"。现有的《楚辞》及其相关文献已被前代学者反复引证、解读、诠释，多已成为难以逾越的"经典"。后人踵武故辙，好比咀嚼前人已咀嚼了多次的食物，即便能品出一点新味，也是拾人唾余，成不了多大气候。

但是，《楚辞》研究并非已到了山穷水尽、一筹莫展的地步，而是别有一番新天地。王国维说，"古来新学问起，大都由于新发现"。这个"新发现"，指的是为传世文献所未见的地下出土文献，说传世"纸上之学问赖于地下之学问"，倡导"二重证据法"，以地下出土的"新材料"以印证、补充传世的"纸上之材料"①，从而解决学术史上疑难问题。如屈原《天问》"该秉季德"以下这段文字，自东汉王逸至晚清学者，两千余年间，没有人

---

*   黄灵庚（1945~），浙江师范大学特聘教授，中国古典文献学博士生导师，浙江省重点基地江南文化研究中心首席专家。

① 王国维：《古史新证》，见《王国维全集》第十一卷，浙江教育出版社、广东教育出版社，2009，第241~242页。

读懂过。王国维运用地下出土的甲骨文材料，证明"该"，是王亥；"恒"，是王恒；"季"，是王季；"微"，是上甲微；他们都是殷商的先公、先王，卜辞中都有记载。"有扈"，即有易。王氏厘清了《天问》这段文字的内容，后人才明白，原来其所记载的，是殷商先王、先公和北方有易部落交往的历史。① 这个案例，后人称道之不置，视为运用"二重证据法"的成功典范。

　　自 20 世纪 70 年代以来，在湖北、湖南、河南、安徽等地，即在原属春秋战国时期的楚国版图内，不断出土先秦乃至两汉时期的简帛文献，比较著名的有湖北省江陵市望山楚墓竹简、包山楚墓竹简、荆门市郭店楚墓竹简、云梦睡虎地秦墓竹简、王家台秦墓竹简、江陵张家山汉墓竹简、湖南省长沙市子弹库战国楚帛书、马王堆汉墓帛书、河南省信阳市长台关战国楚墓竹简、新蔡葛陵楚墓竹简、安徽省阜阳市双古堆汉墓竹简等；还有近年陆续从海外收回的简帛文献，如上海博物馆藏战国楚竹书、清华大学藏战国竹书、北京大学西汉竹简、湖南大学岳麓书院秦简等。最近出土于南昌海昏侯刘贺墓中的 5000 多支汉简，有待公布，尤为举世瞩目。这些源源不断的"新材料""新发现"，比起王国维所处时代，未可同日而语。简帛文献有其明显的地域特征，多出土于楚地的战国、秦、汉的古墓，与传世《楚辞》文献关系比较密切，可以互证之处甚多。笔者忝列《楚辞》研究队伍 40 余年，踵武静安先生的"二重证据法"，运用历年出土的战国楚地的简帛文献、秦汉简帛文献等"新材料""新发现"，重新检讨、研究传世《楚辞》文献，破解其中千古未解之谜。本文选取四事，以探索在"新材料""新发现"的条件下《楚辞》研究的新方法和新途径。

一　从出土文献的"私畦"以发明《离骚》喻义

　　《离骚》："余既滋兰之九畹兮，又树蕙之百亩。畦留夷与揭车兮，杂杜衡与芳芷。冀枝叶之峻茂兮，愿俟时乎吾将刈。虽萎绝其亦何伤兮，哀众芳之芜秽。"屈原将"兰""蕙""留夷""揭车""杜衡""芳芷"等比作什么？东汉王逸注前四句既说是"种莳众香，修行仁义，勤身自勉"，则以"众芳"比自己"德行"；又注后四句说是"言己种植众芳，幸其枝叶茂长，

---

① 《古史新证》，见《王国维全集》第十一卷，第 249～258 页。

实核成熟，愿待天时，吾将获取收藏，而飨其功也；以言君亦宜蓄养众贤，以时进用，而待仰其治也"。① 则推己及君，以"众芳"比作"众贤"。唐代《文选》五臣注也是此意，刘良注前四句既说是"积累众芳自洁，饰其德行"②，吕向注后四句又说是"喻君养贤以时进用"。③ 旧注均以八句分隔两层意思：前者说己，后者说君。至明末赵南星，说八句全是比喻"己平日培植群贤，序所谓'率其贤良以厉国士'者也"④，以为只一层意思。李陈玉发挥其意，说"兰是国香，大贤之譬。蕙次于兰，小贤之譬。留夷、揭车、杜衡、芳芷，俱香草之至小者，又是一材一艺可为国需者之譬。树众芳者，树众贤之譬也"。⑤ 清代林云铭《楚辞灯》、钱澄之《屈诂》、方苞《离骚正义》、刘梦鹏《屈子楚辞章句》、胡文英《屈骚指掌》等也都以"众芳"比屈原所培植的"贤才"。二解孰是孰非？未可武断。

　　理解《离骚》这段话的喻旨，关键在于弄清"畦"是什么意思？王逸大概已不能决断，胪列了二解：一说"畦，共呼种之名"；一说"五十亩为畦"。⑥ 朱熹说："畦，陇种也。"⑦ 明、清注家多取朱熹而放弃王逸，游国恩先生也以为"此文'畦'作动词用，朱熹释为'陇种'是也"。⑧ 从语境场看，畦，与下"杂杜衡"之"杂"相对，确是做动词用。这个"杂"字，《说文》本义是"五采相会"，指赤、黄、黑、白、紫五种颜色搭配称之为"杂"，如《文心雕龙·情采》"五色杂而成黼黻"。引申为"搭配""合共"。《汉书·谷永传》"杂焉同会"，颜师古注："一曰杂音先合反。杂焉，总卒貌。"⑨ 而不解作"混杂""杂乱"。王逸解"畦"为"共呼种"，是依据"杂"字解为"合共"而所作推断。"杂杜衡与芳芷"，说于留夷、揭车香草之间，又套种了杜衡、芳芷。至确。但是，"畦"字一旦离开这个语义场境，本身并无"共呼种"意义。

① （东汉）王逸：《楚辞章句》，黄灵庚点校，上海古籍出版社，2017，第9页。
② 刘跃进辑《文选旧注辑存》第十一册，凤凰出版社，2017，第6304页。
③ 《文选旧注辑存》第十一册，第6306页。
④ （明）赵南星：《离骚经订注》，见黄灵庚主编《楚辞文献丛刊》第三十三册，国家图书馆出版社，2014，第524页。
⑤ （明）李陈玉：《楚词笺注》，见黄灵庚主编《楚辞文献丛刊》第三十九册，第33页。
⑥ （东汉）王逸：《楚辞章句》，第9页。
⑦ （宋）朱熹：《楚辞集注》，黄灵庚点校，上海古籍出版社，2017，第15页。
⑧ 《游国恩楚辞论著集》第一册，中华书局，2008，第91页。
⑨ （汉）班固：《汉书》第十一册，中华书局点校本，1975，第3469页。

《说文·田部》也说："五十晦为畦。"晦，古亩字。清段玉裁注："《离骚》'畦留夷与揭车兮'，王逸注：'五十亩为畦。'《蜀都赋》刘注曰：'《楚辞》"倚沼畦瀛"，王逸曰："瀛，泽中也。"班固以为畦，田五十亩也。'此盖班固释'畦留夷'之语，今俗本《文选》佚之。按：《孟子》曰：'圭田五十亩'。然则畦从圭、田，会意兼形声。又用为畦畛，《史记》'千畦姜韭'，韦昭曰：'畦，犹垄也。'"① 这大约是"畦"字最详尽解释，但是问题不少。段氏说"五十亩为畦"是东汉班固《离骚章句》遗义，王逸辑之以存旧说，至确。段氏又以"五十亩"之"畦"与"畦畛""垄畦"混同一字，则未加分析。至于"畦"何以为"五十亩"之名，段氏只标出出自《孟子》，无任何说明。沈祖绵说："畦、圭一字。《孟子·滕文公上》云：'卿以下必有圭田，圭田五十亩。'赵岐注：'圭，洁也。'圭田即畦田，以植姜韭（见《史记·货殖传》）、菜茹者（见《汉书·食货志》）。同篇：'病于夏畦。'赵注：'病，极也。言其意苦劳极，甚于仲夏之月治畦灌溉之勤也。'得其义。"② 沈氏以为"圭、畦一字"，畦田，是《孟子》"圭田五十亩"。其实，清李赓斋业已指出："《说文》：'畦，田五十亩也。'圭，即畦之省。"③ 沈氏又以"圭田"是春秋时期卿大夫以下官员种植"姜韭菜茹"的私家田园，类似独立于国家公有土地之外、各家各户所持有的"自留地"。这个说法极有启发性。但是，其"治畦灌溉"云云，也混同"五十亩为畦"和"菜畦""田垄"为一字。

《孟子》所说"圭田"是如何产生的？不妨对西周以来土地制度变革做一番考察。《滕文公》上篇说："卿以下必有圭田，圭田五十亩，余夫二十五亩。"东汉赵岐注："古者卿以下至于士皆受圭田五十亩，所以供祭祀也。圭，洁也。上田故谓之圭田。所谓'惟士无田，则亦不祭'，言绌士无洁田也。井田之民养公田者受百亩，圭田半之，故五十亩。余夫者，一家一人受田，其余老小尚有余力者，受二十五亩，半于圭田，谓之余夫也。《王制》曰：'夫圭田无征。'谓余夫、圭田皆不当征赋也。时无圭田、

① （清）段玉裁：《说文解字注》，上海古籍出版社1981年据经韵楼臧版影印本，第696页之上、下。
② 沈祖绵：《屈原赋证辨》，中华书局，1961，第7页。
③ （清）李赓芸：《李赓斋遗书·炳烛编》卷一"圭田"条，清同治十一年《古今图书集成》本。

余夫，孟子欲令复古，所以重祭祀，利民之道也。"① 又说："方里而井，井九百亩，其中为公田。八家皆私百亩，同养公田；公事毕，然后敢治私事，所以别野人也。"赵岐注："方一里者，九百亩之地也，地为一井八家，各私得百亩，同共养其公田之苗稼。公田八十亩，其余二十亩，以为庐井宅园圃，家一亩半也。先公后私，'遂及我私'之义也。则是野人之事，所以别于士伍者也。"② 依据孟子所描绘的状况，西周时期土地制度，家家有田，人各百亩，是为公田，公田需要交赋税；公田以外，人各受"畦田"五十亩，有余力的老弱之夫，人各受田二十五亩。"畦田"是天子赐予卿士的私有土地，在完成"公田"劳作之后，可以从事"畦田"的耕作，其收入全归私家所有，不用交税，祭祀祖宗笾豆什物，也得到了保证，不至于短缺而毁坏"孝亲敬祖"的礼仪制度，所以说是"重祭祀，利民之道"。周天子考虑得如此周全、缜密，"普天之下"的万民子姓理当拥戴感恩，致令生于春秋以后礼乐崩坏的孔、孟之徒向往之不置。试问：西周果真有过如此完美周全的土地制度吗？这只是孟子所追求的理想田制，是他个人乌邦托式的空想，并非实有其事，历史学家早就指出其说不真实。但是，只有一点确信无疑，"畦田"确实是存在的，是独立于诸侯公室以外的私田，是诸侯"卿大夫及士"私家所开垦的土地。私田，也许在西周时期已存在了，金文中《曶鼎》、《矢人盘》（即《散氏盘》）已证明卿士已有私田③，《诗·大田》："雨我公田，遂及我私。"私，也是私田。④ 但是，以"畦田"名义出现的私田，则始于春秋，盛行于战国，非周家王朝或者诸侯公室所赐予。畦田不为周天子或者诸侯公室所控制，不能强行征税。《礼记·王制》："夫圭田无征。"郑玄注："夫，犹治也。征，税也。《孟子》曰：'卿以下必有圭田。'治圭田者不税，所以厚贤也。"孔颖达疏："圭，洁白也。言卿大夫德行洁白乃与之田，此殷礼也。殷政宽缓，厚重贤人，故不税之。周则兼通士税之，故注云'周官之士田以任近郊之地，

---

① 《孟子注疏》，阮刻《十三经注疏》下册，中华书局 1980 年影印，第 2702 页之下。
② 《孟子注疏》，《十三经注疏》下册，第 2703 页之上。
③ 郭沫若：《奴隶制时代》，人民出版社，1954，第 238 页。
④ 《诗·大田》郑玄笺云："其民之心，先公后私，令天主雨于公田，因及私田尔。"见《毛诗正义》，《十三经注疏》上册，第 477 页之上。

税什一'。"① 这都是美化粉饰三代帝王之词。畦田征税与否，并非出于"厚重贤人"，不是为了表彰卿大夫"德行洁白"，实在是王室或诸侯公室迫不得已而做出让步的举措。明孙兰指出："《九章·方田》有'圭田求广从法'、有'直田截圭田法'、有'圭田截小截大法'，凡零星不成井之田，一以圭法量之。圭者，合两句股之形。井田之外有圭田，明系零星不整者也。"② 说畦田是"零星不成井之田，一以圭法量之"。这种"零星不成井之田"的"畦田"是怎么产生的？孙氏也没有说清楚。春秋时期，卿大夫、士、陪臣等下层官吏在政治上崛起，往往是通过大面积开垦"畦田"开始的。他们广征民力，开垦私田，不断获取、积蓄财富，乃至超过公室，最终危及公室政权，取而代之。"畦田"制度的产生，是对西周井田制度的反动，是春秋社会制度的巨大变革，意味着周朝及诸侯公室的土地制度被彻底破坏，土地、财富被新兴的卿士占有，国家权力也为卿士所替代，最后必然导致西周上层建筑的"礼乐崩坏"。鲁国季氏是以积蓄财富始，最后颠倾公室，所谓季孙、孟孙、叔孙三家行鲁政。其时"民患上力役，解于公田"③，"民不肯尽力于公田"④，而竞耕于卿士私田，导致"公田稼不善"，动摇了公室政权的基础。⑤ 公室为了竭力抑制卿士，向"畦田"强征，是以鲁国始推行"初税亩"⑥，秦简公七年在秦国实行"初租禾"⑦，都是出于一时权宜的举措，于公私田也一律征税。公家既然向"畦田"征税，则必须对"畦田"制定亩制，所以遂定一畦亩数，并禁止卿士无限制的逾侈、扩充。一畦究竟是否"五十亩"，恐怕也不能定论。再说都是"零星不整"的土田，也无法用"圭法"计量。新兴的卿士更不会甘心坐以待毙，竭力抗拒，结果达成了妥协，即所谓"夫圭田不征"。所以说，"畦田"是春秋时期土地所有权大变革的产物。其所以取名"圭田"，义受之于"趌"。《说文·走部》："趌，半步也。从走、圭声。"或作"跬"，《小尔雅·度》：

---

① 《礼记注疏》，《十三经注疏》上册，中华书局 1980 年影印，第 1337 页之中、下。
② （清）黄以周：《礼书通故》，中华书局，2007 年王文锦点校本，第 4 册，第 1544 页。
③ 《汉书》第五册，第 1434 页。
④ 《公羊传》宣公十五年何休注，《十三经注疏》下册，第 2286 页之下。
⑤ 《穀梁传》宣公十五年，《十三经注疏》下册，第 2415 页之上。
⑥ 《左传》宣公十五年，《十三经注疏》下册，第 1888 页之中。
⑦ （汉）司马迁：《史记》第二册，中华书局，1983 点校本，第 708 页。

"跬，一举足也。"《诗·小旻·郑笺》"是于道路无进于跬步"，《释文》："举足曰跬。"① 引申为"逾越""越度"。越侈于井田以外而不成井之田称"圭田"，益从"田"旁而字作"畦"。而"畛畦""垄畦"之"畦"，取法于圭玉的形制。同是一个"畦"字，其义来源各异。又，段注引《招魂》"倚沼畦瀛"，读"畦"如班固"五十亩"之"畦"。也是讲不通的。倚，通作猗，是越度的意思。猗、畦相对，都用作动词。畦，读作趌，也是"越过"。《招魂》"倚沼畦瀛"，原意是驰驱狩猎而越度云梦沼泽。

南方楚国毫无例外经历了土地所有权的变革，产生了属于卿士等下层官吏私有的"畦田"，且已为出土文献所证实。清华简《越公其事》记载："王好蓐（农）工（功），王亲自耕，有私畦。"整理者说："私畦，亲耕之私田。古书又称籍田。"② 以"私畦"为"私田"，是正确的，但又说"畦田"是天子所耕"籍田"，混淆公私的区别。天子所耕"籍田"，是公田，非私田。再说，越王勾践兵败之后，沦为比贱民更贱之民，已一无所有，苟延于残山剩水之间，何来公田之有？越国的公田、城邑均已为吴国所占有。于是勾践开垦土田，亲耕"私畦"，其不在公田范围之内。但是，勾践需要承担双份劳作，即在为吴国完成公田农作、赋税之后，再从事于"私畦"耕殖，劳动强度之大，生活之艰难，可以想见。勾践确实了不起，含垢忍耻，终于忍受了下来，且身为表率，开垦其私，勤于耕殖，把全越国百姓都带动起来。"故王左右大臣乃莫不耕，人有私畦。举越庶民，乃夫妇皆耕，至于边县大小远近，亦夫妇皆 [耕]，越邦乃大多食。"越国达到了"大多食"，为报仇雪耻积蓄了雄厚的财富。"人有私畦"云云，是说越国臣民，家家户户都有"私畦"，国内的荒山滩涂已被垦殖出来，其规模恐怕不在被吴国强占的公田之下，能用"五十亩为畦"去丈量么？毋庸置疑，"私畦"的土地制度，已广泛通行于夫差、勾践之世，越国战胜吴国，本质上就是"私畦"取代公田的胜利。之后，越为楚国所灭，楚是否因越制，虽然未可武断，但是楚民确有"私畦"存在，也无可疑虑。而"私畦"的名称，因方国不同，会有差异。《包山楚简》的"文书"记载审理土田继承权的讼狱案例，第151简至154简说："左驭番戍飤（食）

① 《毛诗正义》，《十三经注疏》上册，第449页之上。
② 李学勤主编《清华大学藏战国竹简》（柒），中西书局，2017，下册，第130页。

田于邵域歅邑城田一素畔蓄。戌死，其子番步后之；步死，无子，其弟番黜后之；黜死，无子，左尹命其从父之弟番款后之。款飤（食）田疠于责，骨得之。左驭游，晷骨贮之有五段，王士之后郢赏间之，言谓番戌无后。左司马旨命左令敮定之，言谓戌有后。□□（䔲蘆）之田，南与郝君佢疆，东与陵君佢疆，北与鄝昜佢疆，西与鄱君佢疆。”① 其中“飤田”即“食田”，为番氏之家所有的“私畦”。而这个“食田”的名称，本来指为诸侯公室所赐予卿士的公田。《国语·晋语》“公食贡，大夫食邑，士食田”，韦昭注：“受公田也。”②《战国策·楚策》：“叶公子高食田六百畛，故彼崇其爵，丰其禄，以忧社稷者，叶公子高是也。”③ 楚王赐予叶公子高“食田”至“六百畛”，是六千亩，属于楚国公室所有的“公田”，叶公子高的子弟不得世袭。公田无承袭权，臣子去职或者死亡，最终均还归公室。唯有《包山楚简》番氏一家的“飤（食）田”可世袭，和《国语》《战国策》所载“食田”名同而实异。番氏之家的“飤（食）田”，父死子袭，兄死弟袭，弟无子由从父弟袭。若从父子弟也无后，则为无主之田，无所归属，才收为公有。后嗣的有无，作为判定“飤（食）田”归属的关键。而“左司马旨命左令敮定之，言谓戌有后”，属番家的私畦，则已成定案。简文又说“王所舍新大厩以䔲蘆之田，南与郝君埶疆，东与陵君埶疆，北与鄝昜埶疆，西与鄱君埶疆”。④ 番家的“䔲蘆之田”，其时已被王姓之家侵吞而改造成“大厩”，东南西北四边，各与郝、陵、鄝、鄱四家为界，于是状告楚国左尹昭佗。所以，番姓的“䔲蘆之田”，名为“飤（食）田”，实为“私畦”。《九店楚简》说：“畦一秷又五来，敔稆之三檐（担）。畦二秷，敔稆之四檐（担）。畦二秷又五来，敔稆之五檐（担）。畦三秩，敔稆之六檐（担）。”⑤ 畦，即“私畦”。“秷”“秩”“稆”“来”“担”，都是计算稼穑的量词。敔，通作御，说“相值”“相当”的意思。“私畦”收一秷又五来，相当于稆三檐（担）。畦田收二秷，敔（相当）于稆四檐（担）。“私

① 参见《包山楚简》，文物出版社，1991，第 28 页。“□”表示字原缺。

② 徐元诰：《国语集解》，中华书局，2006，第 350 页。

③ 范祥雍：《战国策笺证》，上海古籍出版社，2010，第 808、812 页。

④ 《包山楚简》，第 28 页。

⑤ 《九店楚简》，中华书局，2000，第 45、58 页。

畦"收二秭又五来，敌（相当）于秭五檐（担）。简文其下计量，皆可以此类推。《包山楚简》第 157 号简又有"职畦"一词①，指主司"私畦"的官吏。又有"畦贷"②，似指"私畦"的借贷。说明楚国存在私人的畦田，已经相当普遍，既有专职官吏，又允许借贷买卖，已有计算亩数及亩产的方式。

明白于此，则可以回到探究《离骚》莳兰树蕙和畦留夷、杂杜衡的喻义上了。畦，是屈原的"私畦"，是他家私有土田。《离骚》用作动词，说种植留夷、揭车、杜衡、芳芷于"私畦"，是比喻其私家塾室所培育子弟。那么上文滋兰九畹、树蕙百亩，九畹、百亩是楚公室所有的公田，比喻楚国朝廷的太学。屈原曾司掌楚国王室子姓（昭屈景），专以培植王室弟子，史称之为"三闾大夫"，所以说滋兰树蕙于畹亩；又在私家设坛开塾，故于"私畦"中共植留夷、揭车、杜衡、芳芷，招收门墙弟子，培养各种人才。其无论于公抑或于私，均以培植国家所需人才为己任，唯以荐贤进能为务，而不为己身图谋。这段喻义，不在于屈子"修身养德"。倘若没有出土文献"私畦"的新发现，则所谓"五十亩为畦"的春秋战国时期的土田制度终不能显白，而后《离骚》这段文字的喻义也将永远不得发明。正如前贤所说，"通经之根底，在通小学，此万古不废之理也。不通小学，其解经皆燕说也；不通经学，其读史不能读表、志也；不通经史，其词章之训诂多不安，事实多不审，虽富于词，必俭于理"。③就此而言，上述行文兜了这么大一个圈子，将"畦田"的来龙去脉，原原本本梳理清楚，似乎也很有必要。

二　求证出土《筮法》以探讨屈赋占卜吉凶的依据

《离骚》在求帝、三求女失败之后，转而求卜善于"明占吉凶"的灵氛，以指示其出路，于是屈原写下了这样一段文字："索藑茅以筳篿兮，命灵氛为余占之。曰：两美其必合兮，孰信修而慕之？思九州之博大兮，岂唯是其有女？曰：勉远逝而无狐疑兮，孰求美而释女？何所独无芳草

① 《包山楚简》，第 29 页。
② 《包山楚简》，第 29 页。
③ （清）张之洞：《创建尊经书院记》，见《张文襄公古文书札骈文诗集·古文二》第一册，民国 17 年刻本。

兮，尔何怀乎故宇？"王逸注以"曰两美"以下八句"皆灵氛之词"。①
但是，灵氛占词为何用两"曰"字分开？其称为"吉占"又是依据什么确定的？都没有说明。洪兴祖《补注》说："再举灵氛之言者，甚言其可去也。"② 明汪瑗说："此灵氛因占兆吉，复推其说，以劝屈子之词，而决其远游之志也。"③ 清王夫之说："再言'曰'者，卜人申释所占之义，谓原抱道怀才，求贤者自不能舍。"④ 清蒋骥说："再言'曰'者，叮咛之辞。"⑤ 又，清鲁笔《楚辞达》说："此'曰'字乃原问辞，下章'曰'字，是灵氛答语。"⑥ 清戴震说上"曰"下四语，屈原问卜之辞，下"曰"下四语，"灵氛之告以吉占也"。⑦ 清陈本礼也以上"曰"字为"原问卜之词"，下"曰"字为"灵氛占词"。⑧ 可谓聚讼纷如，皆不可通。总之，《离骚》两"曰"字的行文结构及其所以称"吉占"的道理，是遗留于后世的一大疑题。

　　清华简《筮法》⑨ 是一部指导运用《易经》进行贞卜的重要文献，是先秦时期楚文化的遗存载体。依贞问的内容，计有"死生""得""享""弁""至""娶妻""雠""见""咎""瘳""雨旱""男女""行""贞丈夫女子""小得""战""成"十七类，称之为"十七命"，已渗透楚人日常生活的各个层面。此外，《筮法》有"四季吉凶""乾坤运转""卦位图""人身图""天干与卦""地支与卦"以及"爻象"等一系列应用程序的说明、介绍，《易经》的应用及其严密的法则，已经相当成熟和周密，似乎普及为家喻户晓的基本常识。"夫《易》，广矣，大矣，以言乎远则不御，以言乎迩则静而正，以言乎天地之间则备矣。"⑩ 处于这样的一

---

① （东汉）王逸：《楚辞章句》，第 29 页。
② （宋）洪兴祖：《楚辞补注》，黄灵庚点校，上海古籍出版社，2015，第 53 页。
③ （明）汪瑗：《楚辞集解》，见黄灵庚主编《楚辞文献丛刊》第三十四册，国家图书馆出版社，2014，第 272 页。
④ （清）王夫之：《楚辞通释》，见黄灵庚主编《楚辞文献丛刊》第四十五册，第 53 页。
⑤ （清）蒋骥：《山带阁注楚辞》，见黄灵庚主编《楚辞文献丛刊》第五十一册，第 300 页。
⑥ （清）鲁笔：《楚辞达》，见黄灵庚主编《楚辞文献丛刊》第四十九册，第 491 页。
⑦ （清）戴震：《屈原赋注》，见黄灵庚主编《楚辞文献丛刊》第六十二册，第 29 页。
⑧ （清）陈本礼：《屈辞精义》，见黄灵庚主编《楚辞文献丛刊》第六十三册，第 119～120 页。
⑨ 李学勤主编《清华大学藏战国竹简》（肆），中西书局，2013。
⑩ 《系辞》上，《周易正义》卷七，《十三经注疏》上册，中华书局 1979 年景印本，第 78 页之下。

个文化背景之下，而"博闻强志，明于治乱，娴于辞令"① 的楚国诗人屈原，对于《易经》的内容以及应用法则也是了如指掌、娴熟于心的，则在他的辞赋之作中不能不有所体现。东汉王逸说："《离骚》之文，依托五经以立义。"② 又说："'夕揽洲之宿莽'，则《易》'潜龙勿用'也。'驷玉虬而乘鹥'，则《易》'时乘六龙以御天'也。"其所举《离骚》两个句子，是否可与《易经》模拟，或者从《易经》中化出，不敢贸然断定。但是，王逸始终认为屈原创作的辞赋是"依托五经以立义"，而"五经"之首的《易经》自然也包括在其中。古今学者似乎多不以为意，而且未加深究。

细读屈原辞赋之作，深感确有《易》语或《易》义充斥其间，若据《易》义以解《骚》，对屈赋会有更深刻、更丰富的感悟和理解。首先，表现为屈原辞赋对《易经》字词或者语句套用、因袭。如，《离骚》"芬至今犹未沬"，王逸注："沬，已也。"洪氏《补注》："沬音昧，微晦也。《易》曰：'日中见沬。'"③ 洪氏以套用《易·丰》九三"丰其沛，日中见沬"之语，沬，读作昧，解微晦不明之义，不同意训已。《东皇太一》"蕙肴蒸兮兰藉"，王逸注："藉，所以藉饭食也。《易》曰：'藉用白茅。'"④ 这个"兰藉"之藉，是取义于《易·大过》初六"藉用白茅"之藉，表示衬垫的意思。《云中君》"龙驾兮帝服"，王逸注："龙驾，言云神驾龙也，故《易》曰'云从龙'也。"⑤ 云中君是云神，而云神出行必驾龙车，则取义于《易·文言》的"云从龙"。《大司命》"乘清气兮御阴阳"，洪氏《补注》："《易》云：'时乘六龙以御天。'乘犹乘车，御犹御马也。"⑥ 洪氏引《易》，见《乾象》，孔疏："时乘六龙以御天者，言乾之为德，以依时乘驾六爻之阳气，以控御于天体。六龙，即六位之龙也，以所居上下言之，谓之六位也。阳气升降，谓之六龙也。"⑦ 乘清气、御阴阳，是接受了《易经》乘龙御天的辞藻。类此词例，不胜其举。其次，屈原对《易经》意义的接

① （汉）司马迁：《史记》第八册，中华书局，1996 点校本，第 2496 页。
② （东汉）王逸：《楚辞章句》，第 39 页。
③ （宋）洪兴祖：《楚辞补注》，第 43 页。
④ （东汉）王逸：《楚辞章句》，第 85 页。
⑤ （东汉）王逸：《楚辞章句》，第 45 页。
⑥ （宋）洪兴祖：《楚辞补注》，第 105 页。
⑦ 《周易正义》，《十三经注疏》上册，第 14 页之中。

受、传承、阐释或者改造，在其辞赋中时有所见，试举二事说明。《离骚》："余固知謇謇之为患兮，忍而不能舍也。"王逸注："謇謇，忠贞貌也。《易》曰：'王臣謇謇，非躬之故。'言己知忠言謇謇，刺君之过，必为身患，然中心不能自止而不言也。"① 王注引《易》，不光是为了印证"謇謇"这个词的意义，而是据《易》旨以解二句的本义。"王臣謇謇，非躬之故"，原出自《易经·蹇》六二，"謇"又作"蹇"②，本指处境艰难。上博简《周易》作"讦"，马王堆汉帛书《周易》作"蹇"③，字无定体，意义无别，均表示"忠贞"意思。《蹇》卦为艮下坎上（䷦），其六二，处臣位之象，以应君位之象的九三。而九三处于坎中。坎是陷阱，象险恶之地。王弼说："处难之时，履当其位，居不失中，以应于五，不以五在难中，私身远害，执心不回，志匡王室者也。故曰：'王臣蹇蹇，匪躬之故。'履中行义，以存其上，处蹇以此未见其尤也。"④ 从臣下角度看，君王陷于艰险之地，臣下以居位于朝，不能私自离位，而远身避害，而应辅佐王室。虽明知不利己身，而奋不顾身，所以"未见其尤"。朱熹说得更为明白："柔顺中正，正应在上，而在险中，故蹇之又蹇以求济之，非以其身之故也。不言'吉凶'者，占者但当鞠躬尽力而已。至于成败利钝，则非所论也。"⑤ 用朱骏声的话说："重坎为蹇，蹇五蹇二亦蹇，险而入险也。二不私身远害，志在匡王室者，故不言'往来'。此爻如周公之居东。"⑥ 周公居东，正是罹难处险之意。《离骚》原意，说眼看得君王的车驾步步走向险厄之地，不能无动于衷，忠心劝谏，使回返"正路"，明知这样做于己身有害，但不能以一己之故而放弃。正是《蹇卦》六二的原意。所以说二句是屈原化用《易·蹇》卦六二爻位的旨意，是有道理的。再如，《天问》"该秉季德"这段文字，王国维运用甲骨文的文献材料，才厘清是记载殷商先公的历史。该、恒、季、微，卜辞中都有记载。有扈，即有易，扈是易的错别字。⑦ 顾颉刚依据《易经》又做补充，他说："《易·大壮》六五爻辞：'丧羊于易，无悔。'

① （东汉）王逸：《楚辞章句》，第 7 页。
② 《周易正义》，《十三经注疏》上册，第 51 页之下。
③ 裘锡圭主编《长沙马王堆汉墓简帛集成》（三），中华书局，2014，第 20 页。
④ 《周易正义》，《十三经注疏》上册，第 51 页之下。
⑤ （宋）朱熹：《周易本义》，中华书局，2009，第 151 页。
⑥ （清）朱骏声：《六十四卦经解》，中华书局，1953，第 168 页。
⑦ 王国维：《殷卜辞所见先公先王考》及《续考》，《王国维全集》第八卷，第 236～296 页。

又，《旅》上九爻辞：'鸟焚其巢，旅人先笑后号咷。丧牛于易，凶。'这两条爻辞，从来《易》学大师不曾懂得。自从甲骨卜辞出土之后，经王静安先生的研究，发现了商的先祖王亥和王恒，都是汉以来史传里失传了的。明白了这件事的大概，再来看《大壮》和《旅》的爻辞，就很清楚了。这里所说的'易'，便是有易。这里所说的'旅人'，便是托于有易的王亥。这里所说的'丧羊'和'丧牛'，便是'胡终弊于有扈，牧夫牛羊'，也即是'有易杀王亥，取仆牛'。这里所说的'鸟焚其巢，旅人先笑后号咷'，便是'干协时舞，何以怀之？平胁曼肤，何以肥之？有扈牧竖，云何而逢？击床先出，其命何从'，也即是'殷王子亥宾于有易而淫焉，有易之君绵臣，杀而放之'。想来他初到有易的时候，曾经过着很安乐的日子，后来家破人亡，一齐失掉了，所以爻辞中有'先笑后号咷'的话。"① 顾氏解释是可信的，《易经》中《大壮》六五（☳）爻辞及《旅》上九（☶）爻辞，确实与《天问》"该秉季德"以下一段所记述的是同一内容。虽然不能断定《天问》"该秉季德"一段是因《易经》而问难，至少表明屈子对于《易经》所记载本事相当熟稔。由此可知，屈原对于《易经》的承传、因袭或阐述，是毋庸置疑的，屈赋中肯定存在《易经》的因素。王逸"依经以立义"的说法，不加分析地统斥之为以儒家经义强解《楚辞》之弊是不公正的。《离骚》等辞赋凡有《易经》因素，均有待于进一步钩稽、探索，即通过"据《易》以解《骚》"的途径，寻求答案。

《离骚》灵氛占卜用两"曰"字，是和使用了两种卜具有关系。先是用"藑茅"占筮，后用"筳篿"以贞卜。二占的繇词，用两"曰"字来分别。上"曰"字以下"两美其必合兮"四句，用"藑茅"以筮的繇辞，后"曰"以下"勉远逝而无狐疑兮"四句，用"筳篿"以占的繇辞。二占的繇辞皆吉，所以说"吉占"。连占了两次，古称"习卜"。《包山楚简》谓"屈宜习之以彤客为左尹邵佗贞"。② 习即袭，指沿袭、重复。殷商卜辞，已有"习二卜"记载③，可见其由来甚久。《礼记·曲礼》说"卜筮不过三，

① 苏雪林：《天问正简》，台湾文津出版社，1992，第397页。
② 湖北省荆沙铁路考古队：《包山竹简》，文物出版社，1986，第34页。
③ 郭沫若：《郭沫若全集·考古编》（二），科学出版社，1983，第586页。

卜筮不相袭"，郑注："鲁四卜郊，《春秋》讥之。卜不吉则又筮，筮不吉则又卜，是渎龟筴也。晋献公卜取骊姬不吉，公曰'筮之'，是也。"① 即是说，贞卜了两次，卦体均吉或者均凶，则不再占卜，若一吉一凶，则行第三次占卜来决定，所谓"礼以三为成也"。② 灵氛占卜了两次皆吉，没有必要"习三卜"。对此，笔者已有考证，而且已被出土文献与传世文献双重材料所证明。③ 但是，卜具本身与吉凶无关，所以始终没有解决灵氛的"吉占"究竟凭什么判断的问题。这口千年"枯井"，还有值得探索、开采的"矿物"。

在出土的占卜祝祷的文献中，时或发现占卜的繇辞之后系有《易》卦的符号。《包山楚简》的卜筮祭祷记载，卜人应会在"宋客盛公鸮聘于楚"这一年的"刭屎之月（正月），乙未之日"，用"央蓍"卜具，为楚国的左尹邵伦贞卜。其所"贞"之事是进退出处，说"自刭屎之月（正月）以庚刭屎之月（正月）"，即自此年的正月至来年的正月，一年之内"出入事王尽卒岁"？躬身是否"有咎"？接着系以"䷏䷹"（豫兑）两卦。④ 又，卜人五生在"大司马卓滑徜楚邦之师徒以救郙"这一年的"刭屎之月（正月），己卯之日"，用"丞悳"卜具，为左尹虖贞卜，所"贞"之事，是说"出入侍王"，在"刭屎之月（正月）以庚集岁之刭屎之月（正月）"之间，是否能奉事到底（集岁）？躬身是否有咎？接着系以"䷐䷝"（随离）两卦的符号。⑤ 卜人陈乙又在同年同月同日，用"共命"卜具，也为左尹邵伦贞。其所"贞"之事是邵伦本人，"既腹心疾，以走（胀）气，不甘飤（食），尚速瘥，毋有奈"？接着系以"䷚䷘"（颐无妄）两卦。⑥ 卜人五生又在同年同月同日，也为左尹邵伦贞同样的事，"既腹心疾，以走（胀）气，不甘飤（食），尚速瘥，毋有奈"？接着系以"䷟䷚"（恒需）两卦。⑦ 贞问之后，然后再向天地山川神祇或者列祖列宗祷告，以求福佑。类此占卜记录，又见河南新蔡葛陵楚墓的竹简，也是两卦连用，其所贞问之事无非入官和疾病，

① 《礼记正义》，《十三经注疏》上册，第1251页之中、下。
② 《礼记正义》，第1252页之中。
③ 黄灵庚：《楚辞章句疏证》第一册，中华书局，2007，第428~430页。
④ 《包山楚简》，第32页。
⑤ 《包山楚简》，第35页。
⑥ 《包山楚简》，第36页。
⑦ 《包山楚简》，第36页。

计有"☷☰"（比同人）①、"☶☱"（旅大过）②、"☴☷"（观泰）②、"☶☱"（剥咸）③、"☶☶"（谦颐）④、"☰☷"（姤坤）⑤ 等卦的符号，这些《易》卦符号表示了什么？应该怎样解读？清华简《筮法》终于解开了秘密。《筮法》"十七命"的各命均以两卦为一节，如首命贞问"死生"之事，共九节，每节是两卦，各节之间用黑点区分，而贞问之事，往往以两节为一段。首段是"乾""家人"两卦（☰☲）与"大畜""噬嗑"两卦（☶☲）组成，次段是"解""节"两卦（☵☵）与"兑""噬嗑"两卦（☱☲）组成，三段是"解""节"两卦（☵☵）与"兑""鼎"两卦（☱☲）组成，四段是"豫""家人"两卦（☳☲）与"剥""遁"两卦（☶☶）组成。也有只两卦一节为一段，如末段只有"屯""睽"两卦（☵☲）。卦与卦排列次序，自左往右。⑥ 卦与卦的组合，由爻位预示着与死亡相关的告示，繇辞也是连读的。如最末"屯""睽"两卦（☵☲），贞卜的内容是"筮死夫"："屯"的上卦为"坎"（☵），是中男；"睽"的上卦为"离"（☲），是中女。说中男、中女"相见在上，乃曰死"。⑦ 其他十六命也是如此，均以两卦为节的组合结构，概莫能外。包山楚简、新蔡葛陵楚墓等竹简两卦为度的组合方式，竟然与清华简的《筮法》完全一致，这不会是偶然巧合，而是楚人约定俗成的卜筮法规。

《筮法》占卜的繇辞，依据两卦的爻位组合，判断吉凶与否。如，第十二节贞问"生男"或"生女"之事，只有"谦""家人"两卦（☶☲），繇辞："凡男，上去二，下去一，中男乃男，女乃女。"⑧ "谦"是艮（☶）下坤

---

① 《新蔡葛陵楚墓》，大象出版社，2003，甲二：19、20，第188页。

② 《新蔡葛陵楚墓》，甲三：112，第192页。

③ 《新蔡葛陵楚墓》，甲三：302，第198页。

④ 《新蔡葛陵楚墓》，乙二：2，第203页。

⑤ 《新蔡葛陵楚墓》，乙四：95，第208页。

⑥ 《包山楚简》整理者都将次序排反了，如，"豫兑"作"兑豫"，"随离"作"离随"，"颐无妄"作"无妄颐"，"恒需"作"需恒"。由《筮法》组合的卦例，可以纠正其讹。

⑦ 《清华大学藏战国竹简》（肆），第78~80页。

⑧ 《清华大学藏战国竹简》（肆），第96页。

（☷）上，"家人"是离（☲）下巽（☴）上。"谦"的坤卦（☷）去其上二爻而留其下一爻、艮卦（☶）去其最下一爻而留其二、三爻，则成为坎卦（☵）。"家人"的巽卦（☴）去其上二爻而留其下一爻、离卦（☲）去其最下一爻而留其二、三爻，则也为坎卦（☵）。坎是中男，是为生男之象，所以繇辞说"中男乃男"。若"上去二""下去一"，而得为"长女""中女"或"少女"，是为生女之象，所以繇辞说"女乃女"。虽是一节两卦，而其爻位有两种不同方式解读，则繇辞内容也有正反两个。毫无疑问，依据《筮法》，灵氛占卜，包含使用《周易》卦体爻位的元素，吉凶与否，也是依据卦体的爻位决定的。前曰"两美其必合兮"四句用"蕙茅"占筮的繇辞，其下宜系两个《易》卦的符号，由其爻位来表示占卜的结果。继曰"勉远逝而无狐疑兮"四句用"筳篿"贞卜的繇辞，其下也宜系两个《易》卦的符号，由其爻位来表示占卜的结果。两个结果相同，都呈示吉象，则不必"习三卜"。由于屈原筮卜内容同是"求女"，和《筮法》的"娶妻"之命大略相当。但是，《离骚》求女是比喻，真实的喻旨是求贤君或者求贤臣，也是《乾卦》九二所谓"利见大人"，归类于《筮法》十七命中的"见"命。"见"命是两节，前节为"升""涣"两卦（☴☳　☲☳），繇辞："凡见，三女同男，男见。"升卦是巽（☴）下坤（☷）上，涣卦是坎（☵）下巽（☴）上，巽是长女，与"坤"（☷）为"三女"；坎是中男。所以说"三女同男"，则"男见"。后节为"大壮""贲"两卦（☴☳　☲☶），繇辞："凡见，三男同女，女见。"[1] 完全与前节相反。"大壮"是乾（☰）下震（☳）上，"贲"是离（☲）下艮（☶）上。震是长男，艮是少男，与乾为"三男"；离是中女。所以说"三男同女，女见"。《离骚》后节的繇辞，是否用了"大壮""贲"两卦而系上了"☴☳　☲☶"的符号？确实符合灵氛两占"繇辞"的原意。

《离骚》"欲从灵氛之吉占兮"，说明灵氛两占的爻位均显"吉"象。依据《筮法》，吉凶与否，和四季、日、辰都有关系。[2]《九歌·东皇太一》："吉日兮辰良，穆将愉兮上皇。"祭典东皇太一如此，灵氛占卜也是如此。灵氛占卜的时辰，《离骚》没有明确记载。若依据巫咸"恐鹈鴂之先

---

① 《清华大学藏战国竹简》（肆），第 90 页。
② 《清华大学藏战国竹简》（肆），第 107 页。

鸣"一句推测，鹈鴂鸣叫的季节是在暮春或初夏①，而一个"恐"字，说明其时"鹈鴂"没有开鸣，灵氛占卜的时间是在春季。春季震、巽是大吉，坎是小吉，艮、离是大凶，兑是小凶。而"大壮"的上卦是"震"，"贲"的上卦是"艮"，符合"四时"的条件。据《筮法》的《天干与卦》：乾配甲壬，坤配乙癸，艮配丙，兑配丁，坎配戊，离配己，震配庚，巽配辛。②"大壮"之卦乾下震上，"贲"之卦离下艮上，则吉日在甲、壬、庚、丙、己五日之间。又，据《筮法》的《地支与卦》：震配子午，巽配丑未，坎配寅申，离配卯酉，艮配辰戌，兑配巳亥。③则吉辰宜在子、午、寅、申、卯、酉、辰、戌七辰之间。由此或许成为推算屈原创作《离骚》月、日、辰的一条途径。

　　屈赋与《易经》占卜相关，即还有《九章·惜诵》一例，说："昔余梦登天兮，魂中道而无杭。吾使厉神占之兮，曰'有志极而无旁'。终危独以离异兮？曰'君可思而不可恃'。"王逸注："厉神，盖殇鬼也。《左传》曰，'晋侯梦大厉，搏膺而踊'也。旁，辅也。言厉神为屈原占之，曰：人梦登天无以渡，犹欲事君而无其路也。但有劳极心志，终无辅佐，言己行忠直，身终危殆，与众人异之故。"④王逸没有注两"曰"字的意义，解说也颇勉强。"登天"以比喻求君，是正确的。厉神告以两"曰"字，是用了两种卜具，而连用两卦，也是"习卜"的繇辞。前卦贞问虽有志登天见君，而劳苦倦极，是因为无人辅助。于是后卦进而贞问，何以我危独而遭此忧患，繇辞说因为"君可思而不可恃"，二占明白告示，登天求君不可能有好结果。毫无疑问，是"事与愿违"而不"利见大人"的凶卦，故也不得"习三卜"。其例同《离骚》灵氛占卜的两"曰"，其下也各自宜系两个《易》卦的符号，由其爻位来推断结果。清华简《筮法》"十七命"中的《见》命，没有例示以不见"大人"的凶卦，便无从参照，未敢妄猜比附。但是，结合《筮法》以两卦为度的贞卜法式，对于探究《离骚》灵氛及

---

① 王逸注以为"常以春分鸣"，五臣以为"秋分前鸣"，洪氏《补注》引颜师古说，"常以立夏鸣，鸣则众芳皆歇"（见洪兴祖《楚辞补注》，第58~59页）。王、颜二说可从，五臣非是。
② 《清华大学藏战国竹简》（肆），第114页。
③ 《清华大学藏战国竹简》（肆），第118页。
④ （东汉）王逸：《楚辞章句》，第95页。

《惜诵》厉神占卜的原意，则是大有益处的。

三　出土文献使傅说由背如"植鳍"的罗锅转变为赳赳武士

傅说是商朝武丁时期的名臣，其生平事迹，多见于秦、汉以前文献记载。如，屈原《离骚》："说操筑于傅岩兮，武丁用而不疑。"王逸注："说，傅说也。傅岩，地名。武丁，殷之高宗也。言傅说抱道怀德，而遭遇刑罚，操筑作于傅岩，武丁思想贤者，梦得圣人，以其形像求之，因得傅说，登以为公，道用大兴，为殷高宗也。《书序》曰：'高宗梦得说，使百工营求诸野，得诸傅岩，作《说命》。'是佚篇也。"[①] 今传五十八篇本《尚书》有《说命》三篇者，乃《古文尚书》。王逸所见为《今文尚书》，则无此三篇，所以称"佚篇"。宋洪兴祖《楚辞补注》："《孟子》曰：'傅说举于版筑之间。'《史记》云：'说为胥靡，筑于傅险，见于武丁。武丁曰：是也。遂以傅险姓之，号曰傅说。'险与岩同。徐广曰：'《尸子》云：傅岩在北海之洲。孔安国曰：傅氏之岩，在虞、虢之界，通道所经，有涧水坏道，常使胥靡刑人筑护此道。说贤而隐，代胥靡筑之，以供食也。"[②] 傅说遗事，除此以外，又见《墨子·尚贤》下、《国语·楚语》、《荀子·非相篇》、《韩非子·外储说左上》、《吕览·求人篇》、《韩诗外传》卷七、《说苑·善说》、《杂言》、《汉书·郊祀志》、《贾谊传》载《鹏鸟赋》、《扬雄传》载《解嘲》、《论衡·偶合》、《潜夫论·论荣》、《五德志》等，和王逸《章句》及《补注》所引诸书大致相同，惜皆语焉未详。武丁、傅说故事，世代相传，以为是君举贤臣的榜样，成为后世君臣相遇的佳话。

傅说未显时，大约在一个名为"傅岩"的地方修筑道路，服苦役，无姓无名。其居止乡里，皆无从考知。关于姓"傅"来由有二说。孔颖达说："此岩以傅为名，明岩傍有姓傅之民，故云傅氏之岩也。"[③] 以"傅"为其本姓。司马迁《殷本纪》载，"是时说为胥靡，筑于傅险，见于武丁。武丁曰：'是也。'得而与之语，果圣人，举以为相，殷国大治。故遂以傅险姓

---

① （东汉）王逸：《楚辞章句》，第 31 页。

② （宋）洪兴祖：《楚辞补注》，第 57 页。

③ （唐）孔颖达：《尚书正义》，《十三经注疏》上册，第 174 页之下。

之，号曰傅说"。① 孔颖达《正义》引郑云"得诸傅岩，高宗因以傅命说为氏"。② 则"傅"是武丁所赐的姓。后说比较接近事实。傅说姓"傅"，是依从其当年服苦役之地"傅岩"，不见得为其本姓。其所以名曰"说"，旧说比较一致。武丁得其人，因而大喜悦，因以名"说"，字读作悦。《书·说命》上孔颖达疏引皇甫谧云："高宗梦天赐贤人，胥靡之衣蒙之而来，且云：'我徒也，姓傅名说，天下得我者，岂徒也哉？'武丁悟而推之曰：'傅者相也，说者欢悦也，天下当有傅我而说民者哉！'"③《汉书·郊祀志》上："后十三世，帝武丁得傅说为相。"颜师古注："说读为悦。"④

但是，出土文献所提供的新材料，似乎"傅说"之名，还有另一种说法。《穷达以时篇》："邵繇衣胎盖帽经冢巾，释板筑而佐天子，遇武丁也。"⑤ 这是记载傅说的事迹，"邵繇"即傅说。何以作"邵繇"，不可考，有可能是抄写错误。"衣胎盖帽经冢巾"云云，犹《墨子》"被褐带索"，傅说着苦役贱奴的服饰。"释板筑而佐天子"，释，解脱，从服苦役奴隶中解脱出来，登上了殷商王朝的佐辅位置。说，读如"解脱"之"脱"。古字通用。《诗·甘棠》"召伯所说"，《释文》："说，又作脱。"⑥《荀子·正名篇》"说故喜怒哀乐爱恶欲以心异"，杨倞注："说，读为脱，误也。"⑦ 其人脱释于傅岩苦役，因名"脱"，而借"说"字为之。清华简也有《说命》三篇⑧，和今本《古文尚书》的《说命》不尽相同，说明《说命》三篇，在战国时流传有不同版本，《古文尚书》不见得全是晋人伪造。而且"说"字均作"敓"，是"脱""夺"古字。所以，"傅说"的名字，始于其身显之后，确切无疑。未显之前是否有别名，已无从考知。

王逸记述武丁得傅说的经过，说先是武丁"梦得圣人"，和《古文尚书》"恭默思道，梦帝赉予良弼其代予言"及《竹书纪年》武丁三年"梦

---

① （汉）司马迁：《史记》第一册，第102页。
② 《尚书正义》，《十三经注疏》上册，第174页之下。
③ 《尚书正义》，《十三经注疏》上册，第174页之下。
④ （汉）班固：《汉书》第四册，第1193页。
⑤ 《郭店楚墓竹简》，文物出版社，1998，第145页。
⑥ （唐）孔颖达：《毛诗正义》，《十三经注疏》上册，第288页之上。
⑦ （清）王先谦：《荀子集释》，中华书局，1988，第417页。
⑧ 《清华大学藏战国竹简》（叁），下册，中西书局，2012。

求傅说得之"① 相同，清华简《敚命》中也说"王原比厥梦"。② 实有其事。殷周之世大行占梦术。卜辞屡载占梦，云："壬午卜，王曰贞，又梦。"（《铁藏》二六三）曰："丙戌卜，彀贞，王出梦，示不□。"（《合集》17419）云："庚戌卜，彀贞，王出梦，不佳囚。"（《合集》17403）云："癸酉卜，彀贞，旬亡囚。王曰匄。王占曰：俞！出求出梦。五日丁丑，王宾中丁，乇降在客阜。十月。"（《合集》10405）殷、周之时重视占梦，帝王的梦必告，告必令卜官占。《汉书·艺文志》："众占非一，而梦为大，故周有其官。"颜注："谓大卜掌三梦之法，又占梦中士二人，皆宗伯之属官。"③《周礼·占梦》："掌其岁时，观天地之会，辨阴阳之气，以日月星辰占六梦之吉凶。"④ 宋玉《招魂》有"掌梦"⑤ 之巫，与巫阳同列。卜辞复有㝈父，武丁师傅。董作宾《甲骨文断代研究例》谓傅说即"父说"；"㝈父"，即梦傅。⑥ 这也是殷商贞卜直接记载武丁梦得傅说的证据。

　　王逸以傅说"遭遇刑罚"，似乎是一个曾遭惩处的"罪犯"，地位比一般平民低贱得多。又说"抱道怀德"，是个怀才不遇的高尚之士。《墨子》说"傅说居北海之洲，圜土之上"。水中可居的地方古称洲⑦，圜土也是指四面环水的小洲，是古代囚禁罪犯的牢狱。《周礼·大司寇》"若无授无节，则圜土内之"，郑注："圜土，狱城也。"这种称"圜土"的监狱结构，中间是一小块陆地，四周为水所环绕，犯人囚禁在那地方，无舟船可渡，则无法逃脱。傅说沦为"胥靡"，"筑于傅险"，原来是接受"改造"、惩罚。他究竟犯了谁家天条而遭此重罚？传世文献无一语记载。清华简《敚命》上篇，似可揭开这个秘密。说傅说本为名"失仲"的家服苦役，恐怕他是"失仲"家的贱奴。"失仲"将他置于"北海之州，是惟圜土"，令他操筑傅岩。圜土则是"失仲"家私设的牢狱。然后武丁命傅说自内攻伐"失仲"

① 王国维：《今本竹书纪年疏证》，见方诗铭、王修龄《古本竹书纪年辑证》，上海古籍出版社，1981，第 225 页。
② 《清华大学藏战国竹简》（叁），下册，第 125 页。
③ （汉）班固：《汉书》第六册，第 1773 页。
④ （唐）贾公彦：《周礼正义》，《十三经注疏》上册，第 807 页之下。
⑤ （宋）洪兴祖：《楚辞补注》，第 323 页。
⑥ 董作宾：《甲骨文断代研究例》，见《中国现代学术经典·董作宾卷》，河北教育出版社，1996，第 76 页。
⑦ （宋）洪兴祖：《楚辞补注》，第 9 页。

家，最终战胜了"失仲"，于是武丁举以为公。"失仲"是谁？从《敚命》上篇看，"失仲"败后，沦为"赤俘之戎"，应该是其时殷国北鄙的异族，曾经严重威胁到殷朝安全的异族部落。

武丁时期卜辞所载的征伐战事，比较集中于西北诸方国，如土方、邛方、鬼方、亘方、羌方、龙方、御方、印方、黎方等。或者也以"戎"为名，如御方，西周时器《不其簋》曰："白氏曰：不其，驭（御）方玁狁广伐西俞，王令我羞追于西。"御方是玁狁的部属之一。又说："女彶戎大敦搏。"① 则"御方"又称"戎"。陈梦家先生考证，这些方国多"似在今豫北之西，沁阳之北，或汉河东郡、上党郡；易言之，此等方国皆在今山西南部，黄土高原的东边缘（晋南部分）与华北平原西边缘（豫北部分）的交接地带"。② 失仲的"赤俘之戎"，是否属于御方的玁狁部落，有待于更深入研讨。而其国及傅说服役于傅岩的地望，当也在这个区域之内，和传世文献所载"在虞、虢之界"，也基本符合。

《竹书纪年》武丁六年"命卿士傅说"。③ 按西周政治制度，王室卿士，均属同姓诸侯，而"周因于殷礼，所损益可知也"。④ 傅说官至公卿，恐怕也与殷商王族同姓。清华简复有《良臣》一篇，傅敚之"敚"字作"鵨"，从兑、从鸟。⑤ 傅说其人，大概和出于崇鸟习俗有关系。殷商族的先祖也崇拜鸟，如殷先王有名"亥"的人，甲文字作'夒'（《佚存》八八八），或作"夒"（《拾掇》四五五），皆从隹。隹，短尾鸟。"傅鵨"名字之从鸟，当是殷商族的标志。《敚（说）命》上"鹃肩如惟"⑥，整理者读"鹃"作"腕"，读"惟"作"椎"。则不成其义。"鹃肩"，即北大简《妄稽》的"鸢肩"。⑦《国语·晋语》"鸢肩而牛腹"，韦昭注："鸢肩，肩并斗出。"⑧鹃、鸢音异，不相通用，字未见《说文》。鹃字于此始出，固非后来的杜

① 中国社会科学院考古所编《殷周金文集成》第四册，中华书局，2007，第 2712~2715 页。
② 陈梦家：《殷虚卜辞综述》，中华书局，1988，第 269 页。
③ 王国维：《今本竹书纪年疏证》，见方诗铭、王修龄《古本竹书纪年辑证》，上海古籍出版社，1981，第 225 页。
④ （宋）邢昺：《论语注疏》，《十三经注疏》下册，第 2463 页之中。
⑤ 《清华大学藏战国竹简》（叁），下册，第 157 页。
⑥ 《清华大学藏战国竹简》（叁），下册，第 123 页。
⑦ 《北京大学藏西汉竹书》（肆），上海古籍出版社，2015，第 69 页。
⑧ 《国语》，上海书店，1987，第 163 页。

鹏，宜读如鹬。鸦，古寒反；鹏，古玄反。音近通用。《周礼·司裘》"设
其鹄"，郑玄注引《淮南子》曰："鸦鹄知来。"孙诒让《正义》说："《释
文》引刘宗昌：鸦音雁。金鹗亦谓：鸦与雁通，鹄与鹤通。鸦鹄，犹鸿鹄，
非小鸟也。"① 鸦是鹬鹰，大鸟。《尔雅·释鸟》："鸢，鸟丑，其飞也翔。"
清郝懿行《义疏》："鸢，鸱之类，鹬鹰也。"② "鸦肩"同"鸢肩"。"鹏肩
如惟"之"惟"，读如隼，以同"隹"声，可通。《易·解》"射隼于高墉
之上"，陆德明《释文》引陆机《毛诗草木鸟兽虫鱼疏》："隼，鹬。"③ 鸦
肩如隼，形容傅说形状，鸢肩如鹰隼，孔武有力，凶猛无比，是一派威武
强悍模样。《荀子·非相》状傅说是"身如植鳍"，杨倞注："植，立也。如
鱼之立也。"王先谦《集解》云："郝懿行曰：鳍在鱼之背，立而上见，驼
背人似之。然则傅说亦背偻欤？"④ 意思是说傅说背曲如鱼鳍之状，是个驼
背人。非也。鳍，读如翅。古字从支声与从耆声多通用。《离骚》"朝发轫
于苍梧兮"，王逸注："轫，搘轮木也。"⑤《文选》本"搘"作"支"⑥，洪
氏《补注》引"搘"一作"支"。《诗·小旻》"是用不溃于成"，孔颖达
《正义》引王逸注也作"支轮木"。⑦ 智骞《楚辞音》残卷引王逸注："轫，
枝轮木也。"⑧ 支、枝杂出，古今字。搘，耆声；枝，支声。据例，鳍，通
作翅。植翅，像鸟张两翅直立，也如鸢肩耸立，形容傅说武毅凶猛的雄
姿。结合清华简《敄命》《良臣》，则出土文献的"鹏肩如惟"及传世文
献的"身如植鳍"两个难题，就焕然冰释，庶无余义，傅说也华丽转身，
由弓背如鱼鳍的罗锅的猥琐模样，一举还其孔武有力的赳赳武士的本来
面目。

　　傅说虽是老话题，结合出土的新材料，其故事也慢慢完善清晰起来。
傅说起初沦为"失仲"族的贱奴、囚徒，或许是"失仲"族的战俘，被发
配于傅岩服苦役，且囚禁于北海的圜土。武丁"惟弼人得敄于傅岩"，解救

①　（清）孙诒让：《周礼正义》，中华书局，1987，第494页。
②　（清）郝懿行：《尔雅义疏》，中国书店1982年据清咸丰六年影印，下册，卷五第17页。
③　（唐）孔颖达：《周易正义》，《十三经注疏》上册，第52页之中。
④　（清）王先谦：《荀子集释》，第75页。
⑤　（宋）洪兴祖：《楚辞补注》，第39页。
⑥　唐李善注《文选》，中华书局1997年影印本，第460页之上。
⑦　（唐）孔颖达：《毛诗正义》，《十三经注疏》上册，第449页之中。
⑧　《楚辞音》残卷，见黄灵庚主编《楚辞文献丛刊》第十册，国家图书馆出版社，2014。

了他，并且灭了"失仲"，不仅有战功，又是宗亲，所以武丁举为公卿，也是顺理成章的美事。

四　出土文献印证屈原尊崇箕子、比干而鄙弃微子

孔子说："殷有三仁焉。"① 指身处殷纣末世的微子、箕子、比干三人。在孔子，微子居"三仁"之首，高于箕子、比干，是殷代最伟大的人物。但是，在屈原，于微子未置一词，只褒誉箕子、比干、梅伯等人，且尊之为"圣人"。《天问》："何圣人之一德，卒其异方？梅伯受醢，箕子详狂。"王逸注："梅伯，纣诸侯也。言梅伯忠直，而数谏纣，纣怒，乃杀之，菹醢其身。箕子见之，则被发详狂也。"又说："比干何逆，而抑沈之？"王逸注："比干，圣人，纣诸父也。谏纣，纣怒，乃杀之剖其心也。"② 《涉江》："伍子逢殃兮，比干菹醢。"王逸注："比干，纣之诸父也。纣惑妲己，作糟丘酒池，长夜之饮，断斩朝涉，刳剔孕妇。比干正谏，纣怒曰：吾闻圣人心有七孔。于是乃杀比干，剖其心而观之，故言菹醢也。"③ 这又是什么道理？还是用出土的新材料、新发现来回答这个问题。

西周时礼器《史墙盘》《癲钟》等铭文（1976 年出土于陕西省扶风市），为破解微子启的身世、行迹及微氏家族渊源等提供了坚实有力的新证据。《史墙盘》铭文的作者，自称"史墙"，又称"微史"，微，是氏姓；史，是职官；墙，是名。《癲钟》的铭文作者，自称"癲"，或"微伯癲"（见微伯癲匕），是和史墙同族，癲，是名，微是氏姓，伯是爵位。《史墙盘》铭文的后半段，颂扬微氏高祖、烈祖、乙祖、亚祖、祖辛、文考乙公六世功绩，说：

青幽高祖，甲微霝（灵）处。雩武王既弌殷，微史剌（烈）祖乃来见武王，武王则令周公舍圍（宇）于周，卑（俾）处甬。叀（惟）乙且（祖）弼匹厥辟，远猷腹心，子（兹）纳爵明。亚且（祖）、且（祖）辛，鼃毓子孙，繁福多釐，橋（齐）角（禄）炽光，义（宜）

---

① 《论语注疏》，《十三经注疏》下册，第 2528 页之下。
② （东汉）王逸：《楚辞章句》，第 84 页。
③ （东汉）王逸：《楚辞章句》，第 102 页。

其禋（禋）祀，胡屖（遲）文孝乙公遽（竞）爽，得屯（纯）无谏，
农啬（穑）戉（越）历，唯辟孝友。史墙夙夜不茅（坠），其日蔑曆，
墙弗敢取（沮），对扬天子不（丕）显休令（命），用乍（作）宝尊
彝，剌（烈）且（祖）文考，弋（式）贮受（授）墙尔（繭）雠福，
裹（怀）福录（禄），黄耇弥生，堪事厥辟，其万年永宝用。①

　　铭文首二句"青幽高祖，甲微霝（灵）处"，认定甲微为其氏族的高
祖。甲，原释作"在"，据徐中舒先生改。②《天问》："昏微遵迹，有狄不
宁。"王国维说："昏微，即上甲微。"③ 其说泰山不易。青，读如《大招》
"青色直眉"之"青"，说黑色。④《悲回风》"据青冥而摅虹兮"，王逸注：
"上至玄冥，舒光耀也。"以"青"为"玄"，也解黑。⑤《招魂》"青骊结
驷兮"，王逸注："纯黑为骊。"⑥ 此"青幽"连用，并列同义，犹"昏微遵
迹"之"昏"，均属颂美之词。甲骨文商汤以下九世祖有称"青庚"者。青
庚，谓"昏庚"。十世祖有称"阳甲"者，阳，光明，义与"昏""青"相
反。刘盼遂说："殷人之命名，多取义十二辰或十日，然亦有取义于时者，
自契以下若'昭明'、若'昌若'、若'冥'，皆含朝莫晦明之义。上甲名
微，殆亦取于晨光义微，而又取于日入三商之'昏'以为字欤？"⑦ 其说可
信。昏微在成汤之前，兄弟并淫于有易氏女，兄死弟继而"后嗣逢长"，屈
原深以为不可解，所以才提出疑问。上甲微确非传说人物，固已为甲骨贞
卜之辞所证验。卜辞所载"大合祭"，多从上甲伊始，见其受祀之典，特别
隆重，在殷先王中具有很高地位。如："癸未王卜贞，自上甲至于多后，
衣。"（《前编》三·二七·七）"登自上甲大示□，隹牛，小示更羊。"
（《前编》五·二·四）"丁酉，卜贞，王□止□自上甲至于武乙，衣。"
（《后编》上二〇·三）"辛亥□彡，自上甲，在大宗彝。"（《明续》五二

---

① 中国社会科学院考古所编《殷周金文集成》第七册，中华书局，2007，第5484~5485页。
② 徐中舒：《西周墙盘铭文笺释》，《考古学报》1978年第2期，第144页。
③《古史新证》，见《王国维全集》第十一卷，第245页。
④（东汉）王逸：《楚辞章句》，第229页。
⑤（东汉）王逸：《楚辞章句》，第142页。
⑥（东汉）王逸：《楚辞章句》，第220页。
⑦ 刘盼遂：《天问校笺》，黄灵庚主编《楚辞文献丛刊》第七十一册，第154页。

三)① 至于上甲微有何功德可歌可颂，甲文绝无一词。清华简《保训》，对于甲微的功绩有所披露。《保训》是《尚书》的佚篇，居然以甲微与帝舜并称，说："昔微叚（假）中于河，以复有易，有易怀（服）厥皋。微无害，乃追（归）中于河。微志弗忘，传贻子孙，至于成汤，祗服不解，用受大命。"② 其与《汲冢书》"殷侯上甲微假师于河伯，以伐有易，灭之"相同③，殷人将上甲微视如似西周的古公亶父、王季之伦，是肇造成汤帝王基业的大功臣，则和屈子辞赋所载、所问，大异其趣了。那么，成汤之后，昏微之子孙还有在者否？太史公说："契为子姓，其后分封，以国为姓，有殷氏、来氏、宋氏、空桐氏、稚氏、北殷氏、目夷氏。"《索隐》曰："《系本》又有时氏、萧氏、黎氏。"④ 均未见著录微氏，是很值得玩味深思的事情。唯《世本》"殷"有"微氏"一条，说："殷有微子、微仲。微，国名为氏，鲁有微虎。"⑤ 微子、微仲是殷末人，而微虎是春秋末的鲁国人。微氏家族，仅此而已，似乎门第衰败得无人可著可录，连老祖宗上甲微也被省去，真是怪事。《世本》，自上甲微至成汤凡五世：即报乙、报丙、报丁（此三人均属兄死弟及，只能算一世），主壬，主癸至天乙成汤，和甲骨卜辞所载完全吻合，所以在殷族世系里，称上甲微为"高祖"。铭文说，昏幽高祖，甲微显圣，开启了微氏家族的辉煌。之后，甲微裔孙以微为氏姓，微也成为殷商诸侯的国名。史墙追述其始祖大德，则称"甲微霝（灵）处"，祖述其家族的显赫渊源关系。

铭文次高祖甲微之后，是颂述其"烈祖"。烈，是光明伟大的意思，也是颂美先祖之词。这个"烈祖"，是史墙的六世祖，其光明伟大于何处？说周武王讨伐殷纣之时，"烈祖"反戈"来见武王"。与《史墙盘》同时出土者有《瘝钟》，铭文也说："曰古文王，初盭（戾）龢（和）于政，上帝降懿德大雩，匍（敷）有（佑）四方，匋（会）受万邦。零武王既戈殷，微史剌（烈）且（祖）□来见武王。武王则令周公舍寓（宇）㠯（以）五十

---

① 《古史新证》，见《王国维全集》第十一卷，第255~256页。
② 《清华大学藏战国竹简》（壹），下册，中西书局，2011，第143页。
③ 王国维：《今本竹书纪年疏证》，见《王国维全集》第五卷，第223页。
④ （汉）司马迁：《史记》第一册，第109~110页。
⑤ 汉宋衷注、清秦嘉谟辑《世本》，中华书局，2008，第268页。

颂处。"① 这个"烈祖"是谁？原来竟是居于"三仁"之首的微子启。《论语·微子篇》："微子去之，箕子为之奴，比干谏而死。"马融注："微、箕，二国名。子，爵也。微子见纣无道，早去之；箕子详狂为奴；比干以谏而见杀也。"② 微，是封国；子，是爵名；启，是人名。《论语》及马融只说"去之"，没交待微子启离开殷纣后的去向。《左传》《史记》则交待得清清楚楚，说微子启背叛殷纣、投奔西周了。《左传》僖公六年："许僖公见楚子于武城，许男面缚衔璧，大夫衰绖，士舆榇。楚子问诸逢伯，对曰：'昔武王克殷，微子启如是。武王亲释其缚，受其璧而祓之，焚其榇，礼而命之，使复其所。'"③《史记·宋微子世家》也说："周武王克殷，微子乃持其祭器，造于军门，肉袒面缚，左牵羊，右把茅，膝行而前以告。于是武王乃释微子，复其位如故。"④ 左氏及《史记》所载，是《史墙盘》《瘋钟》铭文"来见武王"最翔实注脚。出土文献与传世文献相互印证，史墙、微伯瘋所称的"烈祖"，非微子启莫属。在西周王朝，微子启称得上是顺从天命、归化圣朝的贤圣；而在殷商族，微子启则是一个可耻的丧失气节的贰臣，是一个彻头彻尾的叛逆。

殷商灭亡之后，周武王施行仁政，举逸继绝，立殷族之后武庚于殷墟，"尊食宗绪"，奉祀殷族宗庙的香火。及周武王崩，成王继位，周公旦摄政，这个武庚居然联合了周朝管、蔡二家，趁机举兵反叛，企图恢复失去的殷商王朝。周公东征平叛，诛灭了武庚及管、蔡，迁徙殷族"顽民"于洛汭。成王乃改封微子启于宋，作为殷商之后。那么，周朝为何当初未封主动归顺的微子启而立武庚为殷后呢？据说，武庚字禄父，是纣王之子。而从血缘关系看，微子仅是同殷宗族而已，和殷纣王族比较疏远。古代也有以微子启为殷纣的亲属。如，杜预称"纣兄帝乙之元子微子启"⑤，以微子启与纣为同母兄弟。又，《吕氏春秋·当务篇》说："纣之同母三人，其长曰微子启，其次曰中衍，其次曰受德。受德，乃纣也，甚少矣。纣母之生微子启与中衍也，尚为妾，已而为妻而生纣。纣之父、纣之母欲置微子启以为

---

① 中国社会科学院考古所编《殷周金文集成》第一册，第 297~298 页。
② 《论语注疏》，《十三经注疏》下册，第 2528 页之下。
③ 《春秋左传正义》，《十三经注疏》下册，第 1798 页之中。
④ （汉）司马迁：《史记》第五册，第 1610 页。
⑤ （晋）杜预：《春秋释例》卷八"宋"条，清武英殿聚珍版丛书本。

太子，太史据法而争之曰：'有妻之子而不可置妾之子。'纣故为后。"① 微子启、微中衍和殷纣果为同父母的兄弟，殷纣和微子启同一氏姓，殷纣是否也可以别称"微纣"？这个说法太不靠谱。或者以微子启为纣王的庶兄，如《论语》马融注："微子，纣之庶兄。箕子、比干，纣之诸父也。"② 庶，是庶出，庶兄，指庶出的众兄弟，只表示和殷纣同宗共姓，好比屈原与楚怀王，同属帝高阳的裔孙，而血缘关系远着呢！箕子、比干，称纣的"诸父"，非亲伯叔之类，辈分可能比殷纣、微子启高，也只是同宗共姓而已。这个说法差近事实。依据周朝宗法制度，传嫡不传庶，当初封武庚而不封微子启为殷后，即以其庶出而非正嫡的缘故。再说，业已变节的微子启也压不住庞大的殷商旧族。历史上之所以出现微子启为殷纣长兄的说法，恐怕是在微氏承接殷宗以后，微氏裔孙为了取得继统合法性而伪造出来的谱系。

微子启本居于微国，是殷商王朝的故封地，原在殷都封畿之内，商家用来回报其先祖昏微的功德而赐予微氏裔孙的采邑。当殷商王朝行将倾覆之际，最需要同姓的微子家族同仇敌忾，共济国难。微子启不顾大局，只图其一己之私，偏偏"去之"而"来见武王"，而"不与纣之难"，举族投奔了周朝，对于殷商王朝来说，所造成的伤害是致命的，无可挽回的。正如《荀子》所说"遂乘殷人而诛纣，盖杀者非周人，因殷人也"，杨倞注："非周人杀之，因殷倒戈之势自杀之。"③ 屈原《天问》也说："到（倒）击纣躬，叔旦不嘉。"④ 后来那些日夜不忘复辟的殷族"顽民"们能放过他们吗？微子启家族还能在殷都封畿之内的微国继续待下去吗？殷商的世系里保留微氏一支的原籍还有必要吗？或许是出于安全考虑，周武王不能让归顺后的微子家族继续留在原封的微国，将他们迁移至相对比较安全的地方，保护起来。孔颖达《毛诗·振鹭·疏》说，"微国本在纣之畿内，既以武庚君于畿内，则微子不得复封于微也。但微子自囚以见武王，武王使复其位，正谓解释其囚，使复臣位，不是复封微国也"。⑤ 可是，孔氏始终不明白

① 许维遹：《吕氏春秋集释》上册，中华书局，2009，第252页。
② 《论语注疏》，《十三经注疏》下册，第2528页之下。
③ （清）王先谦：《荀子集解》，中华书局，1988，第136页。
④ 黄灵庚：《楚辞章句疏证》第二册，第1179页。
⑤ 《毛诗正义》，《十三经注疏》上册，第594页之上。

"微子不得复封于微"的道理。周武王乃令周公在一个名"甬"的地方，安置微子启家族暂且居住下来。甬，《瘋钟》又作"颂"，二字通用，当是同一地名。其地望究在何处？已不可考，最有可能是在西周丰、镐的京畿附近，微氏家族的这批青铜礼器在西周京畿腹地的扶风发现，也不足为怪了。微子启归顺了周朝，为周朝出谋划策，成为周天子腹心大臣，且参与了周公平叛武庚之乱，导致殷族的残余势力被彻底摧毁。天下趋于安定，周成王便选择了微子启作为殷主而改封于宋。微子启于是举族东迁，成为周天子下属的诸侯。杜预说："东平寿张县西北有微乡微子冢。"① 微子冢墓，在今鲁西南微山湖中的微山，这当然是微氏家族改迁于宋后的事情。

　　《史墙盘》的铭文对于"烈祖"微子启背祖叛商行为，轻描淡写，用"来见武王"四字敷衍了事，且百般美化之，完全出于"谀祖"，也在情理之中。孔子为什么要推微子启为"三仁"之首？《孔子世家》载，称孔子，"其先宋人也，曰孔防叔"。唐司马贞《索隐》："《家语》：孔子，宋微子之后。"② 原来孔氏是微子启裔孙，孔子及其门徒将微子启"来周"的亏节行径，美化为早识事机的明智之举，反而以箕子佯狂、比干菹醢为"隘"，是"不识机变"的举动，而黜退其次。《尚书》是经孔子整理过的，《微子篇》说："殷既错天命，微子作诰父师、少师。"③ 《孔传》："父师，太师，三公，箕子也。少师，孤卿，比干。微子以纣拒谏，知其必亡，顺其事而言之。"微子启在当时似曾规劝箕子、比干二人，"顺其事而言之"，一起叛商归周。箕子、比干不为所动，以"自靖人自献于先王，各自谋行其志，人人自献达于先王，以不失道"回绝了他，未失气节。④ 比较三人言论，微子最为不齿。甚矣，儒者之论微子，固非公论矣！宋洪兴祖对于屈原不征引、褒誉微子启也有一番议论，说："士见危致命，况同姓兼恩与义，而可以不死乎！且比干之死，微子之去，皆是也。屈原其不可去乎？有比干以任责，微子去之可也。楚无人焉，原去则国从而亡。故虽身被放逐，犹徘徊而不忍去。生不得力争而强谏，死犹冀其感发而改行，使百世之下，闻其风者，

---

① （晋）杜预：《春秋释例》卷七僖公六年"微"条，清武英殿聚珍版丛书本。
② （汉）司马迁：《史记》第六册，第 1905~1906 页。
③ 《尚书正义》，《十三经注疏》上册，第 177 页之中。
④ 《尚书正义》，《十三经注疏》上册，第 177 页之中。

虽流放废斥，犹知爱其君，眷眷而不忘，臣子之义尽矣。"① 洪氏以微子之去，是因为当时"有比干之任责"，所以"去之"也可；而屈原之所以不可去楚，是因为楚没有像比干这样的贤人任其责，则只有一死而已。真是苦心孤诣，百般替微子回护，寻找"去之"理由，仍不能令人信服。屈原对于殷代末世的诸贤，除箕子、比干、梅伯等外，特别赞扬伯夷、叔齐兄弟甘为殷商遗民而不肯入周的气节，《橘颂》："行比伯夷，置以为像兮。"王逸注："伯夷，孤竹君之子也。父欲立伯夷，伯夷让弟叔齐，叔齐不肯受，兄弟弃国，俱去之首阳山下。周武王伐纣，伯夷、叔齐扣马谏之曰：'父死不葬，谋及干戈，可谓孝乎？以臣弑君，可谓忠乎？'左右欲杀之，太公曰：'不可。'引而去之。遂不食周粟而饿死。屈原亦自以修饰洁白之行，不容于世，将饿馁而终。故曰：以伯夷为法也。"② 在屈原，这些忠臣志士在殷国危难关头，视死如归，都表现出了一身堂堂正气，是值得他仿效的榜样人物，人臣都应该像箕子、比干、梅伯、伯夷、叔齐那样，大节不亏，宗国父母邦不可轻去，完全出于对楚国的一片忠忱之情。屈原始终鄙薄微子启，避言之而不肯置一词，正是其高扬爱国主义精神的亮点。

有趣的是，再往后，被封宋公的微子启，于周天子行朝觐礼，路过殷商旧都，见当年巍峨宫阙都已"鞠为茂草"，不无陵谷变迁之悲，赋诗寄其亡国之思。《尚书大传·微子篇》载："微子将往朝周，过殷之故墟，见麦秀之薪蓁，曰：'此父母之国，宗庙社稷之所立也。'志动心悲，欲哭，则为朝周俯泣，则妇人推而广之，作雅声。歌曰：'麦秀薪蓁兮，黍禾毳毳；彼狡童兮，不我好兮。'"③ 这首《麦秀之歌》是否为微子启所作，至今尚有争议，但是确实表达了微子启的真实心境。微子启既斥纣王为"狡童"，又以"不我好"的缘故，当作背殷投周之举的冠冕堂皇的理由，至死不肯悟其非，果真是所谓凤慧顺变之圣贤否？屈原能忍受且认可这样的行为否？似无须多辩。又，《史墙盘》的铭文颂述烈祖微子以下若乙祖、亚祖、祖辛、文考乙公等，经历了成王、康王、昭王、穆王、恭王数世，或是"弼匹厥辟""远猷腹心"；或是"夒毓子孙""齐禄炽光"；或是"得纯无谏"

---

① （宋）洪兴祖：《楚辞补注》，第74页。
② （东汉）王逸：《楚辞章句》，第135页。
③ （汉）伏胜：《尚书大传》卷二《微子》，《四部丛刊初编》影清刻《左海文集》本。

"唯辟孝友"，思唯不坠家业，死心塌地做了周家顺民，恐怕已经与殷商王族切割得一干二净了，早该将他们从殷商世系图谱中清除出去，不留其痕迹。所以，在传世殷商《世系》里很少能见到有微氏著录，也算是对微氏子孙后裔的一个惩罚。

　　要而言之，出土的简帛文献对《楚辞》研究的推动作用是多方面的，运用简帛文献材料来印证传世《楚辞》文献，是当今《楚辞》研究的一条新途径。我们这代研究《楚辞》的学者真是幸运，生于简帛文献及楚文物等大量出土之世，有机会见到前人所未曾见到的简帛文献资料，占尽了新时代的便宜。在这样的新条件下，预示《楚辞》研究必将超越前人，取得更丰硕的成果。但是，从目前出土的简帛文献看，有《楚辞》内容的简帛材料，是安徽阜阳双古堆夏侯灶墓中出土的仅二支汉代残简，只存十个字，多数内容和《楚辞》文本、屈原事迹没有直接关系。诚如上述，简帛文献的作用也是非常有限的，切不可任意夸大、滥用，尤其在《楚辞》研究的重大问题上，运用简帛材料更要采取谨慎、严肃态度，切忌轻率从事。

文字与文本研究

试论今隶时期汉简文字笔画系统的主要特点[*]

赵立伟^{**}

摘　要： 在今隶时期的汉简文字中，基本笔画已趋于成熟或基本形成，笔画间的组合方式基本趋于稳定，但是笔画系统中仍存在诸多不稳定因素，主要表现在笔画多寡不定、笔画对部件的转写方式不定、笔画形态不定、笔画风格多变等六个方面。因此，在今隶时期的汉简文字中，笔画系统尚处于初步形成的阶段，具有鲜明的时代性特点。

关键词： 今隶　汉简文字　笔画系统

在战国中晚期，为了书写的方便，书写者将正规篆书的圆转线条分解或改变成方折平直的笔画，从而形成了一种新的字体——隶书。根据时代和书写风格的不同，以武帝后期为界，隶书又可分为古隶和今隶两种不同的书体。在今隶时期的汉简文字中，古文旧有的书写规则被打破，书写线条基本消失，基本笔画初步形成。但由于彼时隶变刚刚结束，新的书写规则尚未最终确定，不同的书写者对字符的理解不同，书写时对笔画的离析、粘合、曲直、省变的处理也不尽相同。加之当时字体多样，隶楷、行草等各种不同的书写笔法对处于形成期的笔画产生了重要而深远的影响，诸种因素综合在一起造成了笔形多变的局面。笔形多变同时意味着笔画组合方式的多样，因此今隶时期汉简文字的笔画系

---

　*　基金项目：本文系国家社会科学基金重大项目"中华简帛文学文献集成及综合研究"（项目批准号：15ZDB065）阶段性成果。

**　赵立伟（1974～），女，文学博士，副教授，聊城大学简帛学研究中心成员。

统尚处于初步形成的阶段。具体而言，这一时期的笔画系统具有如下几个特点。

一 笔画对部件的转写方式不定

虽然当时基本笔画已初步形成，但是不同的书写者在遇到比较复杂的线条时，具体的处理方法会有很大差别，也就是说书写者往往会用不同的基本笔画及与之相应的组合方式去改造古文字中的部件。

如古隶中的部件"口"或"囗"常见的写法有两种，第一种写法由三笔完成，第一笔为类似竖折的写法，在整字的左下角形成弧形线条，如"口"字作 ![字形]（张·脉41）、"名"字作 ![字形]（张·盖4）；第二种写法则由三笔合并为两笔，左下角作弧形线条并且向右延伸，其右上角也呈弧形并向下延伸，两者在右下角相接，如"名"字作 ![字形]（张·二90）、"国"字作 ![字形]（张·二219）等皆其类。

在今隶时期的汉简文字中，为求得字形的方正平直，除了继承古隶中已有的由两笔或三笔完成的写法之外，部件"口"的转写方式有了更多的变化，共有以下几种写法，如：

（1）![字形]居延 EPT43·72　　![字形]居新 EPT61·4

（2）![字形]居延 128·1　　![字形]肩水 73EJT10：132

（3）![字形]居延 438·8　　![字形]肩水 73EJT24：134

（4）![字形]肩水 73EJT10：120　　![字形]肩水 73EJT23：589

（5）![字形]居延 128·1　　![字形]居延 52·1B

（6）![字形]肩水 73EJT9：14　　![字形]肩水 73EJT3：10

（7）![字形]居延 317·1　　![字形]居延 203·15

上述字例中部件"口"的写法各不相同，其中第一类部件"口"由四个笔画完成；第二类至第四类部件"口"均由三画完成，折笔分别出现在右上、左下和右下；第五、六类部件"口"由两笔完成，第五类为两折笔的相接，而第六类由竖画加折笔连接而成；第七类部件"口"则由一笔完成，由于逆笔过多不符合书写习惯，故部件"口"常常形变为三角而与部件"厶"相混。其中第二类写法不仅消失了逆笔，有效地保证了字形的方正平直，而且有利于提高书写的速度，因此，由三笔完成并且折笔出现在右上角的写法保存了下来并一直沿用至今。

再如"交"古隶作、、，字形下端为弧形笔画交叉之形，两胫交叉之意尚存。今隶时期的汉简文字中的"交"出现了多种变体，试将"交"字或"交"作偏旁时各种不同的写法逐一列举如下：

(1) ![字形]居新 PDF22·5　　![字形]居新 65·37

(2) ![字形]肩水 73EJT5：8A　　![字形]居新 EPT51·82

(3) ![字形]居新 EPT59·31　　![字形]居延 158·10

(4) ![字形]肩水 73EJT21：418　　![字形]肩水 73EJT2：26

(5) ![字形]敦煌 981　　![字形]敦煌 169

(6) ![字形]肩水 73EJT24：148　　![字形]居新 EPT52·604

(7) ![字形]居延 217·32　　![字形]居延 217·13

(8) ![字形]居延 55.13　　![字形]居新 EPT52·174

(9) ![字形]肩水 73EJT1：14　　![字形]肩水 73EJT24：245

(10) ![字形]居新 PDF25.3　　![字形]居新 EPF22·429

(11) ![字形]居延 562·1　　![字形]居新 EPT56·107

"交"字上部的笔画或承古隶写法作撇捺，或作点横，或演变为横和竖，而交叉的两胫或作撇捺，或作折笔和捺笔的组合，个别字例则演化为两折笔，笔形多样和组合方式的多变从而形成部件"交"的各种变体。

另外，在今隶时期的汉简文字中，部件转写方式不定者还有"女""糸"等字例，囿于篇幅，此不赘述。

二 笔画多寡不定

在今隶时期的汉简文字中因笔画多寡不同而形成的异写字大量存在，这也是笔画系统尚未完全成熟的重要表现之一。笔画多少不定尤以多个横画和点画同时出现最为典型，现举例说明。

1. 横画多寡不定

横画多寡不定一般出现在横画较多的字例中，如：

"年"字横画多少不定

（1）　肩水 EJT21：373　　　居新 EPT50·6

（2）　肩水 EJT23：303　　　肩水 EJT3：47B

（3）　肩水 EJT4：100　　　肩水 EJT10：103

"金"字横画多少不定

（1）　肩水 73EJT5：68A　　　居延 522·20

（2）　居延 116.001　　　居延 C14

（3）　肩水 73EJT8：36B　　　肩水 73EJT21：136

"辛"字横画多少不定

（1）　肩水 73EJT10：375　　　居延 72·50

（2）　居延 278·9　　　肩水 73EJT5：57

（3）　尹湾 6D10 正　　　尹湾 6D10 正

上述字例中横画的来源各不相同，或来源于古文字自左及右的线条，或者是将屈曲的线条拉直为横画，或者将短线连接为横画，从而形成字内多个横画同时出现的局面，横画过多既不便于表意，又不利于安排整字的布局，因此多个横画同时出现时，部分横画往往被省略或改造。

2. 点画多寡不定

由于点画自身的游离性和灵活性，因此今隶时期汉简文字中的点极不稳定，一个字的不同异写字形中点的数量往往不同。如部件"火"居整字下部时因点的个数不同而产生多种不同的变体。

(1) 黑 居新 EPT40·202　　黑 居新 EPT40·204

(2) 黑 肩水 73EJT8：35　　黑 肩水 73EJT10：112

(3) 黑 肩水 73EJT6：59　　黑 肩水 73EJT9：21

(4) 黑 肩水 73EJT5：35　　黑 肩水 73EJT6：135B

(5) 黑 肩水 73EJT9：24　　黑 肩水 73EJT23：148

同样，表示马足的点亦常常变动不居，如：

(1) 馬 肩水 73EJT21：137

(2) 馬 肩水 73EJT9：208　　馬 肩水 73EJT10：63

(3) 馬 武医 87 甲　　馬 居新 EPT52·336

(4) 馬 肩水 73EJT3：68　　馬 居延 81·8

(5) 馬 肩水 73EJT6：185　　馬 肩水 73EJT4：111

与此相类者还有"为""焉""写"等字，此不赘述。

另外，撇捺在变成点之后，受此规律的影响，其数量常常多寡不定。如"乘"字的撇或捺常常省变为点，而点画的数量亦有多寡之不同。

(1) 乘 肩水 73EJT22：54　　乘 居新 EPF22·276

(2) 乘 居新 EPT56·24　　乘 居延 20·6

(3) 乘 居延 327·7　　乘 肩水 73EJT3：49

(4) 乘 居延 36·4　　乘 居延 149·02

(5) 乘 居延 68·177　　乘 肩水 73EJT4：53

（6）肩水 73EJT10：148　居延 157·24

（7）居延 62·32

上述第一类字例为"乘"字的规范写法，第二类字例中的撇捺已转换成了点，第三类字例中整字分割为两个部分，第四类字例中的撇捺和竖画均变成了点，而其余三类字例则表现为点画数量的变化。

再如，"兼"字撇捺变点之后同样因点画数量的变化而形成多个不同的变体。

（1）居新 EPT50·19　　居延 109·11

（2）肩水 EJT5：7　　居延 16·10

（3）居新 EPF22·65A　居延 503·1

（4）居新 EPF22·153　敦煌 262

（5）肩水 EJT3：78　　居延 29·7

上述第一类"兼"字为早期规范写法，字形下部的撇捺变点遂形成该字的第二类字例，六点并列是汉简文字中独有的写法。在汉字类化规律的影响下，变为四点，则为第三"兼"字，在此基础上又常常省变为三点或两点，则为第四类和第五类"兼"字。

再如"县"字同样因点画的多少不同而形成多个不同的异写字形。如：

（1）居新 EPT40·205　居新 EPT52·214

（2）肩水 73EJT3：53　肩水 73EJT7：23

（3）居延 339·19　　肩水 73EJT21：245

（4）肩水 73EJT4：　肩水 73EJT24：266

（5）肩水 73EJT1：1　居新 EPT6·81

今隶时期的汉简文字中尚有少数字例由于类化作用的影响而凭空赘加或省简点画的现象。赘加点画的字例，如：

(1) 居延 332·6　　肩水 73EJT22：33

(2) 居延 56·175　　肩水 73EJT9：82

(3) 额 99F3：4C　　肩水 73EJT24：154

(4) 敦煌 2048　　肩水 73EJT1：6

(5) 居延 65·39　　肩水 73EJT23：145

(6) 居延 142·32　　居延 123·002

(7) 居新 EPF22·248　　居延 109·15

(8) 居新 EPF22·69　　肩水 73EJT24：250

(9) 敦煌 1117　　敦煌 176

(10) 居延 88·12　　居新 EPF22·351

(11) 肩水 73EJT11：9　　居延 10·18

(12) 居新 EPT48·30　　居延 403·10

省简点画的字例，如：

(1) 武医 20　　东 120

(2) 额 99EST1：11　　肩水 73EJT7：139

(3) 武医 31　　敦煌 26

(4) 敦煌 1580　　敦煌 639

三　笔画形态不定

成熟笔画系统中笔画形态和行笔路线都是固定的，然而在今隶时期的汉简文字中，对篆书的改造虽然已经基本完成，但成熟的笔画定规尚未最终形成，不同的书写者对字形的理解以及处理方式不尽相同，从而形成笔画多变的现象。这一时期，盛行的草书和新出的行楷也会催生一批新笔形，因此在今隶时期的汉简文字中还新产生了一批带有草书或行楷风格的笔形。特别是对于钩画、点画、撇捺和提画而言，笔画形态多变的现象更是常见。下面分别讨论。

1. 钩

作为出现较晚的笔画，钩画发展较慢，受各种书体的影响也最大，从而形成不同的笔画形态，如"戊"字斜钩共有 6 种不同的写法，作捺笔的字形既有隶书写法，又呈楷书特征；作钩者既有缓钩又有折钩；作竖者既有竖画，又有竖钩。如：

（1）戊 肩水 73EJT21：39　　戊 肩水 73EJT3：103

（2）戊 居延 340·21　　　　戊 肩水 73EJT3：61

（3）戊 肩水 73EJT3：113　　戊 居新 EPT68·4

（4）戊 敦煌 99　　　　　　　戊 居新 EPT26·22

（5）戊 肩水 73EJT8：9　　　戊 肩水 73EJT5：56

（6）戊 居延 484·20　　　　戊 肩水 73EJT21：98

再如，"丁"字竖钩在今隶时期的汉简文字中便有四种不同的笔形，分别是竖画、长钩、缓钩和迅即而出的折钩。

（1）丁 居延 85·18　　　　丁 居新 EPT51·106

（2）丁 居延 231·92　　　　丁 居延 43·11

（3）丁 居新 10·34　　　　　丁 居延 7·7A

（4）丁 居延 10·30　　　　　丁 肩水 73EJT9：59

2. 点

在今隶时期的汉简文字中，点画灵活多样、形态多变，就独立出现的点而言有横点、竖点、由右上至左下及由左上至右下等多种写法，呈现出成熟点画与过渡性点画同时存在的特征。如部件"寸"的点便有四种不同写法。

（1）居新 PDF16.42　　　居新 EPT68·57

（2）敦煌 263A　　　居新 EPF22·249

（3）肩水 73EJT8：51A　　　居延 215·20

（4）居新 EPT52·339　　　额 2000ES7S：3

上述四类字例中，第一类字例仍继承了篆书的写法，第二、三类写法则是点画在形成过程中所做出的各类尝试，而第四类写法则是后世成熟的点画，形态多变也是点画的基本特征。

当多点同时出现时，点常常连写为横画，无论是规范的隶书字形还是简率的草书字形，连点成线的现象均比较常见。如：

燧	居延 110·27		居新 ES119·3
马	居延 515.20		肩水 73EJT9：208
尉	居延 520.13		肩水 73EJT23：304
黨	敦煌 238A		肩水 73EJT23：206
赤	居新 EPT49.90		武医 84 甲
恙	居新 PDF16.39		额 99ES16ST1：15A
亦	東 44		居新 EPT59.163
意	肩水 73EJT23：731A		武医 85 乙
急	敦煌 243B		额 99ES16SF3：1B

3. 撇和捺

今隶时期的汉简文字中，撇捺和点的行笔路线大致相同，加之许多撇捺和点有共同的来源，因此撇捺和点相互转化的现象比较常见，规范隶书简的撇捺常常会在行草风格较为浓厚的竹简中写作点。如下述字例中撇和捺往往会变成点。

不	居新 EPF48·138	居新 EPT65·38
宋	肩水 73EJT21：309	肩水 73EJT23：969
分	居新 EPF22.143	肩水 73EJT9：110
共	肩水 73EJT24：95	居新 EPF22·63A
六	肩水 73EJT10：65	肩水 73EJT11：28
具	敦煌 615	肩水 73EJT6：19
火	居延 305.17	居延 269.008

受隶书体势和书写风格的影响，今隶时期的汉简文字中亦见撇和捺相互转化的现象，如下表的中短撇均改写成了捺。

昆	肩水 73EJT23：953	居新 PDF22.3
皆	额 99ES16ST1：23A	肩水 73EJT21：59
比	肩水 73EJT24：417B	東 53
能	居延 512.2	居新 EPT52.36
鹿	肩水 73EJT21：99	肩水 73EJT5：51

受书写空间的限制，上述字例中相关的笔画写作撇时，不利于更好地体现隶书的用笔特征，书写者遂将撇改为捺并且尽力右伸展，从而形成典型的隶书笔画。

兼	居延 109·11	居延 503.1
并	肩水 73EJT23：244	武医 71
兵	敦煌 184	额 2000ES9F3：3

上列表格中左侧字例均源自于对古文字形的改写，虽然字形表意功能仍有部分保留，但这样的笔画组合模式在今隶时期的汉简文字中较少使用；

右侧字例对部分笔画做了适当调整，使撇捺对称分布并同时向左右伸展，从而形成左右相分、结构对称的整字格局，既符合隶书的书写风格，亦同时满足了审美的需求。

由于标准隶书中捺和横画有相同的运笔方式，所以今隶时期的汉简文字中捺转写为横画的现象并不鲜见，如下列表格中的捺常常作横画。

吏	额 99ES16SF5：1	肩水 73EJT1：174C
又	敦煌 244A	居新 EPT52.161
丈	肩水 73EJT4：77	肩水 73EJT7：161
史	肩水 73EJT9：86	肩水 73EJT23：635
正	肩水 73EJT6：40	肩水 73EJT10：120A

殆受隶书左右相分结体风格的影响，今隶时期的汉简文字中连续出现的三撇常常转写为竖画和点画，从而形成中间相分、左右对称的格局。如：

参	敦煌 639	居新 EPF22.462B
珍	居新 EPS4T22.48	居新 EPF22.462A
诊	肩水 73EJT10：215A	居新 EPT40·24

四　笔画之间的组合方式不定

隶变发生后，线条变成了笔画，汉字有了更多的方便书写并且丰富多变的笔形，但是组成汉字的各种笔形之间只有科学合理的组合，才能达到既方便书写又容易识别的目的。出于书写便捷及字形区分等多种因素的要求，今隶时期的汉简文字在笔形多变的同时伴随着笔画间组合方式的多变甚至是汉字结构的调整，试举例说明。

"诣"字小篆作"諳"，古隶因对部件"𠂤"的改造方式不同形成三种不同的写法，或承小篆写法作諳（睡·日甲79），或讹变为"人"作諳（睡·日乙107），或与部件"甘"粘合作諳（睡·封85）。今隶时期的汉简文字承第二类写法作諳（东2）、諳（居新 EPT48·138），由撇捺笔画组而常常转化为点和横，故"诣"字又或作▩（敦煌 624A）、▩（居新 EPT8·5）。另外，今隶时期的汉简文字中亦见承"诣"字第三类写法而作▩（居新 EPT51·342）、▩（居新 EPT52·127）的字形，此类字形又进一步省简作▩（肩水 73EJT24：265）、▩（居延 49·22），因笔画间的组合方式不同而形成多种异写字形。

再如"兵"字本作▩（居延 126·26）、▩（肩水 73EJT21：431），点与短竖连接作▩（居延 7·7A）、▩（敦煌 187）。受隶书字体中间对称、左右相分文字风格的影响，部件"斤"所从的两个撇画笔变为左右对称的撇和捺，故"兵"字又或作▩（居新 PDF25·2）、▩（敦煌 793），笔形变化引起组合模式的变化导致异写字形的产生。

"年"字古隶作▩（张·奏 13）、▩（张·历 8），由于点和撇皆不常居于字形中间，故表示禾穗的线条常常变为横画，又为加快书写速度之考虑，部件"禾"与部件"千"的竖画又常常贯通书写，故"年"字或形变作▩（张·奏 11）、▩（银 621）。今隶承古隶写法作▩（肩水 EJT6：1467）、▩（居延 89·2），其中的短横与竖画由相接变为相交作▩（肩水 EJT3：47B）、▩（肩水 EJT10：107），或作▩（肩水 EJT15：6）、▩肩水 EJT23：419），表示禾穗的撇下移从而与横画相接。

在某些字例中，还存在大量笔形不变而仅仅是因笔画交接方式发生变化而产生的异体字，如"报"字所从的部件"又"撇捺相交作▩（居新 EPT59·161）、▩（肩水 73EJT23：658），由相交变为相接作▩（居延 484.39）、▩（居新 EPT40·202），从而形成不同的部件变体。再如"以"字所从的部件"人"撇捺对称书写作▩（居新 EPT14·1）、▩（居新 EPT51·145），或作▩（居新 EPT5·88）、▩（居新 EPT9·2），撇捺由对称改为相接。

这一时期，旧有的书写规则被彻底打破，新的书写规则尚未形成，因此书写者更多地考虑书写的便利而忽视了文字的区别性，字形旧有的区别特征消失，新的区别手段尚未最终形成，所以笔画与笔画间组合方式的多变导致部件混同现象的大量产生。

五　因多种字体综合影响而造成的笔画风格多变

除了最为常见的隶书和草书之外，今隶时期的汉简文字中不仅能看到篆书的遗迹，还能见到楷书和行书的雏形，后世通行的各种书体其实早在汉代便已成熟或开始了孕育的过程，而这些字体发生、发展的过程便体现在汉简文字的一笔一画中，字体演变过程与笔画形成的过程同步并且对笔画产生了深远的影响。试举例说明：

(1)　死 张·二 39　　　　死 张·二 142

(2)　死 张·二 24　　　　死 张·奏 151

(3)　死 肩水 73EJT23：206　　死 敦煌 26

(4)　死 居新 EPT22·351　　死 居新 EPT52·69

(5)　死 肩水 73EJT10：424　　死 肩水 73EJT30：27A

如"死"字所从部件"人"的第二笔在古隶中皆作向右下的垂脚，受书写空间的限制，部分垂脚还呈现出转化为折笔的趋势。在今隶时期的汉简文字中，为适应书写体势的要求，许多笔画化纵为横，于是垂脚变为向右而略向下的横势，并出挑笔。殆因书写空间的限制，这些略带修饰成分的挑笔由向外伸展变成勾向自身，形成圆钩，并进而在行草书体的影响下由圆钩变成方钩。

"邑"字所从部件"巴"钩画的形成也经历了大致相同的过程。请看下面的字例：

(1)　邑 张·二 1　　　　邑 张·二 183

(2)　邑 张·二 308　　　　邑 张·奏 222

(3)　邑 肩水 73EJT1：31　　邑 肩水 73EJT7：37

(4)　邑 肩水 73EJT21：104　　邑 肩水 73EJT7：33

（5）肩水 73EJT7：129A　　肩水 73EJT3：96

第（1）、（2）类字例中斜向右下的长长垂脚为古隶中的典型用笔，出于汉隶发展横势的需要，垂脚演变为向右伸展的雁尾笔画则为"邑"字的第（3）类字形。在第（4）和第（5）类字形中，挑笔则演化为缓钩和折钩。

另外，行草书虽然不是主流字体，但因其具有简单、灵活的特点而深受书写者的青睐，故行草书对笔画产生和发展具有深远的影响，如下列字例中均含有因行草书的影响而产生的笔画。

言	肩水 73EJT10：120	肩水 73EJT4：142
狱	居延 182.23	肩水 73EJT24：407
书	居延 10.14	居新 EPF22.271
负	居新 EPF22.63A	居新 EPT52.114B
责	居新 EPT50.198A	肩水 73EJT10：179
头	武医 31	额 2000ES7SF2：4A
长	肩水 73EJT7：129A	敦煌 2002

上述字例中言、狱、书三字的折笔，负、责两字的竖画，头、长两字的点，均是在草写体的影响下而产生的笔画。

六　少数笔画具有鲜明的时代笔画

汉代后期多种新兴字体产生，并且因此而催生了大量新字形与新写法，这一时期各种笔画虽然已经初步形成，但笔画系统远未成熟，加之隶变对线条的改造并不完全彻底，诸种因素组合在一起，从而催生了一批具有时代特征的笔画。

1. 横钩

在成熟规范的汉代隶书简中，横笔右行时极力舒展形成长长的带有挑笔的横画；然而在某些书写风格较为草率的简文中，横画不再肆意舒展，而是于收笔处轻轻上提，形成钩向上或左上不见于其他时期的横钩，如：

社	社 居新 EPT22·156	社 居新 EPF22.153A
彭	起 肩水 73EJT9：233	彭 额 99EST1：12
真	真 肩水 73EJT8：8	真 肩水 73EJT10：220B
在	在 肩水 73EJT23：317	在 肩水 73EJT10：424
車	车 肩水 73EJT21：293	車 肩水 73EJT6：41A
軍	軍 居延 504.10	軍 肩水 73EJT24：376A
吉	吉 居新 EPT57·48	吉 居新 EPT59.9A
千	于 居延 EPT51·491	千 肩水 73EJT23：201A

上述字例中，钩画向上的写法为今隶时期汉简文字所特有，在后代日常使用的字体中，这类笔画是不多见的。

在今隶时期的汉简文字中还有一类类似于竖折钩的笔画，同样是在草隶两种书体的共同影响下而形成的，某些相对复杂的线条在草书的影响下省变为横画，草书正体化又转写为隶书，横画带上长长的挑笔并重新草化，其结果便是挑笔进而发展成为汉简中特有的钩。如：

過	過 敦煌 2253	過 肩水 73EJT6：23
通	通 肩水 73EJT1：164	通 居延 505·41
遣	遣 居延 585.3	遣 居新 EPT57·51
逆	逆 居新 EPT14.2	美 肩水 73EJT23：731
廷	廷 肩水 73EJT23：777	延 肩水 73EJT10：120A
建	建 肩水 73EJT24：36	建 肩水 73EJT6：167
延	延 肩水 73EJT6：126	延 肩水 73EJT9：1

这一时期隶书对篆文的改造虽已基本完成但并不彻底，因此在今隶时期的汉简文字中尚存在部分自下而上或自右而左不符合书写习惯的笔画，下表所列各字例中既有反逆性笔画，也有隶变后的写法，其中反逆性笔画是隶变对古文线条改造的不彻底而造成的。由于逆向的线条笔不便书写，故隶书或将逆写的线条拉直，或分解为横画和点画，若仅将弧形的线条变为方折的笔画而不做任何分解或拉直的处理，则形成钩向左上的横钩。如：

犬	[字形]居延 67·7	[字形]居新 EPT51·707
伏	[字形]肩水 73EJT6：44	[字形]肩水 73EJT4：68
狀	[字形]居新 EPF22.201	[字形]居新 EPT40.203
泰	[字形]居延 265·41A	[字形]居新 EPT22·468A

2. 撇画带钩

在今隶时期的汉简文字中，还有一类位于撇画末端的钩，这类钩与居于捺末端的挑笔遥相呼应，由于部分捺笔在隶楷阶段演变为斜钩，所以撇画末端亦常常类化加钩。与其他类型的钩画一样，撇钩在今隶时期的汉简文字中亦有长钩和短钩之分。作长钩者如"肩"字作[字形]（肩水 73EJT10：141），"府"字作[字形]（居延 286·13），"廣"字作[字形]（居新 EPT58·37）；作短钩者如"廄"字作[字形]（居新 EPF22·64A），"廢"字作[字形]（居延 EPF22·372），"府"字作[字形]（居新 EPT56·182）。殆因此类钩画的写法并不符合人们书写习惯，故而撇画带钩并没有保存下来为后代文字所继承。

3. 居于整字中间的撇和捺

撇捺伸展出去之后便不再与其他笔画相连，因此这类笔画多居于整字的最下端，这是撇捺两种笔画在书写过程中需要遵循的一条基本原则。在今隶时期的汉简文字中，为适应隶书扁平体势的要求，许多居于字形中间的笔画常常转写为左右对称、相背相分的撇和捺。在某些较为潦草、行草书写风格较多的简文中，这些撇和捺又常常转化为点。

平	[字形]肩水 73EJT5：69	[字形]東 52 正
米	[字形]敦煌 246	[字形]肩水 EJT21：137
少	[字形]居新 EPT56·109	[字形]東 7
曾	[字形]居新 EPT59·238	[字形]尹灣 6D3 正 1
半	[字形]武醫 80 甲	[字形]居新 EPT52·83
卒	[字形]額 2000ES9F3：3	[字形]肩水 73EJT4：108A
乎	[字形]居延 126·30	[字形]東 68

　　这类具有鲜明时代特征的笔画，随隶书字体不断演进及笔画的最终定形大多退出历史舞台，亦有少数字一直沿用到魏晋碑志以至隋唐写本文献中而沦落为俗字，如上表中"卒"字之作"卒"者及由此而衍生的字形便在后世大量沿用，足见汉代文字字形对汉字发展史的深远影响。

结　语

　　虽然今隶时期汉简文字中基本笔画已趋于成熟或基本形成，笔画间的组合方式基本趋于稳定，但正如上文我们所讨论的那样，笔画系统中仍存在诸多不稳定因素，因此我们认为在今隶时期的汉简文字中笔画系统尚处于初步形成的阶段，具有鲜明的时代性特点。

北大简《妄稽》编联问题整理

张海波[*]

摘 要：本文主要对近年来有关北大汉简《妄稽》篇的编联意见进行整理，同时提出若干见解。文后附重新编联后的释文，释文已吸收相关研究成果。

关键词：北大汉简 妄稽 编联

《妄稽》见北京大学出土文献研究所编《北京大学藏西汉竹书》（肆）[①]，共有 87 支简，其中缀合后完整的简有 73 支，残简 14 支，所存文字共约 2700 字。本篇竹简简背有划痕，简背划痕 8~9 支一组，共约 12 组，总计百支左右，《妄稽》原文约 3400 字，残缺文字较多，约占总数的 1/5。"妄稽"为竹书原有篇题，写在第三支简简背上端，其义疑即"无稽"，无可查考之意，谓这个人物是虚构的。《妄稽》篇主要讲述了一位出身名族的士人周春，有很好的品行和相貌，却娶了一位又丑又恶的妻子，名叫妄稽。周春厌恶妄稽，向父母请求买妾，虽然遭到妄稽反对阻挠，但最终父母和周春还是买了一位名叫虞士的美妾。周春很爱这位美妾，妄稽却十分妒恨虞士并虐待她，对虞士进行辱骂和残酷的折磨。最后妄稽生了大病，临死时反省自己的妒行。这是一篇长幅叙事的汉赋，基本上四字一句，在第二句末尾押韵；有时用韵较密，连续几句押韵。由于《妄稽》有明显的世俗文学与故事特征，在它发现之初，曾被视作中国最早、篇幅最长的"古小

---

[*] 张海波，历史学博士，济南大学出土文献与文学研究中心成员。
[①] 北京大学出土文献研究所编《北京大学藏西汉竹书》（肆），上海古籍出版社，2015。

说"，随着研究的深入，现在将其归为汉赋中的俗赋。①

下文我们首先介绍整理者的编联意见，然后根据在重新编联后的释文中出现的顺序，依次介绍相关的编联成果。笔者的观点以"【今按】"形式出现。

一　整理者编联意见②

本篇有正文和附简两部分，整理者将正文分为八段，附简在后：

第一段：1+2+3+4+5+6

第二段：6+7+8+9+10（残）+11+12+13+14+15+16+17……[1] 18+19+20

[1] 从简背划痕看，此处似缺简一枚。

第三段：20+21+22+23+24+25+26（残）+27+28……[2] 29+30+31+32

[2] 从简背划痕看，此处似缺简一枚。

第四段：32+33+34+35+36+37+38+39

第五段：39+40+41（残）+42（残）+43+44+45……[3] 46……[4] 47+48+49……[5] 50（残）……[6] 51+52

[3] 从简背划痕看，此处似缺简一枚。

[4] 此处缺简。

[5] 此处缺简。

[6] 此处缺简。

第六段：52……[7] 53+54+55+56+57+58+59+60+61+62+63……[8] 64+65+66

[7] 从简背划痕看，此处似缺简一枚。

[8] 从简背划痕看，此处似缺简一枚。

第七段：66+67+68+69+70+71（残）+72+73

第八段：73……[9] 74+75+76+77+78+79+80+81+82（残）[10]

[9] 从简背划痕看，此处似缺简一枚。

---

① 主要参考北京大学出土文献研究所编《北京大学藏西汉竹书》（肆），第57页"说明"。

② 详见北京大学出土文献研究所编《北京大学藏西汉竹书》（肆），下文用"【整理者2015.10】"代替。

［10］　以下缺简。

附简：83（残）、84（残）、85（残）、86（残）、87（残）

二　17+18

【整理者2015.10】17、18间似缺简一枚

从简背划痕看，此处似缺简一枚。

【ee2016.06.17】17+18①

简17与简18可以直接编联。

【紫竹道人2016.06.20】

ee先生所言简17、18连读，甚是。简17"姑咎（舅）胃（谓）妄稽曰"以下至简18，皆姑舅所说的话，而且都押阳部韵。其间不可能还缺一支简。②

【今按】从简背划痕看，此处似缺一简；但从内容看，这两简可以直接编联，无缺简。按照划痕的贯连关系推测，在竹简编联成册之前，17、18两简之间应该存在过一简。造成这枚简缺失的原因，有可能是由于竹材本身自然生长的局部缺陷而被淘汰，可能是由于加工过程中的人为耗损，又可能是由于抄写者书写失误而成为废简，最终导致这枚简没有被编联进竹书简册中。③

三　25+（26+41）+42

【abc2016.06.08】25+26+41+27④，又见【朱遂、谢坤2017.12】⑤

---

① 易泉：《北大汉简〈妄稽〉初读》，简帛网论坛"简帛研读"版块，http：//www.bsm.org.cn/bbs/read.php? tid＝3371，第37楼ee先生跟帖，2016年6月17日。"ee"为单育辰。

② 易泉：《北大汉简〈妄稽〉初读》，简帛网论坛"简帛研读"版块，http：//www.bsm.org.cn/bbs/read.php? tid＝3371，第42楼紫竹道人先生跟帖，2016年6月20日。

③ 关于简背划痕可看贾连翔《战国竹书形制及相关问题研究——以清华大学藏战国竹简为中心》，中西书局，2015，第66~102页。

④ 易泉：《北大汉简〈妄稽〉初读》，简帛网论坛"简帛研读"版块，http：//www.bsm.org.cn/bbs/read.php? tid＝3371，第22楼abc先生跟帖，2016年6月8日。

⑤ 朱遂、谢坤：《北大汉简〈妄稽〉篇缀合与编联初探》，南京大学古典文献研究所主编《古典文献研究》第二十辑上卷，凤凰出版社，2017，第184~189页。本文用"【朱遂、谢坤2017.12】"代替。疑abc为朱遂、谢坤的网名。

简 41 与简 26 内容相近，且竹简纹路相似、茬口处吻合，二者或可拼合。拼合后可置于 25 号简和 27 号简之间。其连读释文：鲮（鳞）【25】若陵（鲮）鲤，色若腐虾。諕（号）謼（呼）哭泣，音若皋（嗥）牛。□□【26】瞻诸，前龟后俳，曲指躙踝，種（肿）胅废腤，目【41】□□若盗。笑胃（谓）周春……

【朱逸、谢坤 2017.12】25、26、27 三支简均为对妄稽容貌丑陋的描写，41 简也是描述人物外貌的相关记录。简 41 上端残缺，其纹路、书写风格均与简 26 相近，且两支简的茬口处亦能吻合。简 41 与简 26 拼合后，可拼出一支整简，其长度约为 32 厘米，正与《妄稽》篇其他整简相当。编联后简背划痕亦可连属紧密。

【老学生 2016.06.17】(26+41) +42+27①，又见【张传官 2016.07.13】②

简 42 可编入简（26+41）和简 27 之间。

【张传官 2016.07.13】abc 将简（26+41）与简 27 直接编联，恐不可从。笔者认为简 41 仍然应当按照整理者的意见与简 42 相连；而且，二者当一起移到简 26 和简 27 之间。简 25+（26+41）描述妄稽之丑，接上简 42 是符合前文所述的并列句式的。至于简 42"来与我相□"和简 27 之间的缺文，应该是与"□□若盗"一起，都属于另一段描述妄稽之丑的文句。从原大图版的示意图来看，整理者认为简 42 属于上半支简，按照其示意图，简 42 上端"……"处只缺一字。然而，此简既无中部编绳所在的空白，亦无简背划痕，恐怕难以判断其具体位置。笔者在此做出一个推测：简 41 的末尾的"目"字和简 42 的"□艮以垂"都是描述眼睛的，其间尚缺三字。按此处之"艮"应该也是用为"眼"的。根据《妄稽》文句大多四字一句、两句连续或对应的文例，简 41~42 这段描述眼睛的文句可以复原为："目【41】□□□，□艮（眼）以垂。【42】"据此，简 42 的位置当往下移大约三个字的距离。

---

① 劳晓森：《北大汉简〈妄稽〉编联一则》，复旦大学出土文献与古文字研究中心网站，http：//www.gwz.fudan.edu.cn/SrcShow.asp? Src_ ID = 2821，2016 年 6 月 7 日，评论第 2 楼。

② 张传官：《北大汉简〈妄稽〉拼缀、编联琐记》，复旦大学出土文献与古文字研究中心网站，http：//www.gwz.fudan.edu.cn/SrcShow.asp? Src_ ID = 2858，2016 年 7 月 13 日。本文用"【张传官 2016.07.13】"代替。杨元途、劳晓森、老学生均是张传官的笔名，他还曾用王晓明的名字发表过相关研究论文。

这样一来，简（26+41）与简 27 之间缺失的简背划痕，就正好可以位于简 42 上端残去的竹简上。

【今按】 abc 将 26 简与 41 简缀合为一简，张传官将此简与简 42 编联以及 42 简位置的调整都是正确的。25+（26+41）+42 似应与 29 连读，不应与 27 连读，详见下第五条。

四 31+33、40+32

【陈剑 2016.07.10】 31+33，40+32①

简 32 当从简 31 与 33 之间抽出，接于简 40 之后；简 31 与 33 则径连读。

简 32 与 40 连读为："（上略）周【39】春与出，遇妄稽门。见春而笑，㕤=（㕤㕤）□=（□□）。辟（臂）湹（垂）九寸，耳枒（形）蕫（仅）存。鬼（魃）获〈獕（蠸）〉氐（低）譁（准），坚根隐轸。【以上押文部韵】朌曷抵誰（推?），【40】示以都枒（形）。勇（踊）趯（跃）颠（偃）卬（仰），搃据鹿惊。笑胃（谓）周春：'长与子生。'【以上押耕部韵】妄稽自饬（饰），周春俞（愈）恶。毛若被衰（蓑），未【32】。"

简 31 与 33 连读为："（上略）踵（踵）长于跗，跔〈脚（脚）〉废摄（蹑）糒（屝）。脾（髀）若枱版，少肉骨多。腹若抱曳（? 臾－腴?），傑胁膚波。骲（发）若龟尾，宿=（宿宿）必施（扡、拖）。【31】唇若㓷（判）桃，言笑为=（为为）。笑胃（谓）周春：'视我孰与虞士丽？'【以上押歌部韵】周春惊而走，过虞士之堂。（下略）【33】"

整理者原将 31~33 连读，存在两个明显问题。一是简 31、32 连读处的"骲（发）若龟尾，宿=（宿宿）必施（扡、拖）。【31】示以都枒（形）。勇（踊）趯（跃）颠（偃）卬（仰），搃（夔）据鹿惊"云云，按本篇文例，末字"枒（形）"入韵的"示以都枒（形）"

---

① 陈剑：《〈妄稽〉〈反淫〉校字拾遗》，复旦大学出土文献与古文字研究中心网站，http://www.gwz.fudan.edu.cn/SrcShow.asp? Src_ ID＝2850，2016 年 7 月 4 日，评论第 4 楼。

句，其前尚缺一小句。二是简32、33连读处"未【32】唇若勃（判）桃"不通（或疑"未"乃"朱"字之误，同样难通）。做以上调整后，两处问题就都不存在了。简31"跋（发）若龟尾"云云，与简32"唇若勃（判）桃"云云，句式对应整齐。简32下所接之简已残失，按本篇文例，"毛若被衰（蓑），未□□□"之末字应为鱼部字，与前"恶"字押韵。

由简背划痕示意图可看出，简31~33的划痕本不相连：

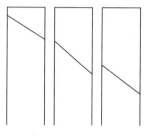

（由左至右简31、32、33）

当然，简33与31连读后划痕同样不能相连。同样地，将简32背划痕移到简40背右侧，其划痕也不能相连，如下示意图：

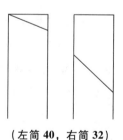

（左简40，右简32）

这些现象，以及以前一些简序调整中与简背划痕有关联者所反映出的情况，都说明简背划痕对于简序编连的参考作用是有一定限度的，不可将其绝对化。简背划痕的问题很复杂，简单说来，简序编连主要还是得依靠文意等证据，或者说是依靠文本本身的各种"内证"。在有充分内证的情况下，如调整后划痕正好相合，可以起到补充印证的作用；但如划痕不合，也不能作为否定有关编连的致命反证。

【今按】同意陈剑先生的这两条编联意见以及有关简背划痕对于简序编连的参考作用的观点。

五　42、29，32、27+28

【今按】42、29，32+27+28

简25~42主要描写从周春纳妾之日起，妄稽的反应以及采取的相关措施。简文大体可以分为五段，每段都有"笑胃（谓）周春"四字，而且"笑胃（谓）周春"句前都是关于妄稽相貌的描写，此句后有时会写周春的反应。上第三条提到张传官将25+（26+41）+42与27连读，如按此编联，简27"笑胃（谓）周春"句前关于妄稽相貌描写的简文仅存2字，之前仍缺部分关于妄稽相貌描写的简文，简32关于妄稽相貌描写的简文后缺"笑胃（谓）周春"句。如将27+28简移到32简后、简42后接简29，这个问题就不存在了。从简背划痕看27、28简原就与前25、26，后29、30简的划痕不贯连，整理小组的释文也在25+26与27+28、27+28与29+30之间加省略号，表示简文并不连读。所以将简27+28移到32简后，即"从周春纳妾之日起，妄稽的反应以及采取的相关措施"这组简文的最后，从简背划痕和内容看，并无不妥之处。

如按笔者编联意见，这组简文可分五段：

第一段：25+26+41+42、29，主要描写周春纳妾之日妄稽的神态、反应以及妄稽与周春争吵的内容。29简首"我今与女（汝）虏訾，孰之瘕者"几字是周春和妄稽争吵时所说的话，是第一段的末句。

第二段：29+30+31+33+34+35+36+37+38+39，主要描写妄稽制新衣打扮自己，周春惊走并与虞士厮守。简文后半用虞士与妄稽对比，用虞士的美衬托妄稽的丑。

第三段：39+40+32，主要描写周春与妄稽偶遇，妄稽向周春表白"长与子生"。

第四段：32、27，"妄稽自饬（饰）"，但把自己打扮得不伦不类。

第五段：27+28，妄稽强吻周春，周春不听，妄稽大怒。

在这五段中，妄稽除了在周春纳妾之日表现出不太高兴并与周春发生争吵外；第二至第五段前半采取各种手段争宠时态度良好（"见春而笑""笑谓周春"），在这部分简文中周春从"惊而走"到与妄稽偶遇被表白、"妄稽自饰，周春愈恶"，周春的反应是有递进的；到最后妄稽强吻周春，周春不听，妄稽大怒。妄稽和周春的反应都是合情合理的。

六 84+83+87、51

【abc2016.06.05】84+83①，又见【朱遄、谢坤 2017.12】

简83与简84疑能缀合；缀合后释文作"……速之我舍，薪笞而笞，薪……"

【朱遄、谢坤 2017.12】将两支残简对比可知，二者的竹简纹路、书写风格均相同，茬口处亦能较好地吻合，拼合后可复原"舍"字，两支残简当能缀合。

【老学生 2016.06.17】（84+83）似可与87遥缀②，又见【张传官 2016.07.13】

简（84+83）似可与简87遥缀，其间约间隔一字的距离。缺字疑可补为"百"。

【张传官 2016.07.13】简80、81、82等整简中部有一处较大的空白处，即编绳所在。对比可知，简84的位置实际上有些偏下，应该略往上移一些，以使其中部编绳位置与整简的对齐。笔者认为简87可遥缀于简（84+83）之下，其间保持约一个字的间隔。简87与简84、83木纹相同，拼缀之后中部编绳位置与竹简底端皆可对齐……其简文作："……周春大浦（怖），趣召虞士：遬（速）之我舍。【84】薪笞而笞，薪【83】【百】而百。吾自为操，我妄有【87】……"编联之后"浦（怖）""舍""百"押鱼、铎部韵。其中第一个"百"字据上文"薪笞而笞"的文例而补。

【今按】同意张传官的缀合意见，这三简在简文中的大致位置还可以讨论一下。84、83、87这三段残简所描写的内容似与妄稽虐待虞士有关，本篇正文描写妄稽虐待虞士的竹简有51～61以及新编联的85、86、71、50、47、48、

---

① 易泉：《北大汉简〈妄稽〉初读》，简帛网论坛"简帛研读"版块，http://www.bsm.org.cn/bbs/read.php? tid=3371，第9楼abc先生跟帖，2016年6月5日。

② 劳晓森：《北大汉简〈妄稽〉编联一则》，复旦大学出土文献与古文字研究中心网站，http://www.gwz.fudan.edu.cn/SrcShow.asp? Src_ID=2821，2016年6月7日，评论第2楼。

49 简，这些简文描写的内容语意连贯，84、83、87 三简无法编联在这些简中。这组简文的后三简 47~49 描写妾稽虐待虞士已经引起了公愤，49 简尾有"妾稽不自射（谢），窃笑有……"几字，从这句话看妾稽似乎想出了对付虞士的新方法，这组简文后是关于妾稽怎么陷害虞士与人私通的简文，前后文正好可以衔接。如果笔者猜测不误，84、83、87 三简在本文中的位置只能在 51 简之前。从本篇现有简文看妾稽虐待虞士有三次：一是 84+83+87，二是 51+52，三是 52~61 简以及新编入的大量简文。从简文看前两次周春都在家，第三次周春外出。虞士受虐后周春的反应也不一样，第一次"周春大浦（怖）"，并趣召虞士："遬（速）之我舍"安慰她。第二次周春"为之恐惧"，为她修建安全的住所并请勇士保护她。还有这三次对虞士造成的伤害也不一样，从简 84 看，这一次虞士挨打后还可以行动；从 51 简"……焉复苏"看，这一次虞士被打至昏迷；从简 47"虞士乃三旬六日焉能起"看，这次的伤害最重。从我们对简文的分析来看，也应将 84、83、87 简排在 51 简之前。

七　52+53

【整理者 2015.10】52、53 间似缺简一枚

从简背划痕看，此处似缺简一枚。

【杨元途 2016.06.03】① 52+53

整理者在"……"后加注谓："从简背划痕看，此处似缺简一枚。"按从简背划痕来看，此二简可以衔接，不必视为缺简。从此段文义来看，此处恐怕也没有缺简。尤其正如整理者所指出的，此段文句中，"惧""巨""傅""御""处"等字押鱼部韵，而简 52 的"巧能近"之后正好缺一字，接上"御"字文义通顺。

【今按】同意杨元途（张传官）的编联意见，至于简背划痕不贯连的问题，请参考前第二条"【今按】"以及第四条陈剑先生有关简背划痕对于简序编联的参考作用的观点。

---

① 杨元途：《北大汉简〈妾稽〉〈反淫〉校读笔记》，复旦大学出土文献与古文字研究中心网站，http://www.gwz.fudan.edu.cn/SrcShow.asp? Src_ID=2812，2016 年 6 月 3 日。本文用"【杨元途 2016.06.03】"代替。

八　61+（85+86）+（71+50）+47+48+49

【abc2016.06.05】85+86①，又见【朱遹、谢坤2017.12】

简85与简86纹路相似、茬口处似吻合，二者或可拼合。

【朱遹、谢坤2017.12】（85、86）两支残简的纹路、书体皆相似，茬口处亦能较好地吻合，二者当可缀合。拼缀后其文义连贯，且茬口拼合后能够复原"与"字，可为佐证。

【abc2016.06.05】71+50②

简50与简71疑能缀合；缀合后为一支完整的简。

【劳晓森2016.06.07】③ 按此条缀合应该是正确的，拼缀之后两支残简不仅茬口相合，而且文义连贯，前后文句皆押鱼部韵。

【abc2016.06.08】71+50+47④，又见【朱遹、谢坤2017.12】

简50+71应调整至简47之前。

【朱遹、谢坤2017.12】将此三简连读后语句通顺、词义通畅。又简（71+50）+47+48+49的简背划痕十分连贯，可为编联佐证。此外文中所铺陈"捕遹卒之""增诘□之""□击捣之""随而犹之""执而窬之""褐解□之"等词，皆是妄稽对虞士的欺辱行为，其语言风格近似，连读亦无碍。

【老学生2016.06.12】（85+86）+（71+50）+47+48+49⑤，又见【张传官2016.07.13】

从文义上看，【85+86】似可与【71+50】+47+48+49编联，编联

---

① 易泉：《北大汉简〈妄稽〉初读》，简帛网论坛"简帛研读"版块，http：//www.bsm.org.cn/bbs/read.php？tid＝3371，第5楼abc先生跟帖，2016年6月5日。

② 易泉：《北大汉简〈妄稽〉初读》，简帛网论坛"简帛研读"版块，http：//www.bsm.org.cn/bbs/read.php？tid＝3371，第9楼abc先生跟帖，2016年6月5日。

③ 劳晓森：《北大汉简〈妄稽〉编联一则》，复旦大学出土文献与古文字研究中心网站，http：//www.gwz.fudan.edu.cn/SrcShow.asp？Src_ ID＝2821，2016年6月7日。本文用"【劳晓森2016.06.07】"代替。

④ 易泉：《北大汉简〈妄稽〉初读》，简帛网论坛"简帛研读"版块，http：//www.bsm.org.cn/bbs/read.php？tid＝3371，第27楼abc先生跟帖，2016年6月8日。

⑤ 劳晓森：《北大汉简〈妄稽〉编联一则》，复旦大学出土文献与古文字研究中心网站，http：//www.gwz.fudan.edu.cn/SrcShow.asp？Src_ ID＝2821，2016年6月7日，评论第1楼。

之后文义相连，"去""下""雨""女（汝）""处"等字押鱼部韵。①

【整理者 2015.10】61+62

【老学生 2016.06.17】简 61、62 不可直接编联②，又见【张传官 2016.07.13】

简 61、62 不可直接编联。简 59~61 相关文句是妄稽对虞士说的话，简 62~65 相关文句则是妄稽对周春说的话，二者不能直接编联。

【张传官 2016.07.13】按妄稽的这段言语中，简 59~61 相关文句是妄稽对虞士的责骂与劝诫，而简 62~65 相关文句则是妄稽向周春述说虞士之不贞与图谋（也许只是妄稽编造的谣言），并且劝诫周春"遫（速）鬻虞士"，因此简 65 接下来才有周春的回答。从上下文文义（尤其是说话的对象）可以看出，简 61 和 62 不能直接编联。

【补白 2016.06.25】③ 61+（85+86）

简 86 有"朝劝出弃，暮趣遂去"，"趣"当读为催促之"促"，此语是说虞士早上劝周春休弃妄稽，傍晚就催促周春动身离开。全篇明确提到周春出门远行的，只有"甲子之日，春为君使。出之境外，离家甚久"。因此，简 85+86 应该属于周春出使后的这一次妄稽答骂虞士之语；根据有关情况考虑，也许就可以接在简 61 之后。简 61 言"且春未行也"，简 86 言"暮促遂去"；简 61 言"我固告汝"，简 85 言"汝

---

① 【补白 2016.06.25】此说恐有问题。简 86、71 连读处，有"宿遂其胅下"之语。古书言"遂其××"者，如"遂其功名""遂其德"或"遂其贪心""不遂其媾"等，"遂"当"成就"讲。"宿遂其胅下"似文不成义。即使"宿"属上读，"遂其胅下"也难以讲通。更为重要的是，简 85+86 如列在简 71+50 之前，彼此简背划痕的关系就很难做出合理的解释。简 71+50 的简背划痕位于简的起首处，此简当系此道划痕所统属的第 1 简。简 85+86 缀合后，上端稍残，据本篇整simplified的一般字数推算，大约残失 2 字；其简背划痕应该也在简的起首处，惜已残去。此简亦系此道划痕所统属的第 1 简。都属于划痕经过的第 1 简的两支简，要紧挨着编联，那几乎是没有可能的。从语气看，简 85+86 确为妄稽对虞士所说的话；简 71 以及简 50 至"我岂得少处"，也显然是妄稽对虞士所言。但是通观全篇，妄稽不止一次责骂过虞士，所以这一点不能成为简 85+86 必须排在简 71+50 之前的坚强理由。
② 劳晓森：《北大汉简〈妄稽〉编联一则》，复旦大学出土文献与古文字研究中心网站，http：//www.gwz.fudan.edu.cn/SrcShow.asp？Src_ID = 2821，2016 年 6 月 7 日，评论第 2 楼。
③ 补白：《北大简〈妄稽〉中与简 61、62 有关的简序试调》，复旦大学出土文献与古文字研究中心网站，http：//www.gwz.fudan.edu.cn/SrcShow.asp？Src_ID = 2839，2016 年 6 月 25 日。本文用"【补白 2016.06.25】"代替。

冥冥不我听"，前后正紧密呼应。押韵方面，"与汝媚于奥，宁媚于灶"的"奥""灶"与"终不与汝相留"的"留"，可视为觉、幽合韵（上文"呼""故""妒""露""骂""汝"，亦鱼、铎合韵）。

【今按】同意此条这几位先生的编联意见，但笔者对"朝劝出弃，暮趣遂去"句的理解与补白先生不同。此句陈剑先生有解释："此文'朝劝出弃'与'莫（暮）趣（促）遂去'当理解为'互文'，其意谓妄稽指责虞士向周春图谋（出弃）她，虞士'朝暮都劝说、催促周春休弃、逐去妄稽'。"① 结合前后文义看，陈剑先生的解释似乎更好。

九　43+44+45+46+62+63+64+65+66

【整理者 2015.10】45、46 间似缺简一枚

从简背划痕看，此处似缺简一枚。

【老学生 2016.06.17】45+46②，又见【张传官 2016.07.13】

简 45 和 46 可直接编联。整理者谓二者之间似缺一简，似不必缺。编联之后的文句为："虞士左走，曾毋所逃死。周春卒（猝）至，虞士【45】自以为身免。【46】"

【整理者 2015.10】63、64 间似缺简一枚

从简背划痕看，此处似缺简一枚。

【杨元途 2016.06.03】63+64

整理者在"……"后加注谓："从简背划痕看，此处似缺简一枚。"③《北大》（肆）附录又说："一些特殊固定的词汇，特别是人名、地名等专名，如果其前段正好出现在一枚简的简尾，后段出现在另一枚简的简首，那么我们很自然就会认定这两枚简应该是前后紧接编联

---

① 详见陈剑《〈妄稽〉〈反淫〉校字拾遗》，复旦大学出土文献与古文字研究中心网站，http：//www.gwz.fudan.edu.cn/SrcShow.asp? Src_ ID＝2850，2016 年 7 月 4 日。

② 劳晓森：《北大汉简〈妄稽〉编联一则》，复旦大学出土文献与古文字研究中心网站，http：//www.gwz.fudan.edu.cn/SrcShow.asp? Src_ ID＝2821，2016 年 6 月 7 日，评论第 2 楼。

③ 北京大学出土文献研究所编《北京大学藏西汉竹书》（肆），第 73 页。

的关系。……如简六三简尾为'周'字，简六四简首为'春'字。"①

按这两处表述有些自相矛盾，究竟是否缺简亦未说清。从简背划痕来看，此二简之间确实有可能缺一枚简，但从此段文义和句式来看，此处并无缺简。尤其是简63的"必杀周"正与简64的"春"相连，与后文"必杀周春"相同；而且以"妄直敝之"开头的两句话正好相互对应。因此，当以《北大肆》附录所说为是。如果此处所谓因简背划痕不密合所导致的缺简确实存在，那这支简也很可能是废简。正如何晋先生所指出的，《妄稽》简是先划简背划痕再编联的。这很容易导致简背划痕不密合的情况出现。

【补白2016.06.25】43~46+62~66（下略）

"老学生"先生指出简46也应与简45连读，是很正确的。这几支简说到妄稽大怒，欲杀虞士，虞士正无处可逃时，周春突然回家，"虞士自以为身免"。不料"妄稽为布席善传之，把入其衣而数掐之"，对待离家许久的周春，态度十分温柔。在这种情形下，"妄稽谓周春"，讲出虞士的不堪行径，试图说服周春"速鬻虞士"（详见简62~65），是很自然的。所以我们认为，简43、44、45、46应该编在简62之前。

【今按】张传官45+46、63+64以及补白46+62的编联意见，都应是正确的。45与46、63与64简背划痕不贯连的问题，请参考前第二条"【今按】"以及第四条陈剑先生有关简背划痕对于简序编联的参考作用的观点。46与62连读，详见本文"十二其他"下第三条的论述。在没看见补白先生的编联意见前，笔者也将简46与62连读，但与补白先生的关注点有所不同。根据原整理者的编联，43~46这组简文前是关于妄稽怎么争宠的简文、后面是妄稽怎么虐待虞士的简文，而细审妄稽和虞士的对话，所讲是有关女人要对男人忠诚的问题，放在此处不如放在妄稽诬陷虞士的不堪行径这段（简62~65）前好。从简背划痕看，62与43~46简的划痕正好可以贯连。

---

① 何晋：《北大西汉竹书〈妄稽〉的整理及其价值》，北京大学出土文献研究所编《北京大学藏西汉竹书》（肆），第153页。

十　69+70+72+73

【老学生 2016.06.06】70+72①

从文义和押韵上看，《妄稽》简 70 似可直接与简 72 直接编联。

【劳晓森 2016.06.07】69+70+72+73

这段话中，简 71 放在此处颇为奇怪。一则简 69、70 和简 72、73 皆押之职部韵；而简 71 从文义来看，韵脚当为"下"和"雨"，二者皆鱼部字，与前后文文句的韵脚皆不合。二则简 71 放在简 70 之后，其"胅下"二字与简 70 之"方"亦无法衔接，文义亦不明（简 71 仅存上半截，当然无法判断其下部缺文与简 72 简文的关系）。基于这两个原因，笔者认为简 71 并不属于此处，当从此处移出。……移出简 71 之后，笔者认为简 70 当可直接与简 72 编联，即将"方"与"乐穷极"合为一句。编联之后，简 69、70、72、73 文句文义连贯通顺，而且皆押之职部韵。最后需要解释一下其中的一个问题。从简背划痕看，简 70 为前一段划痕的最后一支简，简 72 则是后一段划痕的第二支简，二者之间尚缺少后一段划痕的第一支简。这与本文所论的编联似有些矛盾。不过，这种情况也不难理解，这支简很可能最初是存在的，但是后来由于抄误等原因成为废简，导致简背划痕缺少了这一截。

十一　73+74+82

【整理者 2015.10】73、74 间似缺简一枚

从简背划痕看，此处似缺简一枚。

【ee2016.06.08】73+74②

简 73 与简 74 可直接编联。

---

① 杨元途：《北大汉简〈妄稽〉〈反淫〉校读笔记》，复旦大学出土文献与古文字研究中心网站，http://www.gwz.fudan.edu.cn/SrcShow.asp? Src_ ID = 2812，2016 年 6 月 3 日，评论第 11 楼。

② 易泉：《北大汉简〈妄稽〉初读》，简帛网论坛"简帛研读"版块，http://www.bsm.org.cn/bbs/read.php? tid=3371，第 21 楼 ee 先生跟帖，2016 年 6 月 8 日。

【ee2016.06.19】简74与简75之间应缺一简①

从文义上看，简74与简75之间也应缺一简，简背划痕也连不上。

【陈剑2016.07.10】简74+82②

简82当接在简74之后，连读如下："（上略）妄稽将死，乃召吏【73】而遗言。曰：'淮北有恶人焉，中淮踆（蹲）。涕（涕、湩）则入口，湩则入鼻。鞠（掬）李而投之面，李尽不弃。瞫可擥（揽）而【74】【□□□□】君（？）施肩者四。然与夫生，终身无恶。何则？我妒以自败也。'妄稽遗一言而智（知）志，说【82】……"

理由主要有，一、本篇用韵之例颇为严整，简74前半"言、焉、踆"可视为元文合韵，后半则"鼻、弃"押质部韵；如此调整后则简82的"四"字（质部）也正可承上文入韵。二、从文义看，"然与夫生，终身无恶"，谓上文所述淮北之状貌丑恶之人，尚能与丈夫无恶且终其生，而同为丑人之妄稽我则以妒而致病早死，适成对比；同时，"妄稽遗一言"也正与上文妄稽"召吏而遗言"相呼应。

十二　其他

本文第二至十一条的编联缀合意见基本已被采纳，此部分收录的是笔者没有采纳的缀合意见，以便读者。

（一）28、29

【整理者2015.10】28、29间似缺简一枚

从简背划痕看，此处似缺简一枚。

【张传官2016.07.13】28、29似可连读（实为2016.06.19初稿）

从简背划痕来看，简28和29之间确实存在缺简的可能，但比起简26和27之间的简背划痕，前者不连续的情况要轻微得多，实际上也可以视为没有缺简，二者似可以直接编联。即便二者之间确实存在缺简，

① 劳晓森：《北大汉简〈妄稽〉编联一则》，复旦大学出土文献与古文字研究中心网站，http：//www.gwz.fudan.edu.cn/SrcShow.asp? Src_ ID＝2821，2016年6月7日，评论第3楼。

② 陈剑：《〈妄稽〉〈反淫〉校字拾遗》，复旦大学出土文献与古文字研究中心网站，http：//www.gwz.fudan.edu.cn/SrcShow.asp? Src_ ID＝2850，2016年7月4日，评论第4楼。

至少从文义上看，简 29 是与简 28 是密切联系的。

【今按】此二简似不应连读，详见第三、五条。

（二）54、55

【王宁 2016.07.14】① 54、55 不能连读

【今按】从整理者的编联情况看，54 简是它所在这组划痕的末简，55 是另一组划痕的首简，所以王宁的观点有其合理性。现在我们也没有确凿的证据证明整理者的意见有误，因此暂从整理者的编联意见。

（三）简 71+50、47、48、[49、（中有缺简）、51]、52~60、[61、85+86、（缺一简）、43]、44、45、[46、62]、63~66（下略）

【补白 2016.06.25】59+60+61+85+86+（缺一简）+43~46+62~66

如果简 85+86 之后马上接简 62，且不论相连处文句是否可通，就是在叙事上，也还没有提及周春返家，妄稽说话的对象便无法从虞士转为周春。在全篇简文里找一下，唯一有可能说周春归来的，是简 45 的"周春卒（猝）至"。简 43、44、45 没有问题当连读。"老学生"先生指出简 46 也应与简 45 连读，是很正确的。这几支简说到妄稽大怒，欲杀虞士，虞士正无处可逃时，周春突然回家，"虞士自以为身免"。不料"妄稽为布席善传之，把入其衣而数揎之"，对待离家许久的周春，态度十分温柔。在这种情形下，"妄稽谓周春"，讲出虞士的不堪行径，试图说服周春"速鬻虞士"（详见简 62~65)，是很自然的。所以我们认为，简 43、44、45、46 应该编在简 62 之前；但简 43 跟简 61 之后的简 85+86 无法连读，估计其间缺了 1 支简。

简 43 的划痕，大致处于第 3 简的地位；简 85+86 既为第 1 简，我们估计其间缺失一简，是相当合理的。简 46 当为此道划痕统属的第 6 简。

---

① 王宁：《读北大简四〈妄稽〉零识》，武汉大学简帛网，http://www.bsm.org.cn/show_article.php? id=2594，2016 年 7 月 14 日。本文用"【王宁 2016.07.14】"代替。

简 62 原来排在简 55~62 那一组的第 8 简，但那道划痕划得比较平；现在把简 62 挪到简 46 之后，让它处在简 85+86……（缺一简）、43、44、45、46 那一组较为错落参差的划痕的第 7 简，从《北大》（肆）所提供的简背划痕大图来看，也正好可以跟简 46 的划痕衔接，毫无矛盾。

【补白 2016.06.25】71+50+47+48+49+（缺简）+51+52

至于"abc"先生所拼简 71+50、47、48、49 一组，看起来还是应该放在简 51、52……之前。不过从文义看，简 49 与简 51 之间大概尚有缺简（但不会缺太多）。

简 71+50 当是此道划痕所统属的首简。简 49 从划痕位置看，盖处于此道划痕经过的第 4 简。简 51~54 属于另一道划痕，简 51 约在此划痕所经过的第 3 简位置，其前似尚有 2 支简残去。简 55 以下为新的划痕，所以简 51 所在的这一道划痕，共统属 6 简；相邻的简 71+50、47、48、49 这一组的划痕，可能也只统属 6 简。若此，保守估测简 49 与简 51 之间，大概缺了 4 支简。但缺掉 4 简，从上下文看，未免仍嫌多了一些。事实如何，有待进一步研究。

【补白 2016.06.25】42、71+50、47、48、49

简 71+50 等简在全篇中的可能位置。我们初步认为简 71+50、47、48、49……似可排在简 42 后，但简 42 与简 71+50 之间当有缺失之简（从简背划痕的情况看，所缺之简数量不会太少，或在 4 简以上）。

【今按】小标题中外加框者，为补白的编联意见，本文第九条已吸收补白将 46、62 连读的意见。

（四）

【abc2016.06.05】12、51

整理者公布的缀合结果，恐有两则存在疑问：（1）简 12；（2）简 51。两处缀合的茬口并不能直接吻合，所释文字亦不完整。在仅存的《妄稽》简中尚未发现可与之直接拼合的残简。二则缀合或当存疑。①

---

① 易泉：《北大汉简〈妄稽〉初读》，简帛网论坛"简帛研读"版块，http：//www.bsm.org.cn/bbs/read.php? tid=3371，第 10 楼 abc 先生跟帖，2016 年 6 月 5 日。

（五）

【王宁 2016.07.10】75~81、43①，87 也在这段话中。又见【王宁 2016.07.14】

根据陈先生 73+74+82 的编联，那么原释文简 75~81 可能当在简 43 之前，从简 80~81 "孺子诚有赐小妾矣" 句直到简 44 "请事孺子" 句，都是虞士的话，同时怀疑简 87 也该在这段话里。只是简 81 无法和简 43 连读，中间当有缺简，简 87 有残缺也无法和其他简直接连读。

这一段当是妄稽虐待殴打虞士之后受到众人的指责唾骂，妄稽假装忏悔承认自己有嫉妒的毛病而且不好改，骗得众人很开心。然后又找虞士谈判，希望虞士能自己离开，答应送给虞士一大笔钱财，被虞士说了一番 "义不事两夫" 之类的话拒绝，妄稽又勃然大怒，扬言要杀掉她，又向周春说虞士的坏话希望周春卖掉虞士。这样文义才是连贯的。

（六）

【杨茜 2018】（1）简 75、76 当接于简 47、48、49 之后；（2）简 81 与 43 或可直接编联；（3）简 77~81 当缀于简 75、76 之后，简 43~46 之前。

【今按】详见杨茜《北大汉简〈妄稽〉编联调整》，《简帛》第十六辑，第 101~111 页。

附：重新编联后的释文②

妄稽【3 背】

---

① 陈剑：《〈妄稽〉〈反淫〉校字拾遗》，复旦大学出土文献与古文字研究中心网站，http://www.gwz.fudan.edu.cn/SrcShow.asp? Src_ ID = 2850，2016 年 7 月 4 日，评论第 5 楼。

② 为保证《释文》的准确性，这里采用繁体排版。

眥（滎）陽幼進，名族周春。李〈孝〉弟（悌）兹（慈）悔，恭敬仁孫（遜）。鄉黨莫及，於國无論（倫）。辭讓送擅（撢），俗節（節）理萧（義）。【1】行步周裏（還），進退（退）鈴（矜）倚。顏色容狠（貌），美好夸（姱）麗。精絜（潔）貞廉，不骨〈肯〉淫謙（議）。血氣齊疾，心不怒【2】暴。力勁夬（抉）觡，不好手扶。勇若孟賁，未嘗色校（撓）。見鄉長者，先言後笑。其父母愛之，眾【3】人願以爲子。邑國蓋（闔）鄉，撫於鄉里。周春之賢，鄉黨无有。敦次忠篤，善養父母。親戚【4】皆説（悦），語及子私。謀鄉長者，欲爲取（娶）妻。其母曰：“句（苟）稱吾子，不憂无賢。”謀（媒）勺（妁）隨之，爲取（娶）【5】妄=稽=（妄稽）。

（妄稽）爲人，甚醜以惡。種（腫）肵廣肺，垂顙折骼。臂朕（天）八寸，指長二尺。股不盈拼（拼-菜），脛大五撼。曠殄【6】領亦，食既相澤。勺乳繩縈，坐肆（肆）於席。尻若最筍，塼（膊）膭（勝）格=（格格）。目若別杏，逢（蓬）髮頗（皤）白。年始十五，【7】面盡鈴腊。足若縣（懸）橿（薑），脛若談（剡-棪）株。身若胃（猬）棘，必好抱區（軀）。口臭腐鼠，必欲鉗須。周春見之，曾【8】弗賓（頻）視。坐興大（太）息，出入流涕。辯（徧）告鄉黨，父母兄弟：“必與婦生，不若蚤（早）死。”其父母聞之，乃坐相【9】……□有未能。爲買美妾，且以代之。妄稽聞之，不卧極旦。【10】雞鳴善式，乃尚（當）入閒（諫）。昧（昧）明而□，□□□□。曰：“吾不單（憚）買妾，君財恐散。”姑咎（舅）弗應，妄稽有（又）言：【11】“凡人□產，必將相閒。君不萧（宜）聽買妾，家室恐畔（叛）。吾直愛君財，不然何惡焉？”姑咎（舅）弗應，妄【12】稽有（又）□：“吾曁（既）執箕帚，幾（豈）能毋橅（善）。美妾之禍，人必鈴（矜）式。君固察吾言，毋及（急）求勝（滕）。”姑咎（舅）弗應，妄【13】稽曰：“趏（嗟）！皆得所欲，莫得所宜。誠買美妾，君憂必多。今不蚤（早）計，後將奈何？”姑咎（舅）胃（謂）妄稽：“女（汝）【14】狠（貌）狀甚惡，口舌甚詛（粗）。吾自爲買妾，終不夬（決）女（汝）。”妄稽曰：“怀（否）！何極之有？以君之智，秏（悉）夬（決）於婦。庶人【15】有言：謀毋失廖（夥）子。若人言不行，民稱將止。殷紂大亂，用被（彼）亶（妲）己。殺身亡國，唯美之以。美妾之禍，【16】必危君子。若此不憂，不爲羊（祥）父母。"姑咎（舅）胃（謂）妄稽："璽（爾）不自量。璽（爾）貌可以懼魃（魅），有（又）何辯傷？璽（爾）自妬【17】蕭買妾，乃稱殷王。吾子畜（蓄）一妾，因何遽傷？"妄稽曰："怀（否）！小妾不微（嬍），陵且（祖）微父，猷有與賁（憤）。毗休得生，【18】漠（嫫）母事舜。妾亦誠惡，未以取窅（窘）。君欲買妾，不愛金布。小快耳目，不念生（往）故。小妾忠間（諫），乃以爲妬。【19】請毋敢復言，走歸下舍。"

乙未之日，其姑之陳市。顧望閒中，適見美子。靡免白晳，長髮誘給。吸（馺）遝【20】還之，不能自止。色若春榮，身類縛素。赤脣白齒，長頸宜顧。□澤比麗，甚善行步。應□□□，【21】出辭禾（和）段（暇）。手若陰逢（蓬），足若揣卵。豐肉小骨，微細比轉。兆（眺）目鉤折，蟻埶（蟄）睞（睫）管。廉不籤=（纖纖），教不【22】勉兑（克）。言語節諗（檢），辭令愉宛（婉）。好聲宜笑，厭（靨）父（輔）之有巽（選）。髮黑以澤，狀若葥斷。臂脛若蒻，觭（奇）【23】牙白齒。教（姣）美佳好，致京以子。髮黑以澤，狀若籤（纖）緇。問其步〈齒〉字，名爲虞士。其姑卒取（娶）之，以【24】爲子妾。妄稽聞之，口舌讙=（讙讙）。走往走來，手□□□。周春聞之，喜而自幸。

入（納）妾之日，妄稽不台（怡）。鮉【25】若陵（鯪）鯉，色若腐蚘。諕（號）譁（呼）哭泣，音若皋（嗥）牛。□□【26】瞻諸，前龜後俳，曲指躅踝，稞（腫）胅廢脂，目【41】□□□，□艮（眼）以垂，笑胃（謂）周春："來與我相□……【42】……我今與女（汝）廖訾，孰之瘦者。"

妄稽因新製蹕緒之衣，縠帛之常（裳）。奇純以□，沐膏抹□。流項□有，【29】織狗桀袑，馬趯（躍）往來之裴=（裴裴）。黃（史）嫂（娎）之綹，夏暴（襮）短常（裳），□白之襦，純以靈光。三目之□，□游於【30】堂。蹕長於跗，跏〈跔〉（脚）廢攝柿（屍），脾（髀）若枌版，少肉骨多。腹若抱曳，傑（搴）脅脣波。髮若龜尾，宿=（縮縮）必施（挓）。【31】脣若判桃，言笑爲=（爲爲）。笑胃（謂）周春："視我孰與虞士麗？"周春驚而走，過虞士之堂。夫（芙）容（蓉）江離，蘭含〈苔〉【33】熏（薰）妨（芳）。嫖莫（紗）便圜（旋），桃（逃）人〈入〉北房。周春追之，及之東相（廂）。虞士枋（方）瑰（恥），色若茈（紫）英。郢（捏）命（領）鶱（褰）衣，齊阿之常（裳）。【34】戠（纖）費績（繪）純，裏以鄭黃。弱錫（緆）微羅，長毳以行。衡（蘅）若蘪（蘪）無（蕪），苣惠（蕙）連房。畸（奇）繡倚（綺）文（紋），雍錦蔡方（紡）。宋【35】紺圍青，絺緒（赭）緹黃。絳熏（纁）贊茈（紫），丸（紈）冰絹霜。邯鄲直美，鄭庫（褲）繒（鄆）帶，弱（翡）翠爲當（璫）。雙象玉鉤，【36】口有銀黃之須。戶（扈）佩淮珠，飭（飾）八漢光（珖）。白環佩（珮）首，結末垂潢（璜）。玉瑵（爪）玦印，色若秋包（苞）之英。高朐（珣）大【37】纂（瑑），弱（翡）翠誰式。戠（纖）隄（緹）襲糅（屍），虞士宜服。桃支（枝）象笿。鑑蔚（熨）粉墨。白脂蘭膏，縈（縈）澤在則（側）。周春見之，【38】搤手大（太）息："何然日月，與女（汝）相得？"脩=（悠悠）傷心，不能相去。馮（憑）吸皆顧，七旬爲夜。潭=（潭潭）哀=（哀哀），誠審思故。

周【39】春與出，遇妄稽門。見春而笑，仞=（仞仞）□=（□□）。辟（臂）湮（垂）九寸，耳枂（形）堇（僅）存。鬼（魁）獲（纇）氏（低）舝（準）。堅根隱（殷）軡。胅曷（鶡）抵（低）舝（準），【40】示以都枂（形），勇（踴）趄（躍）頗（俛）印（仰），挨（夒）據（懅）鹿驚。笑胃（謂）周春："長與子生。"

妄稽自飭（飾），周春俞（愈）惡。毛若被（披）衰（蓑），未【32】……□□若盜。笑胃（謂）周春："來與我相貌。"

齒若膳（鱔）骨，口類變（矕）條（脩）。大（太）息歌謙，謬=（謬謬）爰恤。星（腥）腐臊簫，芳=（芳芳）【27】蛇變。笑胃（謂）周春，奉（捧）頰壹囍（囃-呭）。周春不聽，妄稽大怒。曰："丈夫新譜（措），錯我美彼（彼）。係□之，妄有焉及！【28】……"

……周春大浦（怖），趣召虞士："遫（速）之我舍。【84】薪笿而笿，薪【83】【百】而百，吾自爲操，我妄有【87】……"

……焉復蘇。慮聞一里，遫（噭）若建鼓。朝嶙聲=（聲聲）。當門塞户。立若植楹，不來不篮（逝）。▆（鄰）里聞者，幼長【51】皆芀。

　　春愛虞士，爲之恐懼。謹築高甬（墉），重門設巨（拒）。去水九里，屋上塗傅。勇士五怀（倍），巧能近【52】御。地室五達，莫智（知）其處。甲子之日，春爲君使。出之竟（境）外，離家甚久。守者解（懈）駘（怠），稽得虞士。【53】真（瞋）目而怒，齗折其齒。左手把之，右手扐之。適得其指，因胸折之。適得其耳，究焣而起。挈【54】陰，挈（錐）甏之，蚤（早）列之。妄稽忿=（忿忿），自身芀之。疏齔鉗錯，疾齽篮（噬）之。將怀（倍）去之，有（又）蹖甏之。柘脩（條）百【55】束，竹笞九秉。昏笞虞士，至旦不已。時羸其死，扶蘠（牆）而起。令設衡（橫）桐，紛髮縣（懸）之。盈釜赤叔（菽），【56】纍足圍之。縣（懸）纍紡之，息=（息息）鞭之。迤（跪）進湮（唾）淺（濺），以時閒之。虞士胃（謂）妄稽曰：“孺（孺）子！人之有妾也，以爲【57】榮華。孺（孺）子之有妾，適亂室家。人有妾也，比之子生（姓）。孺（孺）子有妾也，比之禍。吾顠（俛）印（仰）自念，吾竊蜀（獨）【58】何命。笞擊怀=（伾伾），誶（捽）扐綑=（混混）。吾周雷（流）天下，大未有許（所）聞。吾爲妾亦誠苦，大不得人綸（倫）。”妄稽曰：“訕（叱）！【59】來！女（汝）猶賓（頻）言庨（呼）！女（汝）始來之日，女（汝）固設變故。女（汝）未見我黑白也，絕我日必妬。女（汝）婦居中閒，【60】使家大潞（露）。我爲女（汝）大賜，乃始笞罵。且春未行也，我固告女（汝），與女（汝）微（媚）於窨（奧），宵微（媚）於竈。丈夫【61】冬（終）不與女（汝）相留。女（汝）冥=（冥冥）不我聽，與【85】春謀予，朝勸出棄，莫（暮）趣遂去。女（汝）枕春之臂。宿遂其【86】腋下。大（太）息若靁（雷），流涕若雨。春【71】亦不賓，未肯聽女（汝）。若快女（汝）心志，我幾（豈）得少處。”捕遂卒之，增詰【50】□之，泰擊捬之，隨而猶之，執而窮之，楬解□之，虞士乃三旬六日焉能起。辯（徧）告衆人，拜請馮（朋）【47】友。皆憐虞士，爲之怒妄稽，曰：“人處妾，雖百貴之，名終不與女（汝）資（齊）。且女（汝）朏若詘（屈）蠋，面以（似）腐蟲。【48】鳶肩儌腋，蕭=（肅肅）淮=（淮淮）。妬聞巍（魏）楚，乃誠（駭）燕齊。女（汝）

爲長亦足矣，何必求私？"妾稽不自射（謝），竊笑有【49】……

"……女士死中，女崔三年。不與丈夫笑，不嫁冬（終）身。見富不爲變，見美不爲嗓（榮），氏（是）胃（謂）大誠。虞士雖【43】不宵（肖），願以自教也。""妾乃端（專）誠，不能更始。壹接周春，無所用士（事）。命舍周春，蜀（獨）事濡（孺）子。"妾稽大【44】怒，真（瞋）目瞂視，搖臂兩指："吾遬（速）殺，女（汝）善也，爲我不利！"虞士左走，曾毋所逃死。周春卒（猝）至，虞士【45】自以爲身免。妾稽爲布席善傳之，邑（挹）入其衣而數插之。妾稽胃（謂）周春："吾視虞士若氏（是）矣，君【46】亡於此也。夜入其士盈室，晝瞑（眠）夜視，反夜爲日。稽暨（既）小也，固弗敢節。過（禍）盜不材者，皆與交通。外【62】骸（駭）州鄉，內骸（駭）里巷。遬（速）鬻虞士，毋繋獄訟。妾直斂之，不言其請（情）。與其士約，暨（既）固有成。我必殺周【63】春，與其合生。妾直斂之，不言其惡。與其士約，固暨（既）有度。必殺周春，請要於涂（塗）。妾聞之中，心動【64】恐懼。君來適遬（速），被（彼）未給叚（暇）。遬（速）鬻虞士，毋繋大顧。"周春曰："若（諾），吾察其請（情）必得。一小婦人，亦甚【65】易〈易〉懷。誠有大罪，則得鬻猶幸。僕新罷行，君與我相規（窺）。我得聽其言，而察其辭。"

賓客畢請，【66】自問之。勞者未畢，虞士吾（寤）瞑（眠）。起見周春："竽（吁）！來虖（乎呼）。"遂之下室，已浴已沐。篡（纂）齊白珠，穿以係臂。【67】能過虖（乎）度（宅），不可當月而睇陰，象簪討（駐），觭（奇）牙步，蘭（闌）下周春規（窺）戶。不及（跋）屢（屨），踐而追之，虞士逃之，【68】周春及之東闈外。虞士涕洛（沾）禁（襟），周春涕交頤。曰日短歲般，命毋衆辭。遂之廣室，七日不疑。妾【69】稽念周春虞士之居也，不能宵息。尚（上）堂扶服，卑耳戶樞。以聽其能（態），而不敢大（太）息。周春虞士，方【70】樂窮極。妾稽大越，纖=（譏譏）哭極。怒頸觸牖："女（汝）亦蜀（獨）不我直！"周春虞士，潚（寂）蓼（寥）皆嘿（默）。妾稽喜（嘻）硅（嗟），左【72】走絕力。妾稽大病，音若搕。淫瑟緣辟（臂），魋畢（戳）庳（瘁）訥。臨勹疥腸，日百嘜浆。

妄稽將死，乃召吏【73】而遺言，曰："淮北有惡人焉，中淮跤
（蹲）。涓（洟）則入口，涶（唾）則入鼻。鞠（掬）李而投之面，李
盡不棄。眶（安）可攬（攬）而【74】【□□□□】君（?）施肩者四
乚。然與夫生，終身无惡。何則？我妦以自敗也。"妄稽遺一言而智
（知）志，說【82】……讔。女（汝）固羞父兄，計何子？"稽乃召其
少母，而與言曰："我妦也！不智（知）天命虖（乎）？禍生虖（乎）
妦之，爲我病也，將常難止。我妦【75】也，疾躇（墮）甇瓦毀甕杯，
解擇（釋）成索別瓶橘（繘），而離枲李，晝肖（宵）不瞑（眠）。我
妦也，【76】得常難止。"少母乃以告眾人，其父母聞之，言笑聲＝
（聲聲），舉杯而爲醻："亦毋甇兩親。"妄稽乃召虞士，【77】而與之
言曰："念女（汝）之事我，亦誠苦勞矣。不忍隱，何不走？不勝菫，
何不逃？爲告周春，必不【78】女（汝）求〈來〉。居外三月，可以
左右。與爲人下，宵爲人子。女（汝）面目事人，誰事不喜。錯（措）
氏（是）而弗爲，安辟（避）箠笞。【79】吾請奉女（汝），以車馬金
財，暴（纂）組五朵〈采〉（彩）。盡＝（盡盡）來取，不告無有。"
虞士再拜而起，曰：濡（孺）子誠有賜小【80】妾矣，妾合以中
（衷）心報，妾甚端仁，行有（又）忠篤。羔不事兩夫，不以身再遷。
死生於氏（是），筍（苟）得少安。末【81】……

论北大汉简《妄稽》地名"荥阳"*

赵海丽 王婷**

摘 要： 北大汉简《妄稽》"营（荥）阳"应隶定为"瞀阳"，从而引发对地名"荥阳"相关问题的探讨，通过考证早在战国时期韩所辖的荥阳古城（今郑州市西北 20 多公里）之古荥镇发现的印陶，其上"荥阳"之"荥"字下从水，即古有作"荥"者。而后在使用时由于书写混用，即写、刻或传播讹误或笔划省减等原因所致，而形成了"荥"的通假字"荧"。此外，从"荧""荥"的字形字义演变、文字通假现象的普遍存在，以及"荥阳"本源字"荥"的长期使用等情况推断，指出地名"荥阳"应是自产生之日起一直以来的标准写法。

关键词： 妄稽 荥阳 荧阳 瞀阳

2009 年初，北京大学接受捐赠，获得了一批从海外回归的西汉竹简。专家推测这批竹简的抄写年代多数当在汉武帝时期，可能主要在武帝后期，下限亦应不晚于宣帝。此批竹简全部属于古代书籍。① 《妄稽》篇存竹简 107 枚，2700 字。篇名"妄稽"题写在简背。该篇讲述的是西汉时期一个士人家庭中，男主人"周春"与其妻"妄稽"及其妾"虞士"之间发生的故事。

---

* 基金项目：本文系国家社会科学基金重大项目"中华简帛文学文献集成及综合研究"（项目批准号：15ZDB065）阶段性成果。

** 赵海丽（1964~），女，文学博士，山东交通学院教授，聊城大学简帛学研究中心成员；王婷（1989~），女，艺术学硕士，山东管理学院教师。

① 北京大学出土文献研究所：《北京大学藏西汉竹书概说》，《文物》2011 年第 6 期。

一 《妄稽》"营(荥)阳"之隶定

2015 年出版的《北京大学藏西汉竹书》(肆)收有《妄稽》篇。开篇首句:"营(荥)阳幼进,名族周春。"整理者认为,"营阳"即"荥阳",地名,因位于古荥水之北而得名。西汉时为县名,属河南郡。地在今河南省郑州市西。① 笔者仔细察看图版"营(荥)阳"(见图版 1),发现该字上从火,下从目。如此,将北大汉简《妄稽》中"营(荥)"字隶定为"瞢"(见图版 1)似更加准确。

图 1

由图版原字"瞢"到整理者隶定为"营(荥)"并非空穴来风,该三字是有着关联与渊源的。

《说文解字》(简称《说文》)等古文献对"瞢""营""荥"有如下解释:

1. 关于"瞢"

《说文·目部》:"瞢,惑也。从目,荥省声。"段玉裁注谓:"从目,荥省声。"② 又《淮南子·原道》:"眭然能视,瞢然能听。"《说文·目部》桂馥义证:"瞢,又通作营。"此外,"瞢"字汉印有出现,字形如下:

---

① 北京大学出土文献研究所:《北京大学藏西汉竹书》(肆),上海古籍出版社,2015。
② 段玉裁:《说文解字注》,上海古籍出版社,1988,第 135 页。

（《说文·目部》）

（罗福颐《汉印文字征》4.2）

"瞥"也有作为人名①使用的。《淮南子》《汉书》假营为瞥。营行而瞥废。②

2. 关于"营"

《说文·宫部》："营，市居也，从宫，荥省声。"③ 又《楚辞·远游》："载营魄而登霞兮。"蒋骥注："营、荥同。"《墨子·非儒下》："以营世君。"孙诒让《墨子间诂》引毕沅说："营，同瞥。"《读书杂志·汉书第四·礼乐志》："以营乱富贵之耳目。"王念孙按："营，字本作瞥。"

3. 关于"荥"

《说文·水部》："荥，绝小水也。从水，荥省声。"④ 又《说文·水部》朱骏声《通训定声》："荥，假借又为营。"《春秋左传异文释》卷二："闵二年传：及狄人战于荥泽。《吕览·忠廉》引作营泽。"

将上述各字作如下关联：瞥（瞥—荥—营）——营（营—荥—瞥）——荥（荥—荥—营）。由此可见，"瞥""营""荥"三字均与"荥"有联系。

4. 关于"荥"

《说文·焱部》："荥，屋下镫烛之光。从焱、冖。"⑤《庄子·人间世》："而目将荥之。"郭庆藩《集释》："营、荥字，古通用，皆瞥之借字也。"《说文·焱部》朱骏声《通训定声》认为，"荥，假借为瞥"及"假借又为营"。《春秋左传异文释》卷二："《天官书》荥惑，《说文》作瞥惑。"《春

① 徐中舒：《秦汉魏晋篆隶书字形表》，四川辞书出版社，1985，第229页。
② 段玉裁注《说文·目部》。引见于《故训汇纂》，第1563页。
③ 《说文解字》（孙刻本），第263页。
④ 《说文解字》（孙刻本），第390页。
⑤ 《说文解字》（孙刻本），第362页。

秋·隐公元年》："郑伯克段于鄢。"杜预注："荥阳，宛陵县西南。"陆德明释文："荥，本或作荥。"《别雅》卷二："荥阳，荥阳也。"

综合上文，"嫈"与"营"通假；又"营"与"荥"通；"荥"假借为"荥"。也就是说，"嫈""营""荥""荥"在许多情况下可通假互用，据此，《妄稽》篇首句"营（荥）阳幼进，名族周春"中的"营（荥）"字隶定为"嫈"似更妥当。因此，该篇中"营（荥）阳"等同于"嫈阳"。

5. 关于"荣""禜"

"荣"与"荥""禜"也有关联。如《说文·木部》："荣，桐木也。从木，荥省声。一曰屋栋之两头起者为荣。"①《释名·释言语》："荣，犹荥也，荥荥照明貌也。"《易·否·象传》："不可荣以禄。"焦循章句："荣，读曰荥，荥也。"《易经异文释》卷一："不可荣以禄。《集解》引虞作营。"《说文·木部》朱骏声《通训定声》："荣，假借又为营。"又《说文·示部》："禜，设绵蕝为营，以禳风雨雪霜水旱疠疫于日月星辰山川也。从示，荣省声。一曰禜卫使灾不生。"《礼记》曰："雩禜祭水旱。"②《礼记·祭法》："幽宗，祭星也。"郑玄注："禜之言营也。"《周礼·地官·族师》："春秋祭酺亦如之。"郑玄注："盖亦为坛位如雩禜。"陆德明释文："禜，本亦作荣。"因此，"嫈""营""荥""荥""荣""禜"③这六个字在许多情况下可异体通假互用。

整理者将"嫈"字隶定为"营（荥）"，并认为，"营（荥）阳"即"荥阳"，地名。据顾祖禹《读史方舆纪要》有"荥阳县"和"荥泽县"，并且两县相邻。那么作为地名，除了"荥阳"，是否还有"嫈阳"或"营阳"？古代文献有关于"营阳"郡之记载，三国吴宝鼎元年（266）分零陵郡南部置营阳郡，郡治营浦县（在今道县濂溪街道办事处），辖营浦县、营道县、春阳县、泠道县，属荆州。西晋太康元年（280），废营阳郡入零陵郡。东晋永和元年间析零陵郡复置营阳郡，仍属荆州。④虽为"营阳"，但非两汉时期，而是三国及其后所设，此"营阳"非《妄稽》篇之"荥阳"。因此，西汉

---

① 《说文解字》（孙刻本），第 204 页。
② 《说文解字》（孙刻本），第 25 页。
③ "嫈""营""荥""荥""荣""禜"六字异体通假互用亦可参见《故训汇纂》。
④ 陈健梅：《晋怀帝湘州统郡考》，《中国史研究》2008 年第 5 期。

时期作为地名的"誉阳"或"营阳"皆无，唯有"荥阳"存在。

二　"荥阳"古有作"荥"者

荥阳古城在今郑州市西北 20 多公里的古荥镇，据《史记·韩世家》记载："（桓惠王）二十四年，秦拔我成皋、荥阳。"可知战国时荥阳是为韩所辖的城邑名。近年在故城遗址的东北角发现一批印陶。古荥镇所出这批印陶，是用古玺盖压在陶豆上所形成的印样，根据器物的形制判断，其时代应在春秋末至战国之间。在这批印陶中，"荥阳禀"（图 2）为三字小型长方形印陶，朱文竖行。这种形制的印陶在中州地域被发现还是第一次。

图 2　"荥阳禀"印陶　　　　　　　　　　（荥阳禀①　6.107）

"荥阳禀陶"（图 3）为四字圆形印陶。荥阳古城出土的圆形印陶数量较少。印文的安排颇具匠心，"荥"与"禀"均根据印的形制作了一些变化，使印面显得稳中有动而不乱，是一件难得的古代篆刻艺术品。"荥阳禀陶"四字除"阳"字外，其余三字均为初见。

图 3　"荥阳禀陶"印陶　　　　　　　　　（荥阳禀陶②　6.108）

---

① 李圃主编《古文字诂林》，第 7085 页。
② 《古文字诂林》，第 7085 页。

仔细观察古荥镇所出与"荥"字有关的"荥阳禀"（图2）与"荥阳禀陶"（图3）印陶，均上从火，下从水，"荥"字篆作""。段玉裁《说文解字注》："……然则荥泽、荥阳古无作'荥'者。《尚书》《禹贡》释文经宋开宝中妄改'荥'为'荥'，而经典《史记》《汉书》《水经注》皆为浅人任意窜易，以为水名当作'荥'，不知沛水名'荥'，自有本义，于绝小水之义无涉也。"① 段氏认为"荥泽、荥阳古无作'荥'者"。但从古荥镇与"荥"字有关的"荥阳禀"与"荥阳禀陶"印陶的出土发现，证明段氏的这一说法是错误的。② 事实上早在东周时期，"荥阳"之"荥"字就已存在并使用，其字下从水。总之，"荥阳"古有作"荥"者。

三 地名"荥阳"为标准写法

学者结合已出土的简牍帛书、玺印、封泥、碑刻等载体关于地名"荥阳"的写法，进行相关的考察与研究，有人认为当作"荥阳"③；亦有人认为"荥阳"为西汉时的标准写法④。笔者认为，地名"荥阳"应是自产生之日起一直以来的标准写法。

首先，从"荥""荥"的字形、构造和本义等方面分析。

（《说文·水部》）

"荥"的字形：篆体如上所示。构造：形声字。篆文从水，荥省声。本义：《说文·水部》："荥，绝小水也。从水，荥省声。"本义为很小的水。演变：本义为很小的水："荥泽之水无吞舟之鱼，故丘阜不能生云雨，荥水

---

① 段玉裁：《说文解字注》，上海古籍出版社，1988，第490页。
② 牛济普：《荥阳印陶考》，《中原文物》1984年第2期。
③ 清代大家段玉裁、王先谦，近人杨树达、陈直认为当作"荥阳"。
④ 赵而阳：《小议〈肩水金关汉简〉中的地名"荥阳"》，引自张德芳主编《甘肃省第三届简牍学国际学术研讨会论文集》，上海辞书出版社，2017，第264~268页。

不能生鱼鳖者，小也。"引申用作中医术语，五腧穴之一，以针刺感应如细流所至得名："经脉十二……所溜为荥，所注为腧，所行为经，所入为合。"又用作水名，通称荥泽，已淤为平地。故址在今河南省荥阳县境内，荥阳因其而得名。又用于地名：荥阳（在河南省郑州市）。①

（《说文·焱部》）

　　"荧"的字形：篆体如上所示。构造：篆文文字变成了从焱从宀（表示房子）的会意字。本义：《说文·焱部》："荧，屋下镫烛之光。从焱、宀。"本义为灯烛明亮。演变：本义为灯烛明亮。引申指容光艳丽："美人荧荧兮，颜若苕之荣。"灯烛之亮微弱而闪动，故又指光亮微弱的样子："守窔（室中东南角）奥（室中西南角）之荧烛，未仰天庭而睹白日也。"又引申指光亮闪烁的样子："龙驹跳踏起天风，画戟荧煌射秋水。"由光的闪烁耀眼，又引申指眩惑，眼光迷乱："而目将荧之，而色将平之。""苏秦荧惑诸侯，以是为非，以非为是。"②

　　"荥"与"荧"原本就是不同的两个字。本义不同。"荥"，绝小水，从水；"荧"，屋下灯烛之光，从焱、宀。字形不同。"荥"篆作▨形，"荧"篆作▨。"荥"字东周时期已在使用。两汉时期简牍帛书、玺印、封泥、碑刻等载体中"荧阳"的写法较常见③，推测当是两字后续使用时书写混用，即本有其字，误用他处，而形成谬误，导致产生"荥"的通假字"荧"的写法。两汉简牍中之所以常见"荧阳"，也不排除因省减笔画所致。

---

① 谷衍奎：《汉字源流字典》，语文出版社，2008，第793页。
② 谷衍奎：《汉字源流字典》，语文出版社，2008，第794页。
③ 关于"荥"的字形，是从火还是从水，后世研究者意见多有不同。段玉裁、王先谦、杨树达、陈直等认为当作"荧阳"。亦见后文中赵而阳与毛远明研究论述中的实例统计。

本字"荥"下从水，后省简为下从火。在金石上刊刻文字，或在玉器、陶土上刻制印章时，仅从笔画上看，从火比从水笔画减少，即笔画由五减为四画，如将水部中间竖画写短，两侧笔画紧凑后，或水部下侧无论左右少写一画，则水部就易写成了火部。如此，人们更容易书写和刻制。

其次，文字通假情况普遍。我国幅员辽阔，人口众多，历史悠久，交通不便，方言殊异，加之社会多有动荡，分兵割据，战争频繁，文字疏于统一管理，各种书体同时应用，文字使用极为混乱，文人墨客在书写时或妄加笔画，或自造简字，于是俗讹、异体之字不断孳生。有些变异合理又省便的别字，在使用过程中逐渐为人们所接受，并广泛流行于世，但大部分的别字随着时间的流逝，只是昙花一现，成为过眼烟云。① 如此，造成文字通假情况普遍。"荥阳"就是如此遭遇的一例。"荥阳"本源写法进入两汉，情况发生了很大变化，多见讹误的"荧阳"。如赵而阳就肩水金关简中所见有"荥阳"地名 30 例，其中 19 例"荧阳"，1 例"荥阳"②，1 例"荣阳"，1 例"禜阳"，8 例图版欠清晰，难以隶定。毛远明《汉魏六朝碑刻异体字典》中收有"荥"10 例，其中 8 例为"荧"，2 例为"禜"。按：碑刻中"荥"作地名，与"荧""禜"相混。③ 上文已论及"督""营""荧""荥""荣""禜"六字往往讹误异体通假互用。因此，北大汉简《妄稽》中"督"亦是"荥"字的讹误通假使用之一例。

最后，"荧""荥"的使用即便如上所述，但地名"荥阳"中的本源字"荥"一直在使用，并没有彻底消失。参看"荥"字的使用与变化情况：

出处	《说文·水部》	（传）三国皇象《急就章》④	汉印征⑤	姜荥印⑥	□荥玺⑦
图版					

---

① 秦公、刘大新：《碑别字新编·序言》（修订本），文物出版社，2016，第 2 页。
② 赵而阳认为该字图版模糊不清，其下从水从火未定。笔者认为该字其下从水。
③ 毛远明：《汉魏六朝碑刻异体字典》，中华书局，2014，第 996 页。
④ 《草书大字典》，第 713 页。
⑤ 《甲金篆隶大字典》，第 780 页。
⑥ 《中国篆刻大字典》（孙），第 1297 页。
⑦ 《中国篆刻大字典》（倪），第 887 页。

续表

出处	15.2①	居延简乙② 131.18	T14：11B③	咸亭沙里 荥器④ 5.17	咸亭沙里 荥器⑤ 5.18
图版	象	荣	洨	荥	荥
出处	荥阳禀陶 6.108	荥阳禀 6.107	张家山汉简 《奏谳书》⑥		
图版	荥	荥	荥		

　　《说文》已明确了"荥""荥"是原本不同的两个字。《汉书·地理志》河南郡下有"荥阳"，班固自注曰："卞水，冯池皆在西南。"⑦ 张家山汉墓出土于湖北江陵，时间约为西汉初年，在《二年律令·秩律》《奏谳书》中均见"荥阳"，但其写法却不同。

图 4　　　　　　图 5

　　由图版观之，《二年律令·秩律》中为"荥阳"（图4），"荥"字下从火；而《奏谳书》中为"荥阳"（图5），"荥"字下从水。可见西汉初年

---

① 赵立伟：《今隶时期汉简文字形体研究》（博士后出站报告），第289页。

② 《甲金篆隶大字典》，第780页。

③ 引自《肩水金关汉简》。

④ 《古文字诂林》，第7085页。

⑤ 《古文字诂林》，第7085页。

⑥ 张家山二四七号汉墓整理小组：《张家山汉墓〔二四七号墓〕》（释文修订本），文物出版社，2006，第99页。

⑦ 《汉书》，中华书局，1962，第1555页。

"荥""荥"仍并存使用，此种情况与含有构件"水"的文字𣲱（原形）与
𣲶（省减后形）同存的现象一样。

前文已论述段玉裁在《说文解字注》中认为，"荧"字在宋代以前皆三
火，是火德之盛也，此字从水是宋代以来的事，即宋开宝中改"荧"为
"荥"，如此，也使得地名"荧阳"先有误写，而后自宋开宝时起其写法得
以正本清源。

综上所述，早在东周时期，地名"荥阳"中的本源字"荥"下从水。
而后在使用过程中两字书写混用，即由写、刻或传播等诸多因素讹误所致，
而形成了"荥"的通假字"荧"。即便如此，"荥"与"荧"也一直在并存
使用。因此，可以说地名"荥阳"应是自产生之日起一直以来的标准写法。

但仍需要说明的是，地名用字，本极复杂，"荥阳"有异写，亦不足为
奇。另外，北大汉简《妄稽》本为文学作品，人名如周春、妄稽、虞士等
纯属虚拟，地名也可能虚拟。当然，地名的虚拟可能还是建立在真实的基
础之上的。

《元致子方书》之"沓"考辨[*]

汪梅枝[**]

摘 要：汉悬泉置出土的帛书《元致子方书》是迄今出土的汉代字数最多、最为完整的私人书信。其中致信人元托收信人子方办的几件事情中，最重要的事情是买"沓"。"沓"的对应用字及意义，目前在学术界共有三种不同的观点。文章首先结合"沓""鞜""鞳"在文献中的具体用例考察其词义演变及出现的先后时间，并从语源学角度分析了三者的同源关系；其次，结合汉代及后世文献，从合成词"韦沓""革沓""革鞜"使用的角度考证了"沓"与"鞜"的对应关系；再次，结合悬泉置出土的鞋子实物进一步印证"沓"即为"鞜"；最后，结合书信本身的其他相关信息考证"沓"应为"鞜"，即皮鞋。进而，文章指出大型字典辞书在义项诠释及词条收录上的不足。

关键词：元致子方书 沓 鞜 鞳

引 言

1990 年 10 月至 1992 年 12 月，甘肃省文物考古研究所对敦煌甜水井附近的汉代悬泉置遗址进行了全面的清理发掘，不仅弄清了遗址的建筑布局及性质作用，还获得了以简帛文书为主的大量珍贵文物，总计达 7 万余件。

---

* 本文为聊城大学社科处文科科研项目"基于社会语言学的秦汉简帛书信谦敬语研究"的阶段性成果。（项目编号：321021805）

** 汪梅枝（1978~），聊城大学文学院副教授，聊城大学简帛学研究中心成员。

其中有文献类的简牍（3.5 万余枚，有字简 2.3 万余枚）、帛书（10 件）、纸文书（10 件）、墙壁题记（大小残块 203 块），还有文具、生活用品、生产工具、农作物、钱币、动物骨骼等遗物。① 在出土的 10 件帛书中，一封被学界多命名为《元致子方书》的书信是目前发现字数最多、保存最为完整的汉代私人书信，具有非常珍贵的文献研究价值。释文如下（据相关研究材料及笔者理解断句）：

　　元伏地再拜请：
　　子方足下：善毋恙？苦道子方发，元失候不侍驾，有死罪。丈人、家室、儿子毋恙，元伏地愿子方毋忧。丈人、家室，元不敢忽骄，知事在库，元谨奉教。暑时，元伏地愿子方适衣、幸酒食、察事，幸甚。谨道：会元当徙屯敦煌，乏沓，子方所知也。元不自外，愿子方幸为元买沓一两，绢韦，长尺二寸；笔五枚，善者。元幸甚。钱请以便属舍，不敢负。愿子方幸留意。沓欲得其厚，可以步行者。子方知元数烦扰，难为沓，幸甚幸甚。所因子方进记差次孺者，愿子方发过次孺舍，求报。次孺不在，见次孺夫人容君，求报，幸甚。伏地再拜。
　　子方足下：所幸为买沓者，愿以属先来吏，使得及事，幸甚。元伏地再拜再拜。
　　吕子都愿刻印，不敢报，不知元不肖，使元请子方，愿子方幸为刻御史七分印一，龟上，印曰"吕安之印"。唯子方留意，得以子方成事，不敢复属它人。
　　郭营尉所寄钱二百买鞭者，愿得其善鸣者，愿留意。
　　自书：所愿以市事，幸留意留意，毋忽，异于它人。

全信共 10 行，322 字。前 9 行基本为工整的汉隶，最后一行为草书写就（图版见文后附录）。学界多认为此信非一人所书。书信虽短，但涉及人物角色众多，所书内容丰富，书信用语谦敬有礼，限于篇幅笔者仅就一事展开详细分析。

信中的致信人"元"托收信人"子方"办了几件事情，如买"沓"、

---

① 甘肃省文物考古研究所：《甘肃敦煌汉代悬泉置遗址发掘简报》，《文物》2000 年第 5 期。

买笔、买鞭、刻印等，其中买"沓"一事元反复提及，从说自己"乏沓"讲到"买沓一两"（购买数量）、"绢韦"（材质要求）、"长尺二寸"（大小长度）、"沓欲得其厚，可以步行者"（实用要求）；再讲自己"数烦扰，难为沓"（重申购买原因）；最后又讲"所幸为买沓者，愿以属先来吏，使得及事"（表明自己急需沓，让先回来的官吏带回）。该字在此封书信中共出现五次，由此可以看出元写信给子方的主要目的之一就是买"沓"，对此字的解读就显得尤为重要。

"沓"的对应用字及意义，目前在学术界共出现了三种释读：第一种释读认为"沓"对应"䇲"，释为"皮鞋"（王冠英1998）。第二种释读认为"沓"对应"鎝"，释为"铜片或革可裹履之物"（饶宗颐1998）。还有学者直接将"沓"解释为"包鞋子的金属片或革之类"（蔡先金2017），前后两者的释义接近，但后者没有提出对应用字。第三种释读认为"沓"对应"鞜"，也释为"皮鞋"（胡平生、张德芳2001，徐清2013）。第一种释读中"䇲"的读音一为"jiē"，常以联绵词"䇲余"出现，即荇菜；另一读音"shà"，同"翣"，词典中多释为棺羽饰，即垂于棺两旁的装饰，如羽毛下垂。《集韵·狎韵》："翣，《说文》：'棺羽饰也。天子八，诸侯六，大夫四，士二。'或作䇲。"这两种读音及意义均与皮鞋义无关。笔者推测，可能是因为"tà"与"shà"读音相近造成的编辑错误也未可知，王冠英先生本无此意。所以本文重点辨析第二、三种观点。

一　"沓""鎝""鞜"的语源考证

1. "沓"的词义分析

"沓"的义项非常丰富，有话多、重叠、繁杂、会合、击鼓等，该词在上古文献中已广泛使用。"沓"本义为话多，《说文·曰部》："沓，语多沓沓也。从水从曰。"《玉篇·曰部》："多言也。"由此引申为重叠义，《庄子·田子方》："适矢复沓，方矢复寓。"成玄英疏："沓，重也。"再引申为纷乱、繁杂，汉枚乘《七发》："壁垒重坚，沓杂似军行。"晋左思《蜀都赋》："舆辇杂沓，冠带混并。"其中"沓""杂"同义连文。也可由重叠义引申为会合义，《小尔雅·广言》："沓，合也。"《楚辞·天问》："天何所沓？十二焉分？"王逸章句："沓，合也。言天与地合会何所？"《文选·扬雄〈羽猎赋〉》："出入日月，天与地沓。"李善注引应劭曰："沓，会也。"另外，"沓"还可由重叠义引申为击鼓义，因为击鼓的动作是重沓叠加的，如庾信《哀江南赋》：“栈秦车于畅毂，沓汉鼓于雷门。”《集韵·合韵》：“沓，行击鼓也。”由此，“沓”的上述义项均可抽绎出重叠、重复的语义特征。

“沓”又可借为“鎝”，既可以表示名词，器物的套子，也可以表示动词，套，套在。段玉裁《说文解字注》：“鎝取重沓之意，故多借沓为之。”朱骏声《说文通训定声》：“沓，假借为鎝。”《汉书·外戚传·孝成赵皇后》：“居昭阳舍，其中庭彤朱，而殿上髹漆，切皆铜沓黄金涂。”颜师古注：“切，门限也。沓，冒其头也。”《古今韵会举要·合韵》：“沓，冒也。”《吕氏春秋·察微》：“鲁季氏与郈氏斗鸡，郈氏介其鸡，季氏为之金距。”汉高诱注：“以利铁作假距，沓其距上。”其中的“沓”均指“鎝”，或为名词，套子，或为动词，套、包裹。

2. “鎝”的词义分析

“鎝”在文献中有套、裹（动词）和金属套（名词）两个义项。《说文·金部》：“鎝，以金有所冒也。从金，沓声。”意思是用金属制品冒覆别的物体，即动词，套、包裹。《急就篇》：“鬼薪白粲钳釱髡。”颜师古注：“以铁鎝头曰钳，鎝足曰釱。”《史记·鲁周公世家》：“郈氏金距。”裴骃集解引汉服虔曰：“以金鎝距。”《左传》杨伯峻注：“郈氏盖于鸡脚爪又加以薄金属所为假距。”段玉裁《说文解字注》：“‘輨’下曰：‘毂端鎝也。’鎝取重沓之意，故多借沓为之。”此处的“鎝”指包裹在车毂上的金属套，又称“輨”。徐灏《说文解字注笺》：“《广雅》曰：‘鐏，錭，鎝也。’此谓车轴当毂处裹之以金，曰鎝。”王筠《说文句读》：“是知古所谓鎝，即今所谓套也。”“鎝”由动词引申为名词，金属套。《玉篇·金部》：“鎝，器物鎝头也。”《广雅·释器》“錭，鎝也”条王念孙疏证：“鎝之言合沓也。”桂馥《说文解字义证》：“鎝，通作沓。”由此看出，“鎝”的名词和动词的两个义项均得义于“沓”，“沓”“鎝”均有重叠、重复的语义特征；且“鎝”从“沓”得声，两者有同源关系。

3. “鞜”的词义分析

“鞜”在文献中主要有皮鞋、鼓声两个义项。《说文》中无“鞜”。《急就篇》卷二：“履舄鞜䌽绒缎紃。”颜师古注：“鞜，生革之履也。”《文选·扬雄〈长杨赋〉》：“革鞜不穿。”李善注引服虔曰：“鞜，舄也。”《广雅·释器》："舃，履也。"《玉篇·革部》："鞜，鞈也。"《说文·革部》："鞈，革履也。"《广韵·合韵》《集韵·合韵》："鞜，革履。"《正字通》："鞜，徒合切，音沓。皮履。"由此，"鞜"义为皮鞋，且从"沓"得声。

"鞜"又同"鎝"，鼓声。《说文·鼓部》："鎝，鼓声也。"《集韵·合部》："鎝，或作鞜。"《史记·司马相如列传》："金鼓迭起，铿锵铿鎝。"裴骃《集解》引郭璞曰："铿鎝，鼓音。"《梁书·武帝纪上》："独夫昏很，凭城靡惧，鼓钟鞳鞳，憷若有余。""鞳鞳"即"铿鎝"。鼓声多是重沓的，皮鞋是穿在脚上包裹着脚的，且要求合脚（即和脚重叠），所以，"鞜"的皮鞋和鼓声两个义项也与"沓"的义项相关，换句话说，"鞜"是由"沓"的重沓义派生出来的，且"鞜"从"沓"得声，两者亦有同源关系。

为了醒目，笔者简单梳理了"沓""鎝""鞜"的词义联系，见以下简图。

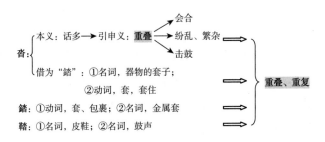

综上所述，从意义上看，三个词"沓""鎝""鞜"都具有重叠、重复的语义特征；而就读音考证，很明显，"鎝""鞜"都从"沓"得声，它们古音相同，均为透母缉部。因此，从语源上考察，"沓"的重叠、重合义派生出"鎝"和"鞜"，所以三词应为同源关系。这也是造成第二、三种观点并立的原因。

二　从合成词角度看"沓"在此书信中的含义

由"沓""鞜"分别构成的合成词"韦沓""革沓""革鞜"在汉及后世文献中多有使用，其意义均指皮鞋，其中尤以"革鞜"的用例最为丰富。扬雄《长杨赋》："躬服节俭，绨衣不敝，革鞜不穿，大夏不居，木器无文。"《汉书·扬雄传》转引此句。《三国志·魏书·乌丸鲜卑东夷传》："在国衣尚白，白布大袂，袍、裤，履革鞜。"《元诗选初集·辛集》（下）："供奉革鞜衣狐貉，银筝载前酒载酌。"《弇州四部稿·卷一百六十九》："戴胜，妇人首饰也。革鞜，皮履也。履綦，履下饰也。"《清稗类钞·师友类》："一闻户外革鞜声，则畏匿不敢见，即间有过从，仅素心一两人而已。"《汉语大词典》已收录此词，并释义为"皮鞋"，所引书证为上述《长杨赋》和《三国志》中语例。

汉桓宽《盐铁论·散不足》："婢妾韦沓丝履。"杨树达要释："《汉书·扬雄传·长杨赋》云：'革鞜不穿。'注云：'鞜，革履。'案：'沓'与'鞜'同。'韦''革'义同。韦沓，即革鞜也。"杨树达是就"韦"与"革"的同义而言，区别来看，《仪礼·聘礼》贾公彦疏："有毛则曰皮，去毛熟治则曰韦。"《汉书·东方朔传》颜师古注："革，生皮也，不用柔韦，言俭率也。"王利器校注引王佩诤曰："案《广雅》：'蹋，履也。'蹋俗作踏，再简之则为沓矣，则韦沓犹言皮鞋……居延汉简有韦沓，是汉时边防军事中多用之。"《居延汉简释文合校》（262.28A）云："弋韦沓一两，直八百五十。"《汉书·文帝纪》："身衣弋绨。"颜师古注："弋，黑色也。""弋韦沓"，即黑色皮鞋。《太平御览·服章部》载《盐铁论》曰："古者庶人鹿菲草履，今富者韦沓丝履。"《古今图书集成·明伦汇编》："婢妾韦沓丝履。"可以看出，"韦沓"在汉代文献较常见，尤其是在《居延汉简》这种与悬泉汉简同类型的文献中也已出现"韦沓"，其意义均指皮鞋。《汉语大词典》已收录此词，并释义为"革鞜，皮鞋"，所引书证亦为上述《盐铁论》中语例及相关注文。但《汉语大词典》并没有引用《居延汉简》这种出土文献的语料。

清·黄遵宪《日本国志·物产志》："革沓添上郡奈良，雪踏同所及高市郡。草履葛上、十市二郡。"由此可见，"革沓"这一词形较晚出，但意义亦指皮鞋，在黄遵宪文中与下文的"草履"相对。《汉语大词典》未收录此词，想必是编订者未注意到"革沓"一词及其相关语料。"革沓"即"革鞜"，其中的"沓"即"鞜"，义为皮鞋。

但是，笔者在文献和词典中均没有检索到由"鞜"构成的合成词如"韦鞜""革鞜"的词条，这足以证明，"革沓""韦沓"中的"沓"均指"鞜"，进而可知"沓"在此书信中应指"鞜"，皮鞋。

三　悬泉置出土实物再次印证"沓"即"鞜"

悬泉置遗址出土的生活用品类遗物有竹木漆器、草编器、皮革和丝绸制品、毛麻织品，在其中的皮革和麻布类制品中有发现大人和孩子的鞋子、鞋垫和袜子等（见图1、图2、图3）。

图 1　此图片摄于悬泉置文物管理所之图版　2018 年 8 月 9 日

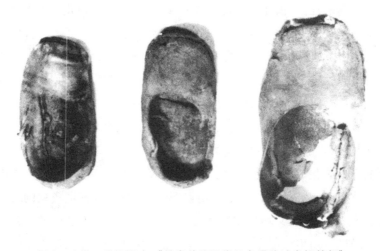

图 2　皮鞋　此图源自《甘肃敦煌汉代悬泉置遗址发掘简报》

图 3　布袜与麻鞋　此图源自《甘肃敦煌汉代悬泉置遗址发掘简报》

从这些图片看，其鞋子的材质有皮革和麻草两类，但其原有的名称为何，当年的发掘简报未提。许嘉璐先生在《中国古代衣食住行》一书中详细考证了古代鞋子的不同名称及含义，如“履”“屦”“扉”“屣”“蹻”“屩”“鞮”等，它们主要由草、麻、皮制成。但“履”“屦”“扉”的材质在称呼上比较混乱，没有明确的分工，可能是方言的分歧所致，具体所指要根据上下文做出准确判断；“屣”“蹻”“屩”指草鞋；“草屦”“菅屦”指称草鞋也较明确；“葛屦”是介乎草、麻之间比一般草鞋高级些的鞋子；“鞮”，《说文》：“革履也。”但许嘉璐先生在此书中没有提及“沓”和“鞜”。赵兰香、朱奎泽《汉代河西屯戍吏卒衣食住行研究》一书中对汉代屯戍吏卒所穿“足衣”进行了系统考证，通过梳理出土汉简文献，作者就其中涉及鞋子的名物词语进行了详细的考证：“舄”（又有“韦舄”“白革舄”之称）指厚底鞋；“履”（又有“枲履”“革履”“漆履”之称）是鞋子的总称；“枲履”即麻履，“革履”是用牛皮或羊皮制成的低帮鞋，并认为敦煌悬泉置出土的皮鞋即名“革履”（图1和图2所示）；“漆履”是在革履上涂漆，有美观和保护鞋子的效果；枲肥（又作“枲菲”）是用麻绳编成的草鞋，并结合斯坦因《西域考古记》中的记载推测悬泉置出土的麻鞋即名“枲肥”（如图3第二、三个）；常韦又名尚韦，指用熟皮做鞋面，绱在鞋底上做成的鞋子，多为古代社会地位低贱者所穿，居延汉简有载“常韦万六千八百”（41.17）；革鞮又作革缇，用革做成的鞋子，鞋帮较高，可达腿胫部；弋韦沓即黑皮鞋。由此可见，“革履”“漆履”“韦舄”“白革舄”“常韦”“革鞮”“韦沓”均指皮鞋。为了醒目，笔者将上述鞋子名称按材质的不同进行了简单的图表式分类（详见表一：鞋子名称汇总表）。

这样来看，元所买之“沓”确切地说应是“韦沓”，即熟皮做的鞋子，因为他要求其质料为“绢韦”，这样精工制成的鞋子正是敦煌边地所没有的，如原书信所言，“谨道：会元当徙屯敦煌，乏沓”，需托付子方从内地带回，也只有这样的鞋子才是元所要求的“欲得其厚，可以步行者”。至于悬泉置出土的这种皮鞋是称“革履”还是“韦沓”，抑或只称“沓”或“鞜”，那应该还需进一步研究其实物皮质的生熟了。

表 1　鞋子名称汇总表

材　质	名　称		
	总称	具称	
麻草类	履、屦、屝	屣、躧、屩、草履、菅屦、葛履、枲履、枲肥（枲菲）	
皮革类	履、屦、屝、舄（厚底鞋）、沓（鞜）	革制	鞮、白革舄、革履、漆履、革鞮（革緹）、革沓（革鞜）
		皮制	韦舄、常韦（尚韦）、韦沓

四　书信本身的相关信息显示"沓"即"鞜"

最后，我们结合此封书信本身也可以考证"沓"应为"鞜"。首先，元要买的"沓"其数量是"一两"，即一双，如果是"鐏"类铜片或革可裹履之物，不必非以"两"为计数单位；其次，元要买的"沓"要求其材质是"绢韦"（内绢外韦），这完全符合鞋子的特征，而"鐏"作名词指金属材质的套子，既不符合"绢韦"的材质要求，也不便于"步行"；最后，元要买的"沓"其长度是"尺二寸"，汉代一尺相当于今天约 23 厘米，一尺二寸约合 28 厘米①，这基本上是一只鞋子的尺度。

通过以上分析可知，《元致子方书》中的"沓"指"鞜"，皮鞋，而不会是"鐏"类铜片或革可裹履之物。当然，在其他情况下，"沓"也可以指"鐏"，三个词是同源关系。由此，我们也可以发现一些大型字典辞书在义项诠释及词条收录上的不足，如《汉语大字典》（第 2 版）没有收录"沓"的"皮鞋"义项，《同源字典》中没有收录"沓""鞜""鐏"这组同源词，《汉语大词典》没有收录"革沓"词条及相关书证。

【附记】本文写作过程中得姚小鸥先生指导，之后在第七届出土文献与中国文学史研究学术研讨会上宣读，得到与会学者的指正，后又在聊城大学国学院读书会上与各位师长同仁讨论，尤得季旭昇先生赐教，不胜感激，一并致谢！

---

① 王冠英：《汉悬泉置遗址出土元与子方帛书信札考释》，《中国历史博物馆馆刊》1998 年第 1 期。

参考文献

[1] 甘肃省文物考古研究所:《敦煌悬泉汉简释文选》,《文物》2000 年第 5 期。

[2] 郭锡良:《汉字古音手册》(增订本),商务印书馆,2010。

[3] 汉语大字典编辑委员会:《汉语大字典》(第 2 版),四川长江出版集团,2010。

[4] 郝树生、张德芳:《悬泉汉简研究》,甘肃文化出版社,2009。

[5] 胡平生、张德芳:《敦煌悬泉汉简释粹》,上海古籍出版社,2001。

[6] 罗竹风主编《汉语大词典》(缩印本),上海辞书出版社,2007。

[7] 饶宗颐:《由悬泉置汉代纸帛法书名迹谈早期敦煌书家》,《出土文献研究》(第四辑),中华书局,1998。

[8] 王冠英:《汉悬泉置遗址出土元与子方帛书信札考释》,《中国历史博物馆馆刊》1998 年第 1 期。

[9] 徐清:《西北考古发掘的汉代帛书》,《中国书法》2013 年第 7 期。

[10] 杨芬:《出土秦汉书信汇校集注》,博士学位论文,武汉大学,2010。

[11] 张生汉:《关于"套"的来源》,《汉语学报》2008 年第 4 期。

[12] 宗福邦、陈世铙、萧海波主编《故训汇纂》,商务印书馆,2003。

[13] 甘肃省文物考古研究所:《甘肃敦煌汉代悬泉置遗址发掘简报》,《文物》2000 年第 5 期。

[14] 蔡先金:《简帛文学研究》,学习出版社,2017。

[15] 赵兰香、朱奎泽:《汉代河西屯戍吏卒衣食住行研究》,中国社会科学出版社,2015。

[16] 许嘉璐:《中国古代衣食住行》,北京出版社,2011。

[17] 王力:《同源字典》,中华书局,2014。

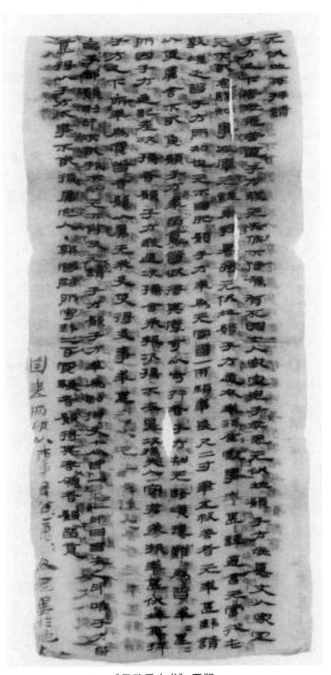

《元致子方书》图版

（图版取自《中国书法》2013 年第 3 期）

《神乌赋》"署名简"与其文本来源

摘　要：尹湾汉墓《神乌赋》最后的"署名简"，蕴含着丰富的信息。它清晰地勾勒了《神乌赋》文本传播的曲折经历：负责维持社会治安的兰陵县基层游徼宏某、眭某鉴于本县盗贼猖獗、官吏昏庸、民不聊生的社会现实，将当地以俗赋形式传唱的《神乌赋》让书佐凤阳缮写后献呈有谏议职权的临沂县功曹某某；恪尽职守的功曹某某又将《神乌赋》献呈给上一级东海郡功曹师饶；最后再由师饶奏呈郡守办理并上报。这种以赋传达民情的方式，与汉代自上而下盛行的献赋风尚有着密切的关系。

关键词：神乌赋　署名简　献赋

　　1993 年出土于尹湾汉墓的《神乌赋》，全篇由 21 支竹简组成。其中正文简 18 支，标题简 1 支，空白简 1 支，另外还有 1 支"上部漫漶不清，下部有双行小字"的署名简，学者一般认为该简"所记疑为此赋作者或传写者的官职（乃少吏）和姓名"[①]，较少引起进一步关注。事实上，这支署名简（下文均称"署名简"）蕴含着非常丰富的信息，它清晰地勾勒了《神乌赋》文本传播的曲折经历，昭示其独特的政治功用。

一　《神乌赋》署名简解读

　　《神乌赋》"署名简"，由于文字"漫漶不清"[②]，当前存在两种释读

---

*　宁登国（1972~），男，文学博士，聊城大学文学院副教授，聊城大学简帛学研究中心成员。

①　滕昭宗：《尹湾汉墓简牍初探》，《文物》1996 年第 10 期。

②　连云港市博物馆等：《尹湾汉墓简牍·前言》，中华书局，1997，第 4 页。

意见：

1.《尹湾汉墓简牍释文选》释读为：

　　□［廿八］书佐□胸□病兰陵游徼□□故［襄］□［功曹
掾］□□①

2.《尹湾汉墓简牍》释读为：

　　□□书（?）□风阳（?）□□　兰陵游徼宏（?）贞（?）
　　　　　　　　　　　　故襄贲（?）沂县功曹□□②

　　第二种释读是复旦大学"联合开发的红外摄像与计算机模糊图像处理技术，根据原件对释文进行了全面复查"③后的结论，可信度高，故本文论证以此为主，并适当参考第一种意见。

　　《神乌赋》"署名简"透露出来的信息是非常丰富的。它清晰地勾勒出了《神乌赋》的曲折经历，足以引起我们的高度重视。

　　首先，这支简的最上面一行"书"字后面虽用"?"表示不可辨认，但结合第一次辨认结果为"佐"字，特别是与《神乌赋》正文中清晰的"佐"字放大图版④相较，发现该字的偏旁和重笔位置都与正文中的"佐"字一致，因此，"书佐"一词应无疑问。据《后汉书·百官志》："阁下及诸曹各有书佐，干主文书。"⑤"书佐"为汉代专司文书起草、缮写、记录等工作的书记员，从中央到县级单位都设有书佐。同墓出土的木牍《东海郡吏员簿》中就载录当时东海郡太守府有"书佐九人"，都尉府有"书佐四人"⑥。在同墓另一木牍《东海郡下辖长吏名籍》中还载有三位因缮写业务

---

①　连云港市博物馆：《尹湾汉墓简牍释文选》，《文物》1996年第8期。

②　连云港市博物馆等：《尹湾汉墓简牍》，中华书局，1997，第150页。

③　连云港市博物馆等：《尹湾汉墓简牍·前言》，中华书局，1997，第6~7页。

④　《神乌赋》正文有"佐子佐子"句，参见《简帛书法选》编写组《尹湾汉简·神乌赋》，文物出版社，2000。

⑤　范晔：《后汉书》，中华书局，1965，第3621页。

⑥　连云港市博物馆等：《尹湾汉墓简牍》，中华书局，1997，第79页。

优秀而被升迁的书佐①。

书佐文末具名在汉简中是常见的现象。陈梦家先生将汉简文书具名分为高、中、低三级，书佐位于低级属吏之前。有书佐单独书名的，如"佐信（199.1甲 1125B，199.1，地）""佐东□（435.24博）"等；有与其他官吏一起具名的，如"掾要、守属延、书佐定世（42.20破）""令史宣、仓史并、佐常（38.20破）"等。②因此，可以断定，《神乌赋》该简中的"书佐风阳"也应就是该赋的书写者文末署名。根据上述署名体例以及与整篇赋的草隶书风相一致的签名风格来看，"风阳"不是地名，而应是该书写者的名字。因为书佐的主要职能是"主文书"，由此可以确定《神乌赋》的书写者不是墓主师饶，而是书佐风阳。加之汉简所见书佐具名的内容均系上行或下行的公文书，从这一角度看，该赋又具有反映民情的上行文书性质。

其次，从该简下半部分并排的双行小字来看，一为兰陵县游徼宏某、贞某，一为由襄贲县转任□沂县③的功曹某某。这两行字体风格迥异于正文，应为其中一人所署。据该墓《东海郡吏员簿》统计，东海郡各县、邑、侯国共设置游徼82人。于琨奇先生据这些游徼与各县邑侯国的乡啬夫设置情况比较后认为，"游徼并不是乡级官吏，而是县派出至乡间的专门负责治安的斗食小吏"④。这与班固《汉书·百官公卿表》"游徼徼循禁贼盗"⑤所载是一致的。同墓《东海郡下辖长吏名籍》也载有一些游徼因为捕捉盗贼政绩突出而得以升迁。如琅琊郡游徼王蒙就"以捕群盗尤异"，晋升为开阳右尉⑥。因此，署名简所载"兰陵县游徼宏某、贞某"正是《东海郡吏员簿》所载兰陵县"游徼四人"中的两位。至于功曹，汉代郡和县均设有此职，虽为百石小吏，但地位十分重要。《论衡·遭虎篇》称其为"众吏之率"⑦，

---

① 一位是楚国相书佐□殷以廉迁朐邑左尉；一位是梁国相书佐陈褒以廉迁襄贲县左尉；一位是水衡都尉书佐兒勋升迁利成县丞。

② 参见陈梦家《汉简缀述》，中华书局，1980，第105~109页。

③ 据该墓出土的《东海郡下辖长吏名籍》所载，当时东海郡下辖18县，包括襄贲、临沂二县，可以断定，此处的"□沂县"应为"临沂县"。

④ 于琨奇：《尹湾汉墓简牍与西汉官制探析》，《中国史研究》2000年第2期。

⑤ 班固：《汉书》，中华书局，1962，第742页。

⑥ 连云港市博物馆等：《尹湾汉墓简牍》，中华书局，1997，第87页。

⑦ 王充：《论衡》，上海人民出版社，1974，第249页。

《后汉书·张酺传》注引《汉官仪》称其为"郡之极位"①。至于其职能，《后汉书·百官志》云："有功曹史，主选署功劳"②，主掌郡县属吏的升迁与黜免，权力很大。除此之外，功曹还有一个很重要的职能就是劝谏郡县长官"远奸恶，从良善"③，如《后汉书·吴良传》中吴良因直言劝谏不做谄媚之人而命为功曹；又《后汉书·郅恽传》也记载功曹郅恽直言劝谏太守要舍奸佞，从贤良。因此，署名简在署名兰陵县游徼宏某和贳某之后再一次署名临沂县功曹某某，表明这三个署名人均与《神乌赋》的传播与转存有着密切的关系。

那么，一篇原本以禽鸟寓言为内容的民间故事为何辗转在各级官吏手中呈献？墓主师饶又为何将其作为"缯方缇中物"加以陪葬呢？

二　《神乌赋》与汉代献赋风尚

《神乌赋》能够以文书形式辗转上呈，与汉代盛行的献赋风尚有着密切关系。西汉自武帝时起，基于"兴废继绝，润色鸿业"④的政治需要，借鉴先秦时期"公卿至于列士献诗"的"献诗"机制，以帝王为中心，既亲自带头创作，大兴文学，又极力鼓励、倡导文士创作辞赋投献给王侯、重臣等，并予以赏赐，从而形成献赋或奏赋风尚。汉武帝最好辞赋，《太平御览·皇王部》引《汉武故事》云："好词赋，每所行幸及奇兽异物，辄命相如等赋之。上亦自作诗赋数百篇，下笔即成。"⑤汉宣帝也是爱好辞赋之人，每到一处，即令王褒和张子侨献赋歌颂，并据其质量高下给予赏赐："上令王褒与张子侨等并待诏，数从褒等放猎，所幸宫馆，辄为歌颂，第其高下，以差赐帛。"而且宣帝面对人们的质疑，还对辞赋给予高度评价，将其优者与古诗同列："议者多以为淫靡不急，上曰：'不有博弈者乎，为之犹贤乎已！'辞赋大者与古诗同义，小者辩丽可喜。"⑥帝王的喜好直接促使献赋活动成为一种风尚。各地王侯也纷纷仿效，如淮南王刘安不仅自己作赋，其

---

① 范晔：《后汉书》，中华书局，1965，第1530页。
② 范晔：《后汉书》，中华书局，1965，第3621页。
③ 马延霞：《两汉郡功曹职能探析》，《枣庄学院学报》2015年第6期。
④ 萧统：《文选·两都赋序》，中华书局，1977。
⑤ 李昉：《太平御览》，中华书局，1960，第421页。
⑥ 班固：《汉书》，中华书局，1962，第2829页。

所养门客也大量献赋。《汉书·艺文志》载 "《淮南王赋》八十二篇,《淮南王群臣赋》四十四篇";又 "太常蓼侯孔臧有赋二十篇,阳丘侯刘隁存赋十九篇,吾丘寿王赋十五篇","阳城侯刘德存赋九篇"[①]。

上好之,下必甚之。可以推断,汉代王侯对赋体文学的喜好和奖赏不仅仅直接推动了朝廷文臣的作赋、献赋热情,也势必激发了汉代基层吏员以辞赋或歌谣的形式反映吏治的热情。学者们根据汉代出土的大量画像砖石、说书俑、故事壁画等实物材料,推断汉赋除了代表性的文人体物大赋、抒情小赋,在民间还曾存在着大量的以讲唱故事为特色、韵律感强、句式整齐的俗赋或故事赋[②]。《神乌赋》正是在民间讲唱文学的土壤上产生并被完整保存下来的一件俗赋 "活化石"。它不仅以其生动曲折的禽鸟故事性引起人们的高度关注,更重要的是其 "打破了人们对散体大赋一统天下的认识",有力地证明了 "赋之宫廷化、文人化的同时,俗赋犹如一道长流,萦回曲折,绵延至唐"[③]。它之所以得以完好留存,既与汉代上层王侯对赋体文学的喜好与倡导分不开,更与《神乌赋》讽谏传情的政治功能有着密切关系。

三　《神乌赋》"因事讽谏" 的政治功用

班固在《两都赋序》中说献赋的功能之一是 "或以抒下情而通讽谕"[④]。《后汉书·文苑传》也说:"(高彪)数奏赋、颂、奇文,因事讽谏,灵帝异之。"[⑤] 这表明汉赋与汉乐府民歌 "观风俗,知薄厚"[⑥] 的政治功能一样,也被赋予 "观风知政""因事讽谏" 的政治功用。《神乌赋》的出土地东海郡,在西汉末年流民问题极为严峻。《汉书·成帝纪》载当时情状:"刑罚不中,众冤失职,趋阙告诉者不绝。是以阴阳错谬,寒暑失序,日月

---

① 班固:《汉书·艺文志》,中华书局,1962,第 1747、1748 页。
② 相关文章有伏俊琏《先秦两汉 "看图讲诵" 艺术与俗赋的流传》(《天水师范学院学报》2008 年第 6 期)、《从新出土的〈神乌赋〉看民间故事赋的产生、特征及在文学史上的意义》(《西北师大学报》1997 年第 6 期),苏腾《先秦两汉故事俗赋与古小说之发生》(陕西理工学院学报 2011 年第 4 期),廖群《"俗讲" 与西汉故事简〈妄稽〉〈神乌赋〉的传播》(《民俗研究》2016 年第 6 期)等。
③ 蔡先金:《简帛文学研究》,学习出版社,2017,第 377 页。
④ 萧统:《文选》,中华书局,1977,第 21 页。
⑤ 范晔:《后汉书》,中华书局,1965,第 2650 页。
⑥ 班固:《汉书·艺文志》,中华书局,1962,第 1756 页。

不光，百姓蒙幸"；百姓"流散冗食，餧死于道，以百万数"①。据尹湾
《集簿》，此郡"口百卅九万七千三百三，其四万二千七百五十二获流"②，
"获流"即指重返故里的流民。一百三十多万人口中，流民就占四万多。这
些流民没有稳定的经济收入，有些成天游荡在城乡之间。为了生存，他们
或被人收买公然违法杀人放火，或者三三两两聚集在一起抢劫偷盗，或者
掘人坟墓获得钱财，更有一部分人，成为豪强贵族的走狗，横行霸道，为
害一方。而且，这一地区自汉成帝阳朔三年以来，民间屡有暴动。永始三
年（公元前 14），山阳苏令自称将军，率众起事，"经历郡国十九，杀东郡
太守、汝南都尉"③。山阳郡为东海郡近邻，起事时间距师饶去世，亦不过三
年。据尹湾《长吏名籍》记录，东海郡所属 38 县、邑、侯国的长吏中，就有
三人系因"捕格山阳亡徒"而得以升迁。可以想见，苏令事件对东海郡社会
治安的影响。《长吏名籍》中众多因"捕斩群盗"或"捕格不道"而得升迁
的记录，也从另一侧面透露了东海郡当时盗贼猖獗、动荡不安的社会现实。

《神乌赋》寓托禽鸟故事反映的便是这样一种污浊社会现实："行义淑
茂"、恩爱有加的雌乌和雄乌致力营造幸福小巢的建材不幸被盗鸟偷走。被
发现后，盗鸟不仅不知耻认罪，反而强词夺理、肆意狡辩，甚至殴打雄乌
致其死亡。而原认为能够安全托身的官府却对此置若罔闻、纵容庇护，致
使盗鸟最终逍遥法外，雌乌无处申冤、含恨离世。乌的经历批判着当权者
的无能丑恶，暴露出世态的邪辟败坏，昭示着对公正的渴求。文章末尾用
排比手法罗列原本无辜善良的凤凰、鱼鳖、蛟龙、良马等，它们不仅不能
施展抱负、悠游卒岁，反而都罹遭祸患、抑郁终生，正所谓"鸟兽且相忧，
何况人乎？"④ 其讽议时政是相当明显的。这显然表现的是当时民间百姓的
生活遭遇与哀怨呼声，是对西汉后期社会现实的尖锐讽刺和血泪控诉，也
是对人间正义和天地纲纪的呐喊和呼唤。

面对如此治安恶化、民不聊生的社会现实，尽管当时"上怠于政，贵
戚骄恣"，许多官吏贪赃枉法，助纣为虐，但也有一些像《神乌赋》"署名
简"记载的兰陵县游徼宏某、贠某和临沂县功曹某某这样嫉恶如仇、秉公执

①　班固：《汉书·成帝纪》，中华书局，1962，第 323 页。
②　连云港市博物馆等：《尹湾汉墓简牍》，中华书局，1997，第 77 页。
③　班固：《汉书·成帝纪》，中华书局，1962，第 323 页。
④　连云港市博物馆等：《尹湾汉墓简牍》，中华书局，1997，第 150 页。

法的官吏,他们处在亲民的最前沿,常常奔走在乡里街市,最了解民生疾苦,于是便采集民情俗议、"街谈巷语"向上反映民情、仗义执言,希望引起上层统治者的重视,严惩盗鸟之流的地方恶霸,重塑各有分理的天地纲纪。《汉书·韩延寿传》记载了这样一件事:"颍川多豪强,难治……民多怨仇,延寿欲更改之,教以礼让。恐百姓不从,乃历召郡中长老为乡里所信向者数十人,设酒具食,亲与相对,接以礼意,人人问以谣俗,民所疾苦,为陈和睦亲爱消除怨咎之路。"①《神乌赋》四字一句,韵散结合,浅俗易懂,带有明显的民间讲唱故事的特征,应该就是这类"郡中长老"所陈"谣俗"的底本。《神乌赋》最后以曾子"鸟之将死,其唯(鸣)哀"作结,强调以生命的代价担保自己所反映民情的真实性,情感尤为激切和沉痛。

值得注意的是,"神乌傅(赋)"三字作为标题,单成一简,而且采用迥异于正文草书的隶书体书写,端庄典雅,波磔分明,显然是一种匠心独具的安排。尤其是"傅"字的左面"人"字偏旁采用夸张的笔法竖行直下,而"神"字的两个偏旁中间偏上也多出一点,似乎寄寓三位代民上书的基层官吏希望该赋得以神助,感动上层,从而能神出鬼没、救民于水火之意吧。因为从《神乌赋》整体书写艺术来看,《神乌赋》"是书写者当时内心情感充分得以体现的书法佳作"②。类似《神乌赋》这种来自"汉世街陌讴谣"的民间作品,在汉乐府民歌中也同样存在,如《乐府诗集》所载《乌生古辞》《蛱蝶行》《枯鱼过河泣》等,皆以禽鸟故事反映时政,实现上通民情、观风知政的政治功能。

至此,《神乌赋》"署名简"中关于书佐风阳、兰陵县游徼宏某、贞某和临沂县功曹某某的文末署名正清晰完整地昭告了《神乌赋》的曲折来历,即负责维持社会治安的兰陵县基层游徼宏某、贞某鉴于本县盗贼猖獗、官吏昏庸、民不聊生的现实状况,将当地以俗赋形式传唱的《神乌赋》让书佐风阳缮写后共同署名,献呈有谏议职权的临沂县功曹某某③;恪尽职守的功曹某某亦伸张正义,反映民情,又将《神乌赋》献呈给上一级东海郡功曹

① 班固:《汉书》,中华书局,1962,第 3210 页。

② 张小峰:《神乌赋:最完整简牍书法艺术作品》,《中国书画》2003 年第 5 期。

③ 至于宏某、贞某为何献于临沂县功曹,或两县共设功曹一职,或与临沂县功曹有私交。

师饶；最后再由师饶奏呈郡守办理并上报；一向恪尽职守、兢兢业业的功曹师饶对此事极为重视，一方面将此赋所反映民情迅速报告郡守，对横行盗贼严加惩处①；另一方面又对此赋的书法艺术及抒情艺术极为欣赏，予以珍藏，直到陪葬。《神乌赋》的这一曲折来历，可以清晰地图示如下：

　　　兰陵县基层→兰陵游徼宏某、员某和书佐风阳→临沂县功曹某某→东海郡功曹师饶

　　同时，该墓出土的陪葬品一对毛笔和一个笔套，制作精美，工艺精细，尤其是毛笔笔豪为兔箭毛所制，圆润尖刺，极为讲究，充分显示了墓主对书法艺术的锺爱。在陪葬品清单中，《神乌赋》与《列女传》《弟子职》《恩泽诏书》等具有浓厚教化意味的书籍并列摆放，也充分体现了墓主对该赋所反映民生问题的重视和独特寓言说理艺术的激赏。了解这一点，对于正确认识该赋的来源、性质、功能及流传过程有着重要意义。

---

① 尹湾汉墓《东海郡下辖长吏名籍》所载因严惩盗贼而得以升迁的 11 人记录：1 人是捕格山阳亡徒将帅，2 人是捕格山阳亡徒尤异，3 人是捕格犯有不道大罪的人，5 人是捕格群盗尤异，占东海郡长吏总数的近 10%。

《诗经》《楚辞》研究 ————

从上博简"慎密而不知言"谈《诗经·墙有茨》

季旭昇*

前　言

《诗·鄘风·墙有茨》是一首很有名的诗，传统毛诗派以为本诗是刺公子顽通于君母宣姜，三家诗则以为是刺卫宣公。两派主张所刺的重点主要都是集中在烝庶母、夺儿媳等不伦事件。宋代以后渐渐有不同的看法出来；清末民初，疑古废序之势高涨，学者直玩味诗文、别出新意的说法日益增加。最震撼的意见是：烝庶母并非不伦，而是当时人认可的婚姻形态，据此，传统毛诗派刺公子顽的说法是站不住脚的。《上海博物馆藏战国楚竹书》（一）出版①，中有《孔子诗论》一篇，记录了孔子对《诗经》中58篇诗的评论，其中对《墙有茨》的评论是"慎（缜）密而不知言"，这句话透露的，其实本诗是指卫宣公与宣姜秘密谋害太子伋的事。近年，安徽大学获得一批战国竹简，其中也有《墙有茨》一篇，篇中有一些异文，很有探讨的价值。由此看来，《墙有茨》一诗还有不少探讨的空间。

一　旧说的检讨

我最近重读《孔子诗论》，对"慎（缜）密而不知言"有一点不同的想法：从近代史学家的观点来看，公子顽烝其庶母，这是春秋时代认

---

* 季旭昇，聊城大学特聘教授。

① 马承源主编《上海博物馆藏战国楚竹书》（一），上海古籍出版社，2001。

可的一种婚姻形态，本无可刺，因此传统毛诗派以为是刺公子顽，恐难成立。三家诗以为是刺卫宣公，卫宣公烝夷姜，与公子顽烝宣姜一样，无可讥刺；卫宣公夺子媳，是公开的事情，没有"慎（缜）密"的问题。宋代以后的新说，以《孔子诗论》"慎（缜）密而不知言"来检视，都有各式各样的问题。因此，《墙有茨》全诗到底要说什么，还有仔细探讨的必要。

以下先列出《毛诗·墙有茨》的原文：

墙有茨，不可扫也。中冓之言，不可道也。所可道也，言之丑也。
墙有茨，不可襄也。中冓之言，不可详也。所可详也，言之长也。
墙有茨，不可束也。中冓之言，不可读也。所可读也，言之辱也。

全诗三章，文句基本相同，二三章换韵，反复奏沓，韵味深长。本诗的诗旨，《诗经集校集注集评》列了九大类，十八小类，分别是：

1. 慎密而不知言说。
2. 卫人刺上说。
3. 鄘人讽刺三监说。
4. 兼刺齐国说。
5. 妇人长舌乱国说。
6. 听男女阴讼说。
7. 卫宣公劝慰，震慑急子说。
8. 刺人不能防妻说。
9. 姑娘受辱哭诉说。①

这样的分类，相当详细，但是也有点琐碎。以下我把几个比较重要的说法列出来，以供比较参照：

---

① 鲁洪生主编《诗经集校集注集评》，现代出版社、中华书局，2015，第1111~1114页。

1.《毛诗序》首序①以为"卫人刺其上",续序以为国人刺"公子顽通乎君母"

《毛诗序》:"卫人刺其上也。公子顽通乎君母,国人疾之而不可道也。"《笺》:"宣公卒,惠公幼。其庶兄顽烝于惠公之母,生子五人:齐子、戴公、文公、宋桓夫人、许穆夫人。"

2. 刺卫宣公

《三家诗遗说考》:《易林·小过之小畜》:"大椎破毂,长舌乱国。墙茨之言,三世不安。"三世,谓宣、惠、懿,与《列女传》所称卫宣姜"乱及三世,至戴公而后宁"合。《史记·卫世家》:太子伋同母弟二人,一曰黔牟,尝代惠公为君,八年复去;二曰昭伯。昭伯、黔牟皆前死,故立昭伯子申为戴公。戴公卒,复立其弟毁为文公。至《左传》所云昭伯通宣姜,生戴公诸人,并《史记》《列女传》所不及。迁向用鲁诗,知此诗鲁义必不以为公子顽通君母事。《媒氏》"凡男女之阴讼,听之于胜国之社",郑注:"阴讼,争中冓之事以触法者。亡国之社奄其上而栈其下,使无所通,就之以听阴讼之事,明不当宣露。诗云:'墙有茨,不可埽也。中冓之言,不可道也。所可道也,言之丑也。'"贾疏:"诗者,刺卫宣公之诗。引之者,证经所听是中冓之言也。"唐惟韩诗尚存,贾疏盖引韩诗,是三家皆以为刺宣公。毛思立异说,故此及《鹑之奔奔》皆附会《左传》为词。②

3. 刺卫国上下交乱

王质《诗总闻》:茨,蒺藜也,可以杜隔逾越。此必有内外交乱而杂言者。所以勿埽、勿襄、勿束,言交乱之人其意欲除,除之正中其计也。冓,数名,十秭为冓。盖其事不可胜数,故难尽言也。左氏昭伯之事,寻诗皆无见,但惠公叙卑而年少,宣姜母行,昭伯兄行,虽

---

① 近代很多学者同意《毛诗》的第一句(首序)是传自先秦,比较可信。第二句以下(续序)可能是汉儒所增添,未必可信。

② 王先谦:《诗三家义集说》,中华书局,1987,第219页。

宣淫，谁敢阻者？似不必以墙为道也。①

4. 刺人不能防闲其妻

闻一多《风诗类钞》：刺人不能防闲其妻。茨，蒺藜。墙上有茨，所以防闲也，故不可扫除。中冓之言，阴私之言。②

5. 刺卫国最高统治者交媾之言污秽丑恶

《毛传》："中冓，内冓也。"《笺》云："内之言，谓宫中所冓成顽与夫人淫昏之语。"孔疏："《媒氏》云：'凡男女之阴讼，听之于胜国之社。'注云：'阴讼，争中冓之事以触法者。胜国，亡国也。亡国之社掩其上而栈其下，使无所通，就之以听阴讼之情，明不当宣露。'即引此诗以证之。是其冓合淫昏之事，其恶不可道也。"③ 旭昇按：孔疏把郑笺的"冓成"改为"冓合"，应该是取"媾合"的意思。

陆善采《"中冓之言"释》："中冓之言"的确切含义应该是：关于男女交媾的话儿。冓字的原始本义就是"交合""交媾"的意思。"中冓"就是"冓中"，也就是"交媾之中"。故"中冓之言"就是关于男女"交媾的话儿"。④

房振三《〈诗经·鄘风·墙有茨〉"中冓"正诂》：《鄘风·墙有茨》"中冓之言"即"冓中之言"，也就是"媾中之言"，意谓"公子顽与惠公之母媾合中之言"，公子顽通惠公之母，逆伦悖理，其所"媾合之言"自然是"淫僻之言"，故"不可道也""不可详也""不可读也"，"言之丑也""言之长也""言之辱也"，如此解释，方能与诗意、序意密合无间。⑤

---

① 王质：《诗总闻》，商务印书馆，1839，第44页。

② 闻一多：《风诗类钞》，见《闻一多全集4·诗经编下》，湖北人民出版社，1993，第536页。

③ 《毛诗注疏附校刊记》，（台北）艺文印书馆，1976年景清嘉庆二十年江西南昌府学刻本，第110页。

④ 陆善采：《"中冓之言"释》，《桂林市教育学院学报》（综合版）1994年第2期。

⑤ 房振三：《〈诗经·鄘风·墙有茨〉"中冓"正诂》，武汉大学简帛网，2007年5月22日首发，http://www.bsm.org.cn/show_article.php?id=570。

以上各种说法中，"刺人不能防闲其妻" 之说，过于空泛。"交媾的话儿/阴私之言" 之说，近于无的放矢。如果是合法夫妻，没有人会把 "交媾的话儿/阴私之言" 拿来到处宣传；如果是非法的私通，如陈灵公与其大夫孔宁、仪行父君臣三人同时和夏姬私通，并且把私通的一些事物在朝廷公然戏谑，这当然应该讽刺。不过，在史籍中，卫国的宣公、昭伯都没有这公然宣扬 "交媾的话儿/阴私之言" 的事情，所以这种说法也难以成立。诗文说 "中菁之言，不可道也"，明明是指他人来说道，而不是宣公、昭伯自己来说道。如果他人来说道，哪一个家庭的 "交媾的话儿/阴私之言" 是可以听的呢？

剩余的说法中，最传统的说法是《毛诗序》首句的 "卫人刺其上"，次句以下落实为 "公子顽通乎君母，国人疾之而不可道也"。郑《笺》也主此说："宣公卒，惠公幼。其庶兄顽烝于惠公之母。" 另外就是三家诗主张的刺卫宣公。二说究竟谁对呢？

惠公之母就是卫宣公从他的儿子伋子那儿抢过来的未过门的儿媳妇宣姜，《史记·卫世家》："初，宣公爱夫人夷姜，夷姜生子伋，以为太子，而令右公子傅之。右公子为太子取齐女，未入室，而宣公见所欲为太子妇者好，说而自取之，更为太子取他女。" 宣公强夺了儿媳妇之后，和宣姜生了两个儿子：寿和朔。之后宣姜和宣公联合设计害死了太子伋，同时也赔上了自己生的长子寿。所以宣公死后，宣姜的小儿子朔即位，就是惠公。

据《左传·闵公二年》，卫惠公即位时年纪还轻（杜注：十五六岁），齐僖公让宣公的庶子顽（惠公的庶兄）娶卫宣公留下的宣姜，顽不愿意，齐僖公强迫顽娶，顽娶了宣姜之后，生了三女二男：齐子、戴公、文公、宋桓夫人、许穆夫人。[①] 这一段婚姻，被传统后来的儒家抨击得非常严厉，但是根据晚近的学者研究，这种行为其实是当时被认为合法的一种婚姻制度，依顾颉刚的说法：当一个大奴隶主死后，他的儿子或侄子可以娶除了自己的生母以外的诸母为妻，甚至他的庶出的孙子可以娶他的嫡祖母为妻，

----

① 《左传·闵公二年》："初，惠公之即位也，少，齐人使昭伯烝于宣姜，不可，强之，生齐子、戴公、文公、宋桓夫人、许穆夫人。"

这叫"烝"；而侄子和他们的伯叔的妻子发生婚姻关系时，这叫"报"。①
这些说法，程讯《说烝》、童书业《春秋左传研究》②都有讨论，应该是可
信的历史事实，研究《诗经》的学者也有一些接受了这样的观点，如邬玉
堂《〈墙有茨〉与"昭伯烝于宣姜"无关》、邓启华《此诗岂必刺宣姜——
也说〈鄘风·墙有茨〉等三首诗意旨》、晁福林《试析上博简〈诗论〉中
的"知言"与"不知言"》③都认同了春秋时代烝报婚的合法性，提出了
《墙有茨》和宣姜及公子顽无关的论点，其中邬文的分析相当精辟，我们整
理其要点如下：

一、所谓"昭伯烝于宣姜"一事，是当时的一种正常的婚姻形态，
根本不是什么通奸行为，更何况是"齐人使昭伯烝于宣姜，不可，强之"
而成婚的！因此，《墙有茨》的诗义与"昭伯烝于宣姜"之事是毫不相
干的。

二、《左传》所载的男"通"女和女"通"男的男女关系，都是非法
的不正当的男女关系。这与《左传》所载晚辈男子"烝"长辈女子的男女
婚事，如被"烝"者之"夷姜、宣姜并不拒绝或反抗，《左传》也不以为
非。齐僖公强迫昭伯烝庶母，《左传》也无微辞"，是截然不同的两回事，
这就证明了《诗序》改《左传》的"昭伯烝于宣姜"为"公子顽通乎君
母"，释"烝"为"通"驴唇不对马嘴，是风马牛不相及的。这再一次证明
了《墙有茨》与"昭伯烝于宣姜"无干。

三、《左传》所记载的十三件（私通）事，《史记》著录了七件，以此
表明对《左传》所载男"通"女或女"通"男的深恶痛绝的鲜明态度，指
出这类事情实属不正当的两性关系，是一种非法行为。因此，他不惜简墨，
三番五次地揭露、谴责，有时甚至于超出了当时的礼法所允许的限度，似
乎在为杀人者辩护，比如"夏征舒以其母辱，杀灵公""崔杼以庄公通其

① 顾颉刚：《由"烝""报"等婚姻方式看社会制度的变迁》（上），《文史》第十四辑，1982
年7月。

② 见程讯《说烝》，《社会科学战线》1980年第3期；童书业《春秋左传研究》，上海人民出
版社，1980。

③ 邬玉堂：《〈墙有茨〉与"昭伯烝于宣姜"无关》，《齐齐哈尔师范学院学报》1989年第5
期；邓启华：《此诗岂必刺宣姜——也说〈鄘风·墙有茨〉等三首诗意旨》，《思茅师范高
等专科学校学报》2010年第2期；晁福林：《试析上博简〈诗论〉中的"知言"与"不知
言"》，《齐鲁学刊》2007年第5期。

妻，杀之，立其弟为景公"。司马迁以用"杀"不用"弑"表明对陈灵公和齐庄公二人"不君"的深恶痛绝。与此相反，《诗序》大骂的"公子顽通乎君母，国人疾之而不可道也"一事，司马迁在《史记·卫康叔世家》中却写作"初，宣公爱夫人夷姜，夷姜生子伋，以为太子，令右公子傅之"。用一个"爱"字解释了《左传》所用的"烝"字，指明了春秋时期晚辈男子"烝"长辈女子（除生母以外）的婚姻，是一种正当的合法婚姻；至于"齐人使昭伯烝宣姜"之类的"烝"婚的"烝"字，一概不提，却接着用近三百字不厌其烦地记述太子伋和昭伯等受到卫臣民的想念和拥戴，就足以证明昭伯烝宣姜是合法婚姻，昭伯与宣姜所生之子申（戴公）与毁（文公）都享受合法婚生子女的正常待遇，这更证明了"昭伯烝于宣姜"与《墙有茨》毫不相干。

经过前辈学者精辟而深入的讨论，烝报婚应该是春秋时代所认同的一种婚姻形态，先秦人对昭伯烝于宣姜也没有任何抨击，因此《毛诗序》的续序说"公子顽通乎君母，国人疾之而不可道也"，显然是汉人把自己的婚姻伦理观强加在《墙有茨》身上，这应该不会是《墙有茨》的诗旨。

但是，前辈学者在驳斥了旧说之后，并没有提出更有说服力的说法。邬文只是一再强调《墙有茨》与"昭伯烝于宣姜"无干；邓文则以为《墙有茨》是强调男女之间之私房话不宜传播出去；晁文则以为"中冓之言"就是"宫内所构关于公子顽与君夫人淫昏之言"，"不可道也"就是"夫妻间的枕席辞语只应室中言，而不可传扬于外"。这些看法的缺点，我们在上文已经讨论过了。

二　《墙有茨》的正解

我们认为《诗经》是"有所为"而作的，当时还没有纯文学的观念，几乎不可能有"为文学而文学"的作品。像《墙有茨》这种比兴手法高妙、用字精准凝练的作品，应该都是针对重要事件而发表的作品，几乎不可能是为了一般男女"阴私之言"而作。而且古代学术有其传承，在诸多说法中，如果有来自先秦的旧说，我们应该要优先予以重视。那么，《墙有茨》的旧说中，三家诗以为是讽刺卫宣公，是否比较合理呢？

前列诗旨第二条主张刺卫宣公的材料中，《易林·小过之小畜》说"大椎破毂，长舌乱国。墙茨之言，三世不安"。《周礼·媒氏》"凡男女之阴讼，听之于胜国之社”，贾疏：“诗者，刺卫宣公之诗。引之者，证经所听是中冓之言也。”说的其实都是很有道理的，但是后人接受此说的不多，即使接受了，也没弄清楚三家诗的真正意义，如魏源《诗古微》说：

> 《墙有茨》之诗，《毛序》但谓“刺其上”，《传》不言所指。（卫宏续序始属之公子顽。）《鹑之奔奔》之诗，则《毛序》刺宣姜，《传》以“兄”为“君之兄”，以“君”为“小君”即《左氏》闵二年《传》“初，惠公之即位也少，齐人使昭伯烝于宣姜，不可，强之。生齐子、戴公、文公、宋桓夫人、许穆夫人”者也。考惠公为子时已能诉兄夺嫡，其年必不甚少，及即位奔齐，八年始反，岂犹童昏不知宫闱内外之别者？且即如《左氏》说宣公属急于右公子，属寿于左公子，后以公子朔之谮，使盗杀之，二公子故怨惠公。十一月，左公子泄、右公子职立公子黔牟。惠公奔齐。则是惠公母子与黔牟、昭伯盖不两立之仇敌。且黔牟与昭伯皆伋同母弟也，若谓烝于奔齐之时，则惠公方为黔牟迫逐，岂有反与昭伯偕行者？昭伯岂有舍其同母有国之兄而自投死地者？齐人方庇朔而怨黔牟兄弟，岂有反容仇党，且令烝宣姜者？若谓烝于惠公八年反卫之后，则朔之入也，放公子黔牟于周，放宁跪于秦，杀左公子泄、左公子职，及即位。其后朔怨周之容黔牟，则与燕人伐周以立子颓而逐惠王。其怨仇之深很若此也，岂有反容黔牟母弟于宫中，纵其烝生数载者？且当时弟妹雁行何以序？母兄祢姚何以称？考《史记·卫世家》：“初，翟杀懿公也，卫人怜之，思复立宣公前死太子伋之后，伋子又死，而代伋死者子寿又无子。太子伋同母弟二人：其一曰黔牟，尝代惠公为君，八年复去；其二曰昭伯。昭伯、黔牟皆前死，故立昭伯子申为戴公。戴公卒，复立其弟毁为文公。”此太史公所见《左氏》真本如此。《古今人表》：戴公，黔牟子。文公，戴公弟。与太史公大同小异，皆与宣姜无涉。刘向《列女·孽嬖传》载宣姜事，亦无一字及于通顽。盖戴文二公，本皆黔牟、昭伯之子，故卫人以其为太子伋母弟之后而立之。若果宣姜所生，则卫人方痛心疾首，推刃不暇，尚肯同心推戴乎？此必刘歆见当时《鲁诗》说以《墙有茨》诗刺宣公夺伋妻，《鹑之贲贲》为左、右公子怨宣公之诗，与毛不同。故阴窜《左氏》以难今文博士，而不顾世系之矫诬，

淑愿之颠倒。岂知《史记》《列女传》俱存耶?①

《墙有茨》,刺卫宣公也。与《新台》同义。②

《新台》写的是卫宣公夺其子伋(急子)之妻,整个行动都是公开的,大家都知道卫宣公造了一个新台,把即将入门的儿媳妇纳为己有,整个事件中并没有任何"中冓之言,不可道(详、读)也",卫人要刺卫宣公,也应该刺纳伋之妻这件事,而不是躲躲闪闪、不知所云地说什么"中冓之言,不可道(详、读)也,所可道(详、读)也,言之丑(长、辱)也"。而且卫宣公纳伋之妻这件事,《新台》已经讥刺了,已经"详道"了,还有什么"不可道(详、读)也"呢?因此魏源虽然费了很大力气讨论齐子、戴公、文公、宋桓夫人、许穆夫人不可能是顽与宣姜所生。但是,他的结论,《墙有茨》与《新台》同义,似乎很难说服人,所以接受三家诗以为《墙有茨》是刺卫宣公的人极少。

如果我们接受春秋时代的烝报婚俗,那么旧说《墙有茨》是刺公子顽烝宣姜,确实与当时的社会背景不合。依三家诗,改为刺卫宣公,也与史事、诗文难以密合。晚近学者直接玩味诗文,提出很多新说,看似有点意思,但是与当时的社会背景不合,也与《诗经》的功能不合。

很幸运地,晚近地下出土材料大量面世,给我们提供了很多重新检视先秦典籍的线索。《上海博物馆藏战国楚竹书(一)·孔子诗论》简28说:

《瘴(墙)又(有)茅(茨)》慜(慎)窨(密)而不智(知)言。③

由于原考释把"瘴"字隶定为"瘴",所以不知道《瘴有茅》是哪一首诗,当然也就没有做出任何解释。廖名春在2000年9月2日的清华大学简牍讲读班第十次研讨会的讨论中指出《瘴有茅》就是《墙有茨》。这首诗的身份就得到了确定。但是,简文说"慎密而不知言"是什么意思,大部分

① 魏源:《诗古微》,岳麓书社,2004,第390页。
② 魏源:《诗古微》,第627页。
③ 马承源主编《上海博物馆藏战国楚竹书》(一),上海古籍出版社,2001,第158页。

学者仍然只能从旧说去推敲。如俞志慧说：

> 慎密而不智（知）言，当指诗中反复吟咏的"中冓之言"，"不智（知）言"即诗中所谓"不可道（详、读）也。所可道（详、读）也，言之丑（长、辱）也"，谓不知如何言说也，如《左传·襄公二十七年》郑伯有赋《鹑之贲贲》，赵孟曰："床笫之言不逾阈，况在野乎？非使人所得闻也。"①

只有胡平生很敏锐地指出：

> 注释说："慎密也可能作缜密。"据诗句"不可道""不可详""不可读"，皆是"缜密"之意而非"慎密"，因此应采注释"缜密"之说。又，注释将"缜密而不知言"解作"上辞言虽缜密而不知言"，不确。《墙有茨》小序谓诗为"卫人刺其上也。公子顽通乎君母，国人疾之，而不可道也"。毛传云："冓，内冓也。"郑笺云："内冓之言，谓宫中所冓成顽与夫人淫昏之语。"而<u>《诗论》评语并未涉及"宫中所冓成顽与夫人淫昏之语"，小序之说不可信。"缜密而不知言"是指"中冓之言"，因极其秘密而无法知道究竟说了些什么</u>。②

"慎（缜）③密而不知言"这一句评语极其重要，它告诉我们《墙有茨》有非常慎（缜）密的"言"，说这些话的人，自以为非常慎（缜）密，别人无法得知，殊不知言的特性是藏不住的。那么，卫宣公有什么事情是自以为慎（缜）密，其实很快的就被传出去了呢？这让人不得不想到卫宣公和宣姜谋害伋的事情。《左传·桓公十六年》：

> 初，卫宣公烝于夷姜，生急子，属诸右公子，为之娶于齐而美，公取之，生寿及朔。属寿于左公子。夷姜缢，宣姜与公子朔构急子，

---

① 俞志慧：《〈战国楚竹书 · 孔子诗论〉校笺》（下），简帛研究网，2002 年 1 月 17 日。
② 胡平生：《读上博藏战国楚竹书〈诗论〉札记》，简帛研究网，2002 年 6 月 4 日。
③ 此处作慎作缜，其实并没有太大的不同。

公使诸齐，使盗待诸莘，将杀之。寿子告之，使行。不可，曰："弃父之命，恶用子矣，有无父之国则可也。"及行，饮以酒，寿子载其旌以先，盗杀之。急子至，曰："我之求也，此何罪，请杀我乎。"又杀之。二公子故怨惠公。十一月，左公子泄、右公子职，立公子黔牟，惠公奔齐。①

这是卫国历史上一件骇人听闻的大事，身为父亲的卫宣公居然跟宣姜共谋害死自己的儿子——太子急（伋）子。这种事情，卫宣公和宣姜一定做得非常慎密，不敢让消息走漏。没想到，"言"的特性就是：再秘密的"言"，都会被传出去。《管子·君臣下》："墙有耳，伏寇在侧。墙有耳者，微谋外泄之谓也。"②《大戴礼记·曾子制言下》："弟子无曰'不我知也'，鄙夫鄙妇相会于庑阴，可谓密矣，明日则或扬其言矣。"③ 都很清楚地表达了这种观点。《郭店楚墓竹简·语丛四》简1~7有一段关于"言"的重要记录：

> 言以司，情以久。非（靡）言不酬，非（靡）德亡复。言而苟，墙有耳。往言伤人，来言伤己。言之善，足以终世。三世之富，不足以出亡。口不慎而户之闭，恶言遆（报）己而死无日。凡说之道，急者为首。既得其急，言必有及之。及之而不可，必度以过，毋命知我。④

《孔子诗论》的"知言"或许还有更丰富的内容，但是在《墙有茨》一诗，"慎（缜）密"与"知言"对举，孔子所要强调应该就是"言无秘密"这一点吧！卫宣公和宣姜设计了这一个自以为人不知、鬼不觉的鬼计，要陷害急（伋）子，没想到一转身，这个鬼计就被宣姜生的老大寿知道了。寿跑去通知急子，要他别去。急子不肯，寿就劝酒把急子灌醉，然后拿着急子的信物先走，替急子送死。急子酒醒，发现寿替他送死，于是慌忙赶

---

① 《左传注疏附校勘记》，（台北）艺文印书馆，2001，第128页。
② 黎翔凤校注，梁运华整理《管子校注》，中华书局，2004，第578页。
③ 黄怀信主撰，孔德立、周海生参撰《大戴礼记汇校集注》，三秦出版社，2005，第558页。
④ 荆门市博物馆：《郭店楚墓竹简》，文物出版社，1985，第215页。释文稍有调整。

去，结果强盗还没走，看到真正的事主来到，于是把急子也杀了。卫宣公和宣姜这一自以为人不知、鬼不觉的鬼计，一举就害死了自己两个最好的儿子，这不就是"慎（缜）密而不知言"吗！

"墙有茨，不可扫也"，以墙上的茨起兴，茨是恶草，兴外人一看就知道这个家庭中有丑恶之事。"中冓之言，不可道也"指的是卫宣公和宣姜要陷害急（伋）子的计划。"所可道也，言之丑也"，身为父亲，居然要设计杀害自己的儿子，这是多么丑恶的计划啊！"中冓之言，不可道也"，因为这是君上和君夫人密谋要害死自己的儿子，这是多么重要的国家机密，没有人敢说三道四；"所可道也，言之丑也"，君上和君夫人密谋要害死自己的儿子，这才是卫国真正的丑闻！

这样解释，其实和《毛诗序》是吻合的。《毛诗序》首句说"卫人刺其上也"，"上"指卫宣公。卫宣公设计害死自己的两个儿子，这是何等骇人听闻之事，国人不敢公然"道（详、读）"，因此只敢隐晦地说墙有茨云云，正如白居易写唐玄宗宠爱杨贵妃，也不敢明写唐玄宗，只敢隐晦地说"汉皇重色思倾国"，因此《毛诗序》首句说"卫人刺其上也"，未予点明，与诗旨并无不合。至于"续序"说"公子顽通乎君母，国人疾之而不可道也"，那应该是汉儒续添的。"烝报制"发生在春秋时代，战国以后已极少见，汉以后儒学盛行，儒家当然是无法接受"烝报制"的，因此对《墙有茨》一诗就渐渐转为对公子顽烝宣姜的抨击了。

余 论

最后谈谈安大简《诗经》有关此诗的异文。安大简《诗经》中也有《墙有茨》一篇，不过写作《墙有蝥蝥》，程燕以为"蝥蝥"即《尔雅·释虫》的"蒺藜蜘蛆"，郝懿行《义疏》以为蜈蚣。蜈蚣是一种毒虫，在古人眼中是丑恶的象征；喜生活在阴湿的杂草丛中或乱石沟里，或井沿、柴堆、屋瓦缝隙间。居墙上、喜夜间活动的蜈蚣，恰可比喻夫妻夜间所说的丑话，与诗意较为吻合。① 此说从出土材料出发，有字形的佐证，相当有说服力。不过，战国文字变化多端，异体极多，哪一个是本字，有时候很难判断。从字义来看，旧说释茨为蒺藜，蒺藜是一种恶草，果实有分果瓣5，长4~6毫

① 程燕：《〈墙有茨〉新解》，《安徽大学学报》（哲学社会科学版）2018年第3期。

米，质硬，中部边缘有锐刺2枚，下部常有小锐刺2枚。就诗义来说，以蒺藜起兴与以蜈蚣起兴，效果相差不大。但是从诗文来看，诗云墙有茨，"不可扫也""不可束也"，对蒺藜来说是合适的，蒺藜有刺，难以清除；而蜈蚣似乎不是那么难清除。此外，墙上长了蒺藜，外面一眼就可以看到；爬了蜈蚣，相对的比较不明显，就比兴效果来说，似乎也还是植物类的蒺藜好些。

"中冓之言"的"冓"，大约有六类讲法：

（一）室内：

1. 毛传："内冓。"①

2.《汉书·文三王传》注应劭曰："中冓，材构在堂之中也。"颜师古曰："冓，谓舍之交积材木也。"②

3. 李樗、黄櫄："殿中通谓之中冓。"③

4. 吕祖谦："应从应劭、颜师古说，盖闺内隐奥之处也。"④ 姚际恒："盖谓室中结构深密之处。"⑤

（二）媾合：

1.《毛诗·墙有茨》郑笺："内之言，谓宫中所冓成顽与夫人淫昏之语。"⑥

2.《毛诗·墙有茨》孔疏云："媒氏云：'凡男女之阴讼听之于胜国之社。'注云：'阴讼，争中冓之事以触法者。胜国，亡国也。亡国之社掩其上而栈其下，使无所通，就之以听阴讼之情。明不当宣露'，即引此诗以证之，是其冓合淫昏之事。"⑦

（三）夜晚：

毛诗《释文》引韩诗："中冓，中夜。"《汉书·谷永传》晋灼注：

---

① 《毛诗注疏附校刊记》，第110页。毛传语焉不详，可能是"内构"，即"内室"之意。

② 王先谦：《汉书补注》，中华书局，1983，第1048页。

③ 见李樗、黄櫄《毛诗李黄集解》，见《通志堂经解》，江苏广陵古籍刻印社，1996，第300页。

④ 吕祖谦：《吕氏家塾读诗记》，同治退补斋本，叶三上。

⑤ 姚际恒：《诗经通论》，中华书局，1958，第71页。

⑥ 《毛诗注疏附校刊记》，第110页。郑笺说的"冓成"到底是构成？还是媾成？王先谦《诗三家义集疏》以为是"媾成"。见王先谦《诗三家义集疏》，第220页。

⑦ 《毛诗注疏附校刊记》，第110页。既说"冓合淫昏"，应该就是取"媾合"之义了。

"（中冓）鲁诗以为夜也。"王先谦以为是"寁"字的假借，《广雅·释诂》："寁、昔、閒、暮：夜也。"《桑柔》"征以中垢"毛传："中垢，言闇冥也。"王先谦认为"垢""寁"古通，因此"中垢"就是"中冓"，指"中夜"。①

（四）积数之多：

范处义："木交积曰冓，又十秭曰冓，亦积数之多也。谓宫中积有多言，不可道之于口。"②

（五）污垢：

朱谋㙔："中冓，犹言中垢，宫中垢秽之行也。欲雅言之，故变垢称冓。"③

（六）构陷：

吴树声："中冓，犹之中伤也，言从中谗垢之也。构会其过恶，其中万无好话。"④

以上六类说法，以（一）（三）二说最合理。但二说孰是？依然很难判断。安大简此诗"中冓"作"中猭"，黄德宽云：

"中猭"一词见于甲骨文，"猭"作 （合集20946），从"夕""彖"声。甲骨文"夕"指"夜"，黄天树认为甲骨文"中猭"可能指夜半。甲骨文"中猭"一词，过去传世文献和其他出土文献都没有见过，竟然在简本《诗经》中出现了。根据这个异文，检视历代学者的训释，证明只有《韩诗》释"中冓"为"中猭"是正确的。传世今古文各本"猭"作"冓""遘"或"寁"，都是同音借用。"冓"是见组侯部字，与来纽屋部的"彖"字古音相近，因此"中猭"这个词可以写作"中冓""中寁"，在诗中也就是"中夜"之义，这样来解读该诗是

① 王先谦：《诗三家义集疏》，第220页。
② 范处义：《诗补传》，钦定四库全书荟要本，卷四，叶三下。
③ 朱谋㙔：《诗故》，四库全书本，卷二叶八上。
④ 吴树声：《诗小学》，《四库未收书辑刊》第10辑第1册，北京出版社，2000。

非常贴切的。①

此说有甲骨为据，很有说服力。其实，在 2010 年出版的《清华大学藏战国竹简（壹）·尹至》简 1 就有"隹（惟）尹自夏徂白（亳），彔至在汤"句，郭永秉已指出，此"彔"用法与黄天树指出的卜辞之"燎"用法相同，结构亦同。② 其后苗丰根据郭说，提出"中彔"也许可以读为见于《诗经》的"中冓"和"中姤"，就是"中夜"的意思。③ 不过，《尹至》的辞例还没有到百分之百卡死"中夜"的地步，所以苗丰一文也还不为能《墙有茨》的"中冓"一锤定音。

如今，安大简"中冓"明明白白地作"中燎"，足证韩诗确实把"中冓"释为"中夜"。

不过，如前所论，本诗不可能是刺卫宣公或昭伯的烝婚，也不可能刺卫宣公或昭伯的淫语，那么"中冓"就没有必要非释为"中夜"不可了。依本文的看法，《墙有茨》是讽刺卫宣公阴谋杀害自己亲生的儿子，那么"中冓之言"释为"室中之言"似乎也是可以的。"冓"读为"构"，"构"的常用义本来就是"构屋"，古汉语名动不分，"构"字解为"屋室"在理论上是没有问题的。《书·大诰》："厥子乃弗肯堂，矧肯构？"一般都依蔡沈《集传》释为"其子不肯为之堂基，况肯为之造屋乎"，"堂"一般为名词，于此用为动词；"构"一般为动词，当然也可以用为名词。晋陆云《祖考颂》："公堂峻趾，华构重屋。"很明显的典出《大诰》，"公堂峻趾"扣《大诰》的"堂"，"华构重屋"扣《大诰》的"构"，肯定是把"公堂峻趾"的"堂"和"华构重屋"的"构"都当作名词用的。胡承珙《毛诗后笺》对"中冓"的解释相当精辟：

案《说文》："冓，交积材也。象对交之形。凡冓之属皆从冓。"又

---

① 黄德宽：《略论新出战国楚简诗经异文及其价值》，《安徽大学学报》（哲学社会科学版）2018 年第 3 期。

② 郭永秉：《清华简〈尹至〉"燎至在汤"解》，《清华大学藏战国竹简》（一），《国际学术研讨会会议论文集》，第 27 页。

③ 苗丰：《卜辞"中彔"补证》，复旦大学出土文献与古文字研究中心网站首发，2012 年 3 月 25 日。

《木部》："构，盖也。从木冓声。杜林以为椽桷字。"《淮南·泛论训》云："筑土冓木。"是冓与构义略同。《书·大诰》："若考作室，既底法，厥子乃弗肯堂，矧肯构？"堂，谓筑基；构，谓盖屋。古者堂半以后为室，室必交积材以为盖屋。中冓者，谓室中。传云"内冓"，犹言"内室"。《汉书·文三王传》谷永上书曰"是故帝王之意，不窥人闺门之私，听闻中冓之言"，以"中冓"与"闺门"对举，亦是指内室而言。《玉篇·宀部》引诗作"寣"，从宀者，亦取交覆深屋之义。①

释"中冓"为"中夜"的优点是辞例有据，释为"内室"的优点是更切合诗义及《孔子诗论》"缜密而不知言"的评语，宣公与宣姜密谋杀害急（伋）子，不一定在半夜，但是一定在内室。从这个角度去理解，可能《孔子诗论》本作"中冓"，释为"内室"，刺卫宣公谋杀太子，自以为筹划隐密，不为人知。三家诗以为刺卫宣公烝母夺媳，于是讽刺重点转为淫语，中冓也就转为中夜，安大简因而把"中冓"写作"中燥"，正是这种转变的开始。

---

①　邓全芝校点，贺友龄审定，胡承珙《毛诗后笺》，黄山书社，1999，第234~235页。

新出楚简《诗经》与《魏风》"左辟"释义[*]

高中华^{**}

摘　要：本文结合新出楚简《诗经》异文及先秦礼学文献，指出《魏风·葛屦》篇之"左辟"确系礼容，《传》《笺》古训不误，后世新说不能成立。

关键词：新出楚简　《诗经》　左辟礼容

"左辟"一语，出自《诗经·魏风·葛屦》第二章，诗篇说：

> 好人提提，宛然左辟，佩其象揥。

这是描述新妇初嫁进入夫家时的体态和仪容，赞赏她的从容且合乎法度。依据《毛传》和《郑笺》，"左辟"是礼典的"威仪"，也可称为"礼容"。这一解说根据典籍，契合文义，是合理的解释。然而后世又提出种种异说，对于《传》《笺》的说法提出质疑，并由此牵连诗篇的意旨及相关问题，成为《诗经》文本研究中久悬未决的问题之一。新出楚简《诗经》于"左辟"句存在异文，为问题的解决提供了新的线索以及判断的依据。

一

有关"左辟"的各家说法，可以列举如下：

---

*　基金项目：本文是国家社会科学基金重大项目"清华简与儒家经典的形成发展研究"（项目号：16ZDA114）的阶段性成果。

**　高中华（1983~），女，文学博士，聊城大学简帛学研究中心成员。

（1）王质《诗总闻》训"除"，谓指"除道"。证据是"辟"有辟除之义。①

（2）王夫之《诗经稗疏》谓为"襞"之借字，训"裳之缝襞"②。

（3）高亨先生《诗经今注》认为系"躄"字假借，意为"足跛"③。

（4）姚奠中先生《〈葛屦〉新说》以为是"君主"。根据是《尔雅》的训释"辟，君也"④。

（5）近人又有解为"爱抚"的。举证是《邶风·柏舟》"寤辟有摽"的"辟"训作"抚心"⑤。

（6）近代以来解为"躲闪"⑥"回避"⑦"让路"⑧"闪开"⑨云云，可以归为一类。该说系由"避"的"躲避"义发挥而来。

上举的各种解释，可说都各有依据，但由此得出的结论则大相径庭。"除道"指向劳作，"缝襞"主于衣服，"君主"系称谓，"足跛"则为生理物征。应当说，通假现象在古代典籍中的普遍存在，是导致上述歧义性理解的重要原因。学者虽然各有立论，又或各有批驳⑩，而始终未能获得较为统一的结论，即源于此。新出楚简《诗经》为此提供了重要线索，使问题的讨论有了较为确定的基础。

楚简《诗经》的这一异文见于 2018 年第 3 期《语言科学》杂志刊布的刘刚先生的文章《〈诗经〉古义新解》（以下简称《新解》）一文。根据

---

① 王质：《诗总闻》，文渊阁《四库全书》本，上海古籍出版社，2003，第 72 册，第 516 页。

② 王夫之：《诗经稗疏》，《船山全书》第 3 册，岳麓书社，1988，第 82 页。清人周悦让《倦游庵椠记》读"辟"为"裨"："辟读如裨冕之裨，谓以缯饰其侧。"说与王氏相类（见刘毓庆《诗义稽考》第四册，学苑出版社，2006，第 1158 页）。

③ 高亨：《诗经今注》，上海古籍出版社，1980，第 142 页。张孟麟先生有类似看法，论证与高亨先生有不同。见《〈葛屦〉诗中的"辟"字小议》，《上饶师专学报》（社会科学版）1983 年第 4 期。

④ 姚奠中：《〈葛屦〉新说》，《文学遗产》1987 年第 3 期。

⑤ 倪祥保：《〈葛屦〉是一首爱情诗》，《苏州大学学报》（哲学社会科学版）1997 年第 2 期。

⑥ 闻一多：《风诗类钞乙》，见《诗选与校笺》，古籍出版社，1956，第 65 页。

⑦ 余冠英：《诗经选》，人民文学出版社，2012，第 89 页。

⑧ 陈子展：《诗经直解》，复旦大学出版社，2015，第 203 页。

⑨ 程俊英：《诗经注析》，中华书局，1991，第 291 页。

⑩ 参见周蒙、冯宇《〈葛屦〉和〈衡门〉别解——与姚奠中先生"新说"商榷》，《文学遗产》1989 年第 4 期；张启成《〈魏风·葛屦〉本义述评》，《贵州文史丛刊》1988 年第 2 期。

《新解》，"宛然左辟"，楚简《诗经》作"頶肰左頯"①。两相比较，简本"左"字与今本全同，"肰"即"然"，是战国文字的习见写法。与"宛""辟"相当的两个字，一作"頶"，一作"頯"，与今本不同而皆从"页"作。这一现象引起我们的注意。

众所周知，由于汉字的结构特点，使得作为偏旁的义符在标明语义上有着独特的作用。在早期文献的传承过程中，即存在一种依据上下文义改写偏旁的做法。传世典籍中的异文有相当部分出于这一原因。刘钊先生对此做过讨论。他说："在典籍中，有许多字受上下文的影响，从而类化改写偏旁，以趋同于上下文。"所举例证如：②

> 《豳风·鸱鸮》"彻彼桑土"，韩诗作"彻彼桑杜"；
> 《小雅·皇皇者华》"周爰咨诹"，《释文》谓咨本亦作咨；
> 《鲁颂·駉》"有駵有雒"，《释文》雒又作骆；
> 《周易·系辞传》"服牛乘马"，《说文》引服作犕。

出土古文字材料尤其战国文字中，这一现象同样广泛存在，学者将之称为"随文类化"。何家兴先生等在《楚文字类化释例》一文中举出新蔡简、信阳简以及上博简等简帛文献为证。如新蔡简及陈助簋盖铭（《集成》4190）的"鬼神"二字作""，何家兴先生指出："'鬼神'二字连文，由于受到'神'字的类化，'鬼神'二字皆从'示'。"③ 这一观察是很正确的。下面我们试就出土《诗经》类文献再行举例以做说明。

清华简《芮良夫毖》简17~18"□□功绩，恭临享祀"，"功绩"二字，简文从示作"祍祷"，这是因为此二句所述乃先人功绩并及祭祀之事，④皆属神事，故皆从示。⑤ 这与上引何文所举新蔡简及陈助簋铭"鬼神"二字

①　刘刚：《〈诗经〉古义新解（二则）》，《语言科学》2018年第3期。
②　刘钊：《古文字构形学》，福建人民出版社，2011，第98页。
③　何家兴、刘靖宇：《楚文字类化例释》，《巢湖学院学报》2014年第1期。
④　参见高中华、姚小鸥《清华简〈芮良夫毖〉缺文试补》，《文献》2018年第3期。
⑤　战国文字作"功绩"字讲的"功"，多从纟作"红"（如九店简《建除》等）。从示、工作的"祍"多用作祭名，相当文献中的"攻"。参见白于蓝《战国秦汉简帛古书通假字汇纂》，福建人民出版社，2012，第648页。

的从示是类似的。

阜阳汉简《诗经》S122 号简"柶马既闲"（《秦风·驷驖》篇句）。"柶"，今本作"四"。胡平生先生说："四、柶通。"① 更具体的分析，"四"当系本字，"四马"是文献常见语例，古代一车驾四马，两服在中，两骖在旁，故称"四马"。新出楚简作"四"与今本相同，② 亦可为证。阜简从木作"柶"者，当因下文"闲"字而类化，以四马在厩之故。《周礼·校人》"天子十有二闲，马六种。邦国六闲，马四种"。

从本质上讲，随文类化现象的广泛存在，反映的是汉字的一个重要特点，即文字的书写形式与其语义内涵之间的密切关系。楚简《诗经》"宛""辟"二字与今本不同而皆从"页"作。这一现象表明，简本《诗经》对于该句语义的理解与"页"这一义符大有关联。刘刚先生已经指出："从'页'之字多表示与头部有关的动作和事物，有时也表示和整个身体有关的动作。"以此为据考察"左辟"的各种解释，不难首先排除"除道""缝襞""君主""足跛"以及"爱抚"诸说。如前所述，"除道"言劳作，"缝襞"主于衣服，"君主"则为称谓，"足跛"系生理上之病态。诸说与头部或身体动作或全然无关，或性质不类，故皆不可取。进一步的分析表明，"躲闪""回避"诸说，虽与身体的动作有一定关联，然亦皆未可信据。这一点，由楚简异文的具体内涵可以推知。

二

前文已经引及，"宛然左辟"，楚简的异文作"頫肤左頒"。《新解》指出，"頫"乃"俛"字异体，"頒"乃"倪"字异体：

"頫"，从"页""夋（孨）"声，当为"俛"字异体。《说文》："俛，低头也。从页，逃省。太史卜书俯仰字如此。杨雄曰：人面俯。俛，俯或从人免。"

"頒"，从"页""兒"声，当为"倪"字异体。

---

① 胡平生、韩自强：《阜阳汉简诗经研究》，上海古籍出版社，1988，第 78 页。
② 参见郝士宏《新出楚简〈诗经·秦风〉异文笺证》，《安徽大学学报》（哲学社会科学版）2018 年第 3 期。

"倪"，字书多训为"侧"。《广雅·释诂》："顿、倪、陂陀、倾，邪也。"王念孙《广雅疏证》："《尔雅·释鱼》'左倪不若，右倪不若'，郭璞注云'左倪，行头左庳；右倪，行头右庳。'庳与倪皆邪也。"① 古言"邪"即"倾斜"字。又《吕氏春秋·序意篇》"以日倪而西望知之"，倪亦谓斜侧。② 可知"左倪"指向左侧身。

"俛（俯）"，《新解》引《说文》训为"低头"。按古代文献"俯"多指"俯身"。《左传·昭公七年》载孔子先世正考父之鼎铭："一命而偻，再命而伛，三命而俯，循墙而走，亦莫余敢侮"，杜预注："俯共于伛，伛共于偻。"《一切经音义》："身逾曲，恭益加，敬也。"又《礼记·曲礼》："俯而拾屦。"身俯，故头亦低，动作上相关联。考虑到"俛然左倪"句中，"俛然"是对"左倪"这一动作的形容，因此"俛然"可以解为"屈（身）低下去的样子"。"俛然左倪"，当解为"向左侧身而低"。

由上述分析可以知道，楚简《诗经》与"左辟"句相当的异文所揭露的动作至少具备如下特征：（一）幅度上较为收敛，不致偏离原处位置过多；（二）行动意图上以谦恭为主，而非避而不见。不难知道，所谓"躲闪""回避""让路""闪开"等说，在行动幅度和动作意图上，皆与由楚简《诗经》所传达者不能相合。③ 而《传》《笺》"礼容"之说则与之相契。"左辟"礼容究竟如何？《传》《笺》说法如下：

> 《毛传》：宛，辟貌。妇至门，夫揖而入，不敢当尊，宛然而左辟。
> 《郑笺》：妇新至，慎于威仪。④

《毛传》和《郑笺》对于礼容本身并未有明确解说，唯指明其施行场合，即《毛传》之"妇至门，夫揖而入，不敢当尊，宛然而左辟"。孔颖达《正义》对《传》《笺》的说法做了进一步解释。《孔疏》指出，《毛传》所

---

① 王念孙：《广雅疏证》，中华书局，2004，第 70 页。
② 参见许维遹《吕氏春秋集释》，中华书局，2009，第 274 页。
③ 至于"爱抚"一说，更难以取信。该说谓"左辟"乃"女子想象丈夫或情郎与之温存"，乃女子之"幻觉"，其不能成立是明显的。
④ 《毛诗正义》卷五之三，阮元刻《十三经注疏》，中华书局，1980，第 357 页。本文所引《葛屦》篇经、传、笺、疏，凡未做说明者，皆据此本，不另出注。

述与《仪礼·士昏礼》中的相关内容相合。《疏》文并就"左辟"这一威仪做了较为具体的描述，即"左还辟之"。《孔疏》说：

> 《士昏礼》云："妇至，主人揖妇而入。及寝门，揖入。"是妇至门，夫揖而入也。此好人不敢当夫之尊，故宛然而左还辟之。不敢当主，故就客位。

《孔疏》"左还辟之"这一训解，系综合礼经传注而来。翻检文献可以知道，古代社会在宾主的行礼过程中，有一特定"威仪"或曰"礼容"，名曰"辟"，见于《仪礼》、大小《戴记》等多种礼学典籍。以《仪礼》为例，如：

> 《燕礼》：公答再拜，大夫皆辟。
> 《大射》：宾及庭，公降一等，揖宾，宾辟。
> 　　　　公答再拜，大夫皆辟。
> 《聘礼》：宾入门左，公再拜，宾辟，不答拜。摈者出，立于门中以相拜，士介皆辟。
> 　　　　摈者执上币，立于门中以相拜，士介皆辟。
> 《公食大夫礼》：宾入门左，公再拜，宾辟，再拜稽首。

以上为迎送之礼。食礼亦有"辟"：

> 《聘礼》：公壹拜送，宾以几辟。
> 《士昏礼》：主人拂几授校，拜送。宾以几辟。

郑玄对"辟"字做了注解，谓为"逡遁"：

> 《大射》"宾辟"，注："辟，逡遁，不敢当盛。"
> 《聘礼》"宾辟"，注："辟位逡遁，不敢当其礼。"
> 《公食大夫礼》"宾辟"，注："辟，逡遁，不敢当君拜也。"
> 《士相见礼》"隐辟而后屦"，注："俛而逡遁。"

《士昏礼》"宾以几辟"，注："逡遁也。"

从现代汉语的语法角度分析，"逡遁"属于双音节单纯词，其异写形式包括"逡巡""逡循""蹲循"等，"逡"是其单音节形式。① 《说文》："逡，复也。"徐灏《说文解字注笺》："复训往来，往来即逡巡意。""往来逡巡"，故一定程度上带有"旋转"的性质，孔颖达《正义》释"左辟"为"左还（通旋）辟之"，即因此之故。与之同时，"逡巡"不进必然伴随有一定程度的"退让"，这与"还（旋）"这一动作是连带发生的。"辟"之用为"退避"字，当即出于这一缘故。

"盘辟"是与"逡巡"含义相近的语词，又写作"般辟"。《说文》："般，辟也。"段玉裁《说文解字注》对语义做了分析：

《投壶》（引者按：即《大戴礼记·投壶篇》）曰："宾再拜受，主人般旋，曰辟。主人阼阶上拜送，宾般旋曰辟。"般，步于反，还音旋。辟，徐扶亦反。《论语》包咸注："足躩如，盘辟皃（引者按：皃古貌字）也。"盘当作般。般辟，汉人语，谓退缩旋转之皃也。《大射仪》"宾辟"，注曰："辟，逡遁不敢当盛。"《释言》曰："般，还也。"还者，今之环字，旋也。荀爽注《易》曰："盘桓者，动而退也。"②

段氏将"辟"的动作形态明确描述为"退缩旋转之貌"，是考虑到该词兼有"退避"与"回旋"两种含义，是确当的，与上引《孔疏》的解说也互为印证。

可以总结一下："辟"字兼有"退避"与"回旋"两种含义。就礼容来说，"辟"以"还"为基本特征，"还"的过程中兼含"退避"；就礼意而言，"辟"的核心精神为"让"或者"谦让"。这可以部分解释何以礼学文献之中，"辟"这一威仪多发生在宾主的周旋揖让之际。如上引《仪礼》诸篇，乃是主人揖拜，而后"宾辟"，所谓"宾辟"，指避主人的揖拜，即郑玄所谓"逡遁不敢当盛"。

---

① 参见张希峰《汉语词族丛考》，巴蜀书社，1996，第374页。
② 段玉裁：《说文解字注》，上海古籍出版社，1988，第404页。

必须指出，作为礼容的"辟"，固然有不敢"当盛"从而避让一旁的意味，但与后世"躲避"字在性质上存在根本分别。上文的分析已表明这一点。事实上，今天所习用的"躲避"字，早期字书中义为"回转"。《说文·辵部》"避，回也"，段玉裁注："此回依本义训转，俗作回。"回字本义乃转。《楚辞·离骚》"回朕车以复路兮，及行迷之未远"。孔颖达于《葛屦》篇疏文释"左辟"为"左还辟之"，系对该词古义的正确保留。朱子《诗集传》谓"让而避者必左"乃根据礼书。[①] 所谓"必左"云云，与古代宫室制度有关，在此不能详述。近代以来将"辟"等同于"躲避"字，是绝不可取的。前引"躲闪""回避"诸说致误的根源皆在于此。清代学者马瑞辰指出《诗》之"左辟"与礼经之"辟"同义[②]，是正确的判断。其述礼经"辟"字基本同于段注《说文》，兹不再引述。

由上述分析可知，"左辟"是包括身体乃至足部的一个完整的"退缩旋转"的连贯动作，因其具有回旋的特征，故诗人用"宛然"加以形容。《说文》："宛，屈草自覆也。从宀夗声。"徐灏《说文解字注笺》："夗者，屈曲之义，宛从宀，盖谓宫室窈然深曲，引申为凡圆曲之称。"《考工记·玉人》有"琬圭"，郑玄注："琬，犹圜也，王使之瑞节也。"《周礼·典瑞》郑众注曰"琬圭无锋芒"，如著名历史学者夏鼐先生所指出，郑众之所以如此做注，正是因为琬字从宛得声，有婉顺之意。[③]

文章的最后就简本异文与今本的关系做一讨论。《新解》以为"左倪"与"左辟"二者"不宜直接对等"，是审慎的表现。不过，从前述分析可以看到，不能完全排除两者相通的可能性。就"倪"与"辟"而言，"倪"字疑母支部，"辟"字并母锡部，两者声韵俱近。"俛""宛"这一对异文则在音、形及语义上都关系密切。语音上，"俛"字明母元部，"宛"影母元部，韵部相同，声纽亦近。字形上，楚文字的书写习惯，"宛"往往从兔作，如《诗经》"小宛"，上博简《孔子诗论》作"鵉"，与"俛"之从

---

① 王夫之《诗经稗疏》明确指出这一点。见《船山全书》第 3 册，岳麓书社，1988，第 82 页。

② 马瑞辰：《毛诗传笺通释》，中华书局，1989，第 320 页。余培林先生亦主"盘辟"说，并描述为"以左足为转轴，自然之势"（《诗经正诂》，台北：三民书局，2005，第 198 页），侧重该语词中"盘旋"的部分。

③ 夏鼐：《商代玉器的分类、定名和用途》，《考古》1983 年第 5 期。

"免"极为相近,古文字中"兔"字的尾部常被省去而作"免"形,如"逸"之作"逸"等,是常见的。语义上,如前文所述,"俛然左倪"指"向左侧身而低","宛然"则言其行礼时圆转的情态。二者系从不同角度对该礼容进行描述,其核心用意都是"谦恭"。因此,楚简《诗经》的"頯(俛)"字假借为"宛",是完全可能的。

综上所述,《葛屦》"左辟"一语确系礼容用语。《毛传》以之为女子初嫁进入夫家之仪,是合理的解说。明确这一点,可以进一步讨论诗篇的主旨。对此我们将专文另布,兹不赘述。

附记:本文初稿提交"第七届出土文献与中国文学史研究学术研讨会"(2018/10,聊城),现修订增删而成。

从伍子胥图咏论《天问》创作时地问题

张树国[*]

摘　要：《天问》为屈原"呵壁问天"的产物，具有"图咏"或咏史性质，其结尾部分有四个韵段隐括伍子胥叛楚投吴以及辅佐吴王阖庐伐楚入郢的武功，是《天问》神话和历史传说系列的最后故事。与此相对，《天问》对楚史的"图咏"只限于令尹子文降生以及堵敖被弑两件事，为楚国秽史。由此可见王逸所谓《天问》是屈原面对"楚先王之宗庙及公卿祠堂"壁画而作，不能令人信服。楚先王宗庙壁画应当图绘楚国神话和英雄传说，这是起码常识，而《天问》作为兴亡史诗截至春秋末期伍子胥故事，丝毫未涉及战国时事。现代学者认为《天问》是屈原在楚怀王时期流放汉北所见壁画，缺失基本证据。本文对伍子胥图咏本事以及"白蜺婴茀，胡为此堂"以及吴国先史的考证，证明此"堂"是春秋末期吴国神殿遗存，图绘夏商周三代兴亡往事均隐含了吴国本位的历史观。《天问》是屈原晚期被楚顷襄王流放陵阳（今安徽省池州地区）的九年之间，见到春秋吴国神殿遗存壁画"呵而问天"的产物，从而填补了屈原"陵阳九年"楚辞创作的空白。

关键词：天问　伍子胥图咏及本事　春秋吴国神殿遗存　陵阳

　　关于《天问》的创作动因，影响最大的就是王逸《天问序》所谓屈原放逐，"见楚有先王之庙及公卿祠堂，图画天地山川神灵，琦玮僪佹，及古

---

* 张树国（1965~），文学博士，杭州师范大学人文学院教授。

圣贤怪物行事"，于是就"因书其壁，何（一作呵）而问之"①，王逸认为《天问》是屈原看到楚国宗庙或公卿祠堂壁画而提出诸多疑问，共 172 问，将诗句题写在壁画墙壁之上，后来为楚人整理而成《天问》，因此出现了"文义不次序"的情况，这一说法在楚辞学史上具有压倒性的影响。游国恩先生《天问纂义》收集王逸以来 22 种说法②，主要集中在《天问》所谓楚国宗庙壁画的有无以及这个"先王之庙"是在汉北或江南问题。其代表作《楚辞概论》认为："大概是屈原头一回被谗去职以后放于汉北以前所作。"③ 林庚先生《天问笺释》认为："屈原自郢都出走后，曾徘徊在汉水一带，汉水上的宜城也即楚昭王的都都，而《天问》中所问的历史传说就正好是到楚昭王时代为止。这些巧合，至少可以为仰观图画于先王之庙的说法提供一个依据。"④《天问》丝毫未涉及战国时事，林庚先生将《天问》下限确定在楚昭王时期，是完全正确的。但值得注意的是，《天问》既未提到楚昭王熊珍之名，也未书写楚昭王在打退吴兵、灭唐沈胡等国和病殁军中的结局，却图绘了楚国死敌伍子胥逃楚入吴和伐楚入郢的功绩，这是最令人惊诧之处。潘啸龙《〈天问〉的渊源与艺术》（《中国社会科学》1988 年第 6 期）根据文化人类学理论，结合考古对壁画墓的发现，认为王逸《天问序》所谓屈原发现了"楚先王之庙及公卿祠堂"说"大致可信"。杨义《〈天问〉：走出神话与反思历史的千古奇文》（《中国社会科学》1998 年第 1 期）主要依据通行本《楚辞补注》对《天问》文本进行解读，认为"《天问》的诗学机制和结构形态的最重要特征"，"乃在于它吸取了楚国祠庙壁画表现形式的养分"，认为《天问》"大体遵循自宇宙起源、天地结构、神话传说、夏商周三代历史更替，以至于楚史和诗人感慨这么一个综合了时间顺序和寓意结构的天人之道相通的宏观结构"，需明确的是，《天问》所记"楚史"只见于最后第 94、95 两个韵段："何环穿自闾社丘陵？爰出子文？吾告堵敖以不长，何试上自予，忠名弥彰？"这段话共包括两件楚国秽史，一是楚国令尹子文（即斗縠於菟）因为其父淫荡而降生，二是楚王

---

① （汉）王逸、（宋）洪兴祖：《楚辞补注》，台湾艺文印书馆影明汲古阁本，2011，第 145 页。《楚辞补注》，白化文点校，中华书局，1983，第 85 页。
② 游国恩：《天问纂义》，《游国恩楚辞论著集》第二卷，中华书局，2008，第 1~9 页。
③ 《游国恩楚辞论著集》第三卷，第 80 页。
④ 林庚：《林庚楚辞研究两种》，清华大学出版社，2006，第 180 页。

堵敖被其弟楚成王所弑，却没有图绘楚国从开国到发展壮大历程中的英雄神话传说，这与古代宗庙壁画的宗旨大相违背。杨义注意到《天问》第 87 韵段"勋阖梦生"一节，将其解读为"吴王阖闾自少遭受离散流亡之苦，而到壮年以后重振吴国之事"，从而认为"他（阖闾）的画像似乎不应见于楚先王之庙及公卿祠堂，只能作为特例存在于诗人心中"，这一解释主要受王逸影响，很不准确，下文有论；杨义对 92~94 韵段"薄暮雷电"至"以及丘陵"描述伍子胥逃楚入吴以及与吴王阖闾伐楚入郢没有发明。

笔者研读诗篇本文，认为王逸"呵壁问天"之说有其合理性，因而将《天问》中的诗句韵段称为"图咏"，"图咏"必有"本事"。通过关键诗句部分的解读，纲举目张，以期达成对诗篇整体的理解，既是古典学，也是现代阐释学一个值得注意的方法。《天问》结尾 4 个韵段（第 87、92、93、94）图咏伍子胥的英雄传奇及吴王阖闾争夺君位、伐楚入郢的史诗性壮举，可以说是《天问》一诗的"诗眼"。因为自王逸以来学者解释不正确，甚至存在一定的歪曲，其诗意一直湮没不彰。本文依据出土文献将这一史实完整考证出来，从而对《天问》创作主旨及屈原的创作动机、流放行踪等一系列重大问题，提供一个富有启发性的阐释角度。

一 《天问》结尾伍子胥图咏及本事考证

本文据王力先生《楚辞韵读》，将《天问》分为 95 个自然韵段，第 87 韵段云："勋阖梦生，少离散亡。何壮武厉，能流厥严？"王逸注："勋，功也。阖，吴王阖庐也。梦，阖闾祖父寿梦也。寿梦卒，太子诸樊立……阖庐，诸樊之长子也，次不得为王，少离散亡放在外，乃使专设诸刺王僚，代为吴王。子孙世盛，以伍子胥为将，大有功勋也。"洪《补》："阖庐用伍子胥、孙武，破楚入郢。"[①] 王逸"章句体"解说虽然不准确，但认为此段与阖庐及伍子胥故事有关，具有一定启发意义。《天问》结尾还有 3 个韵段（即 92、93、94）自王逸以来解说不明，值得庆幸的是，《楚辞章句》保存几句异文，非常重要。下面先将 92~94 段及异文迻录于下，诗云：

> 薄暮雷电，归何忧？厥严不奉，帝何求？伏匿穴处，爰何云？荆

---

① 《楚辞补注》，中华书局，1983，第 115~116 页。

勳作师，夫何长（一云：夫何长先）？悟（一本作寤）过改更，我又何言？吴光争国，久余是胜。何环穿自闾社丘陵，爰出子文？（一云：何环闾穿社，以及丘陵？是淫是荡，爰出子文？）①

"夫何长"句当作"夫何长先"，"先"与"爰何云"之"云"文部合韵。"何环穿自闾社丘陵，爰出子文"与上文音韵不谐，意思也不连贯。刘永济认为："疑当从一本作'何环闾穿社，以及丘陵？是淫是荡，爰出子文'，上二句与上文'吴光争国'二句为一问，即《史记·楚世家》：楚昭王十年，吴王阖庐伐楚，破郢，伍子胥鞭平王墓事。"② 刘永济先生的解释很正确，"陵"与上句"胜"蒸部合韵。"是淫是荡，爰出子文"，指楚国斗伯比"淫于䢵子之女，生子文焉"，"子文"即斗穀於菟，后来成为楚国令尹，其事见《左传·宣公四年》。引文在《天问》中最为难解，游国恩《天问纂义》列举自王逸以来共29种解说，归为四类：（1）屈原自况说，持此说者有王逸、汪仲弘、黄文焕、李群玉等。（2）大舜说，王夫之《楚辞通释》云："此似言舜事。"（3）周公说，徐文靖"按《竹书》成王元年，周公出居于东"。（4）楚怀王客死说，见夏大霖所说。③ 除游先生罗列的上述解说之外，（5）林庚《天问论笺》认为此段是楚灵王因内乱而无所归事。④（6）刘永济认为"吴王阖庐伐楚，破郢，伍子胥鞭平王墓事"，已见上文。

随着近年来楚地简帛文献的大量出土，提供了相应的文字资料。杨琳《伍子胥事迹的新发现——〈天问〉"荆勳""勳阖"破译》（《社会科学战线》2000年第4期）可以说是一个值得注意的创获。该文认为87韵段"勳阖梦生"之"勳"、93韵段"荆勳作师"之"荆勳"即伍员。《说文解字·力部》："勳，能成王功也。从力，熏声。勋，古文勳，从员。"段玉裁注："员，声也，《周礼》故书'勳'作'勋'。"⑤ "荆勳"即"荆勋"，表明

① 《楚辞补注》，第117~118页。
② 刘永济：《屈赋通笺》，中华书局，2007，第162~163页。
③ 游国恩：《天问纂义》，游宝谅编《游国恩楚辞论著集》第二卷，中华书局，2008，第457~461页。
④ 《林庚楚辞研究两种》，第243页。
⑤ （清）段玉裁：《说文解字注》十三篇下，上海古籍出版社，1988，第699页上。

"勋"为荆（楚）人，犹下文"吴光争国"之"光"为吴人而为"吴光"即吴公子光，由"吴光"知"荆勋"为子胥无疑。《左传·昭公二十年》记楚杀伍奢及其子尚，"棠君谓其弟员曰"句下注云："员，尚弟子胥。员，音云。"①《史记·伍子胥列传》云："伍子胥者，楚人也，名员。"②"员""勋"谐声相通，"荆勋"即"荆员"指楚人伍员，这一关键词的破译具有重要意义。

"伍员""伍子胥"之楚文字写法已多见于新出楚简，《清华简·系年》简81~82："灵王即世，竞平王即立，少师无期（忌）谗连尹奢而杀之。其子五（伍）员与五（伍）之鸡逃归吴。"③《系年》简82~83云："竞平王即世，昭王即立，五（伍）员为吴大宰，是教吴人反楚邦之诸侯，以败楚师于白（柏）举，遂入郢。"④《上博五·鬼神之明》简4云："及五子疋（即伍子胥）者，天下之圣人也，鸱夷而死。"⑤《郭店楚墓竹简·穷达以时》简9~10："子疋（胥）前多功后戮死，非其智衰也。"⑥既然战国楚文字已将伍子胥之名书作"五员""五子疋"，何以会在《天问》中不书作"荆员"而书作"荆勋"？需明确的是，"员"在上古楚文字中本来就是一形多义字，根据上下文可读为：（1）"损"，如《郭店简·老乙》简3："学者日益，为道者日员，员之或（又）员，以至亡（无）为。"今本"员"作"损"。（2）"慁"，《上博四·曹沫之阵》简5"君其无员"，整理者李零先生释"慁"，训为"忧"，见《说文·心部》。⑦（3）音假为"芸"，《郭店简·老子甲》简24："天道员员，各归其根。"今本《老子道德经上》作"夫物芸芸，各复归其根。"⑧"员"楚文字写法作："𢍺"（《郭店·老乙》简3）"𢍺"（《曹沫之阵》简5）"𢍺"

① 《左传》卷二十四，黄山书社，据壬辰年夏知津堂据宋刊巾箱本影印，2012，第6页。
② 〔日本〕泷川资言：《史记会注考证》卷六十六，第7册，北京文学古籍刊行社，1955，第3320页。
③ 清华大学出土文献与保护中心：《清华大学藏战国竹简》（贰），中西书局，2011，图版第80页，释文第170页。
④ 《清华大学藏战国竹简》（贰），图版第80页，释文第170页。
⑤ 马承源主编《上海博物馆藏战国楚竹书》（五），上海古籍出版社，2005，图版第154页，释文第317页。
⑥ 荆州博物馆：《郭店楚墓竹简》，文物出版社，1998，图版第27页。
⑦ 马承源主编《上海博物馆藏战国楚竹书》（四），上海古籍出版社，2004，第246页。
⑧ （晋）王弼：《老子道德经上》，《诸子集成》第3册，上海书店，1988，第9页。

（《郭店·老甲》简 24）"员"为"损""惯"之初字，写法也复杂多样。《天问》中楚文字写本"员"字很可能在秦汉隶变之时，为抄手书作"勋"或"勳"，"勳"经典多作"勋"，"员""勋"古今字。

这样，在了解"勳""勋"即"员"指伍员之后，上引《天问》诗句就可以解释通了。《天问》87 韵段"勳阖梦生，少离散亡。何壮武厉，能流厥严"，杨琳先生释"阖"为"盖"，《左传·襄公十七年》"皆有阖庐"，《晏子春秋·谏下》作"皆有盖庐"，《周礼·夏官·圉师》："茨墙则剪阖"，孙诒让《正义》"阖即盖之借字"。"勳阖梦生"即"员盖梦生"，指伍员大约也有为其母梦中所生的传说，这一解释正确无误。"阖"楚文字或书作"盍"，《上博七·吴命》简 10 记夫差之语"我先君盍"之下残断，"盍"即"阖庐"之"阖"，曹锦炎先生直接释作"盖"。① 《清华简二·系年》简 84、109、110 作"盍虏"②，即"阖庐"之侮辱性音译。张家山汉简《盖庐》简 55 背书书名"蓋（盖）庐"，释文云："蓋庐，又作阖庐，春秋晚期吴王。"③ 阖、盍、盖均为匣纽叶部，音同相通。"能流厥严"之"严"当作"庄"，金开诚等《屈原集校注》参考了多种刊本，云"避汉明帝讳而改"。④ 汉明帝名庄，"庄"与上文"亡"阳部合韵。这一段讲的是伍子胥出生之神异、年轻时的不幸遭遇以及报仇雪恨的经历，与阖间无关。

随着"勳""阖"的破译，《天问》92～94 韵段就可以解释通畅了。"薄暮雷电，归何忧"指费无忌谗害伍奢，招伍尚、伍子胥以图加害（见《左传·昭公二十年》）；"厥严不奉，帝何求"，杨琳认为"严"指伍子胥的严亲伍奢，"帝"指楚平王，楚平王要伍奢召子时，奢已明告平王，子胥势必不来。此处释"严"为严亲伍奢没问题，但释"帝"为楚平王则未安。因为无论春秋战国时期楚国怎样僭越，不遵周礼，但还没有发现楚王称"帝"的先例。"帝"字古音与商、适相近，《天问》"启棘宾商，《九辩》

---

① 马承源主编《上海博物馆藏战国楚竹书》（七），上海古籍出版社，2008，图版第 144 页，释文第 325 页。
② 清华大学出土文献研究与保护中心编《清华大学藏战国竹简》（贰），中西书局，2011，图版第 81、94 页。
③ 张家山汉墓竹简整理小组：《张家山汉墓竹简（247 号墓）》，文物出版社，2001，第 275 页。
④ 金开诚、董洪利、高路明：《屈原集校注》下册，中华书局，1996，第 411 页。

《九歌》"，清朱骏声《说文通训定声》认为"商"为"帝之误字"。① 商、商形近易讹，颜元孙《干禄字书》："商、商，上俗下正。"② 于省吾《楚辞新证》云："'帝'之讹为'商'者，金文晚期'帝'字也作'啻'。'啻'及从'啻'之字隶书多写作'商'，形近故易讹。"③ "帝""商"声纽同属端系，韵均为锡部入声，音近相通。"帝"字楚文字写法也与"適"（适）形近，如《郭店楚墓竹简·缁衣》简 16 "適容有常"（今本《缁衣》作"从容有常"，適、从意近连用）之"適"作"龕"④，辵部之上声符与"帝"字战国古文形近。可见今传本《天问》"帝何求"当作"適（适）何求"，这样诗句就解释通了，即"自己的严亲之命不遵奉，他（伍员）适欲何求？"

"伏匿穴处，爰何云？荆勳作师，夫何长先"意为："（伍子胥）昼伏夜行，穴居野处，到底想到哪里去呢？荆楚之人伍员兴师（伐楚），先从哪里开始、又为何旷日弥久？"《战国策·秦策三》记范雎云："伍子胥橐载而出昭关，夜行而昼伏。至于蔆水，无以饵其口，坐行蒲服，乞食于吴市，卒兴吴国，阖庐为霸"⑤，可作此句注脚。"悟过改更，我又何言"，林庚先生认为此句指楚昭王"代父受过，深有所悟"而言。⑥《史记·楚世家》云："昭王元年，楚众不说费无忌，以其谗亡太子建，杀伍奢子父与郤宛。宛之宗姓伯氏子嚭及子胥皆奔吴，吴兵数侵楚，楚人怨无忌甚。楚令尹子常诛无忌以说众，众乃喜。"⑦ "吴光争国，久余是胜"之"吴光"即吴公子光，即后来吴王阖庐，此句指伍子胥帮助阖庐谋杀吴王僚，争夺君位之事。于省吾《楚辞新证》"久余是胜"条认为"久"应读作厾即"厥"，"'厥'系指示代名词，指吴光言之。余，楚人自谓。这是说，吴光争得吴国之后，他战胜了楚国"⑧。"何环穿自闾社丘陵"异文作"何环闾穿社，以及丘

---

① （清）朱骏声：《说文通训定声》，中华书局，2011，第 905 页下。
② （唐）颜元孙撰、罗振玉注《干禄字书笺证》，《罗振玉学术论著集》第二集，上海古籍出版社，2010，第 535 页。
③ 于省吾：《泽螺居诗经新证》（附《楚辞新证》），中华书局，1982，第 264~265 页。
④ 黄德宽、何琳仪、徐在国：《新出楚简文字考》，安徽大学出版社，2007，第 6 页。
⑤ （西汉）刘向辑录《战国策》卷五，台湾九思出版公司，1978，第 186 页。
⑥ 林庚：《天问论笺》，《林庚楚辞研究两种》，清华大学出版社，2006，第 244 页。
⑦ 《史记会注考证》卷四十，第 2513 页。
⑧ 《泽螺居诗经新证》（附《楚辞新证》），第 273~274 页。

陵"，当以异文为准。"陵"与上文"久（厥）余是胜"之"胜"蒸部合韵。"环间穿社"之"環（环）"，刘永济先生举多例证明，乃"壞（坏）"之误字，"何壞（坏）间穿社，以及丘陵"与上文二句"言吴光破郢都，伍子胥鞭平王墓事也"①。"丘陵"当指楚平王之坟。《吕氏春秋·首时》："（子胥）九战九胜，追北千里，昭王出奔随。遂有郢，亲射王宫，鞭荆平之坟三百。"②《淮南子·泰族训》云："阖闾伐楚，五战入郢，烧高府之粟，破九龙之钟，鞭荆平王之墓，舍昭王之宫。"③《史记·伍子胥列传》云："及吴兵入郢，伍子胥求昭王，既不得，乃掘楚平王之墓，出其尸，鞭之三百，然后已。"④ 至于子胥是"鞭平王之墓"还是"鞭尸"，史家记载颇有不同。⑤ 现在发掘古代王墓可谓多矣，成旬累月不为功，至于出墓鞭尸所费时日在当时的战争环境下更不可测量，"鞭尸"之说是不可信的。"是淫是荡，爰出子文"则是另一个故事，后文将有论。

《天问》中的4个韵段用问话形式将伍子胥从出生到"少离散亡"到复仇楚国的经历简约地表达出来，子胥鞭平王墓为其结穴。那么，王逸所谓"楚先王宗庙壁画"中却描绘了叛国的伍子胥和楚邦殄灭、先王被"鞭墓"的惨象，是否合乎情理？由此可以得出初步印象，屈原所面对的神殿，可能不是王逸所谓"楚先王宗庙"，更可能是春秋吴国的神殿遗存。

伍子胥本事多见于传统史书，《左传·昭公二十年》记载伍奢与其子尚被杀，《战国策·秦策三》范雎论其"囊载以出昭关"，《吕氏春秋·孟冬纪·异宝篇》记载伍子胥来到江上与"江上之丈人"的对话，东汉初年赵晔《吴越春秋·王僚使公子光传第三》记载伍员与白公胜奔吴事比较详细，袁康、吴平《越绝书·荆平王内传第二》⑥ 记载伍子胥事与《吴越春秋》大同小异。值得庆幸的是在湖北云梦睡虎地 77 号墓出土了关于伍子胥故事的西汉竹简，据熊北生《云梦睡虎地 77 号西汉墓出土简牍的清理与编联》

---

① 刘永济：《屈赋通笺》，中华书局，2007，第 134 页。
② 许维遹：《吕氏春秋集解》，中华书局，2009，第 323~324 页。
③ （西汉）刘安：《淮南子》卷二十，《诸子集成》第 7 册，上海书店，1988，第 361 页。
④ 《史记》卷六十六，第七册，第 2633 页。
⑤ 泷川资言《考证》云：《楚世家》云：吴兵入郢，辱平王之墓，以伍子胥故也。《年表》：伍子胥鞭平王墓。《季布传》云：伍子胥鞭平王之墓。《淮南·泰族训》：阖闾伐楚入郢，鞭荆平王之墓，舍昭王之宫。云云。
⑥ （东汉）袁康、吴平撰，李步嘉校《越绝书校释》，中华书局，2013，第 17~20 页。

介绍，出土简牍放在一竹笥内，有一端在打井时遭受小部分破坏，大体上是被较平齐地截去了一小部分。① 《出土文献研究》"图版三"刊登了 J095-J102 共八行简文，笔者在熊北生先生释文基础上点断，并做补正，移录于下：

　　　　J95……之矣，其子二人皆出亡，一子五子尚，一子胥。胥老（笔者按："老"当作走）郑而　J96……之者。曰："杀其父而不来其子，不乃为大害乎？"楚王乃　J97……而子二人皆出亡，吾来之，其孰不入乎？五子奢对曰："君问其臣对　J98……也（笔者按：当作心）。夫尚为人也□（笔者按：□当作仁）且勇，来之必入矣。夫胥为人也，勇且 J99……使主君□寅（何有祖释'□寅'为'边竟［境］'②）有忧矣。"平王乃令人召五子尚。J100……以登泰行之山，而顾胃其舍人曰："去此＝国＝者　J101……行到河上，胃船人曰：渡我！吾先人有良剑，其□（何有祖认为原字作隉，当训'值'）之千。"　J102……对曰："楚平王令曰：有能得五子胥，予之田百万亩与千斤田。"

　　笔者比较图版内容与《越绝书·荆平王内传第二》③，发现两篇几乎完全相同。《越绝书》《吴越春秋》虽成于东汉初年，但其故事来源可能很早，与竹简本承接紧密，而且保存了许多吴国先史记忆和大量掌故，除去一些明显虚构的小说家言之外，应该是可信的史料，对解释《天问》诗句具有重要参考价值。《天问》在复仇故事之外讲述了伍子胥的出生及逃亡，而且是以伍子胥为《天问》全篇最后的英雄，这不是偶然的。《天问》主题一方面注重对英雄传说人物的出生和死亡的追问；另一方面与其"呵壁问天"的创作方式密切相关，伍子胥伐楚故事可能就是神庙墙上系列图绘的结尾。就目前研究结果可以确信，《天问》本文没有战国时期的史实。屈原所面对的神庙壁画将楚国描绘得如此不堪，却将春秋吴国的军事成功作为《天问》的最后结局，那么这个神庙是否属于楚国、建在楚地？如若不是，到底建在哪里呢？

---

① 见《出土文献研究》第九辑，中华书局，2010，第 37~41 页。
② 《睡虎地 77 号西汉墓出土简牍札记》，《简帛》第五辑，上海古籍出版社，2010，第 402 页。
③ （东汉）袁康、吴平：《越绝书》，上海古籍出版社，1985，第 5~7 页。

二 《天问》为屈原流放陵阳时面对吴国神殿壁画遗存而作

《天问》结尾记载了吴王阖闾与伍子胥伐楚胜利的故事，但在占领郢都之前，为争夺"吴头楚尾"的"群舒"（今皖南地区）之地，与楚国进行了旷日持久的战争，这段历史与《天问》创作密切相关。《左传·文公十二年》记载"群舒叛楚"，杜预注："群舒，偃姓，舒庸、舒鸠之属，今庐江南有舒城，舒城西南有龙舒。"孔疏引《世本》"偃姓，舒庸、舒蓼、舒鸠、舒龙、舒鲍、舒龚，以其非一，故言属以包之"。① 因为是同宗异国，总名为群舒，大致在今安徽舒城县、庐江县、巢县一带。徐旭生《徐偃王与徐楚在淮南势力的消长》认为"这一群戴'舒'名的小部落全是从徐方分出来的支部"②。早在楚穆王三年（前623）连续灭江、六、蓼、舒、宗等"群舒"。③ 但是随着吴国的崛起，这些"群舒"之国皆为吴国所夺取。《春秋·成公七年》："吴入州来。"（今安徽凤台），同年《左传》记载"蛮夷属于楚者，吴尽取之，是以始大，通吴于上国"④。"蛮夷"即这些群舒国家。从吴王寿梦始通于上国（前584）到吴王阖闾以这些"群舒"之地为跳板，伐楚胜利，攻占郢都（前506），前后80余年。其为《天问》所未涉及的后事是，在占领郢都以后，吴军内讧，外部加上秦楚联军打击，吴国被迫撤军。在伐楚归来以后，阖闾伐越战死，夫差即位，后来伍子胥被逼自杀，以上许多情节在《天问》中都没有反映。在《天问》诸多神话及英雄传说中，伍子胥出场最晚，可以说是截至春秋末期的最后一位英雄，其辅佐吴王阖闾伐楚胜利对于春秋吴国这个蕞尔小邦来说，无疑是一个史诗性的壮举。到夫差二十三年（前473）吴国被越国灭亡为止，吴国在群舒之地经营一百多年。而吴国灭亡以后，其故国无锡、姑苏宗庙社稷化为丘墟。因此，本文认为，《天问》"图咏"的这座神殿很可能是春秋吴国建造在皖南"群舒"土地上而幸免于焚毁。那么，屈原是在其生命的哪个阶段以及怎样来到这个"吴头楚尾"的蛮夷之地的？

---

① 《春秋左传正义》，《十三经注疏》（嘉庆版），中华书局，2010，第4019页上。
② 徐旭生：《中国古史的传说时代》，广西师范大学出版社，2003，第195页。
③ 何浩：《楚灭国研究》，武汉出版社，1989，第6页。
④ 《春秋经传集解》卷十二，《汉魏古注十三经》（四部备要本），中华书局，1998，第191～192页。

在春秋末期吴国灭亡（前473）二百年后，屈原被楚顷襄王流放到"陵阳"（今安徽池州）即《春秋》经传所谓"群舒"地区。笔者《鄂君启节与屈原研究相关问题》（《文学遗产》2018年第1期）一文，通过《鄂君启·舟节》铭文的考定，指出所谓"逾江，就彭射（泽），就松（枞）阳，入泸江，就爰陵"，表明由泸（庐）江而上就到了陵阳县所在地。《九章·哀郢》云：

> 当陵阳之焉至今，淼南渡之焉如？曾不知夏之为丘今，孰两东门之可芜？心不怡之长久今，忧与愁其相接。惟郢路之辽远今，江与夏之不可涉。忽若不信今，至今九年而不复。

从诗中可知屈原在陵阳生活了九年。唐李吉甫《元和郡县图志·江南道四》"池州"条："陵阳山，在县北三十里。"① 清代蒋骥云："旧说顷襄迁原于江南而不著其地。今按：发郢之后，便至陵阳。考前后《汉志》及《水经注》，其在今宁、池之间明甚。"② 首次提出屈原流放于庐江郡境之陵阳（今属安徽池州）。姜亮夫《楚辞通故·地部》"陵阳"条引《水经·沔水注》"南江……又东，旋溪水注之，水出陵阳山下，迳陵阳县西"，认为《哀郢》之"陵阳"当指陵阳县。③ 据游国恩《论屈原之放死及楚辞地理》后附《屈原年表》，屈原于顷襄王十三年（前286）58岁时再放于陵阳，在此停留九年。顷襄王二十一年（前278）屈原66岁，自陵阳乘船逆江西南行，"作《哀郢》以见意"④。但屈原陵阳九年到底创作了哪些作品，研究现状是一片空白。《天问》应是屈原流放陵阳期间，在"彷徨山泽"时发现了一座与楚国宗庙建筑风格完全不同的神殿，其中描绘了楚国秽史，以及伍子胥叛楚和入郢复仇的史诗性图画，于是"呵壁问天"，写下了《天问》这部伟大作品。

据王逸《天问序》所言，《天问》是屈原流放之中对着"楚先王宗庙及公卿祠堂"壁画的追问，先将类似"图咏"的诗句书于壁上，后经"楚人"

---

① （唐）李吉甫：《元和郡县图志》卷第二十八，中华书局，1983，第690页。
② （清）蒋骥：《山带阁注楚辞》，中华书局上海编辑所，1958，第126页。
③ 《姜亮夫全集》第1卷，云南人民出版社，2002，第336页。
④ 《游国恩学术论文集》，中华书局，1989，第51页。

整理，所以"文义不次序"，这一说法有其合理性。《天问》是对天地诸神神话及三代英雄传说的"图咏"，首先突出表现在对神话主题的描述上，囊括了几乎所有的上古神话母题；其次，《天问》"图咏"具有"看图说话"性质，与《山海经》这本古地理书具有相似性；最后，《天问》"图咏"突出表现为对夏商周三代明君、昏君及暴君政治的历史寻绎，体现在对昏暴之君的谴责上。其叙事根据的是壁画的空间布局而非历史时间顺序。但图画中伍子胥伐楚故事及其起因，王逸的解释难以自圆其说。除此之外，王逸所谓"楚先王及公卿祠堂壁画"说法有诸多不能自圆之处。

第一，《天问》共95个韵段，描写大洪水时代以来至伍子胥的英雄传说，何以描写楚国只有不堪为外人道的结尾三句，即"是淫是荡，爰出子文？吾告堵敖以不长，何试上自予，忠名弥彰"？这三句包括两件事：一是子文即斗穀於菟的降生，据《左传·宣公四年》记载，是其父斗伯比"淫于郧子之女"而生，被弃于云梦泽中，为虎乳育，故名"於菟"，后来成为楚国的令尹。子文家族属于春秋初年楚国先公若敖氏后裔，后因子文族侄越椒造反而被夷灭，子文临终之言"若敖氏之鬼不其馁而"最终应验了。另一件事是"堵敖"被其弟即后来的楚成王所杀。《左传·庄公十四年》记楚文王灭息，杀息侯夺其夫人，"以息妫归，生堵敖及成王焉"[①]。清华简《系年》简28~29记楚文王伐賽（息），"杀賽（息）侯，取賽（息）为（妫）以归，是生堵嚻及成王"[②]。"嚻""敖"声通。《史记·楚世家》："（楚文王）十三年卒，子熊囏立，是为庄敖。庄敖五年，欲杀其弟熊恽。恽奔随，与随袭杀庄敖代立，是为成王。成王恽元年，初即位，布德施惠，结旧好于诸侯。"这段记载与上文《天问》之"问"比较合拍。"庄敖"《春秋》经传作"杜敖""堵敖"，杜、堵声纽均属端系，鱼部叠韵相通。《天问》"何试上自予"之"试"通"弑"，职部书纽入声。刘永济引汉石经公羊残碑："何隐尔？试也。""试"作"弑"[③]。王逸《章句》"堵敖楚贤人也"一段造作故事，荒唐无稽。

第二，从《天问》诗中可知，神殿壁画只描绘了这两幅楚国秽史，却

---

① 《春秋左传正义》卷九，《十三经注疏》（嘉庆版），第3845页上。
② 《清华大学藏战国竹简》（贰），第53页。
③ 《屈赋通笺》，第134页。

没有描绘楚国神话及英雄传说。楚国的创立和发展充满了英雄主义精神，所谓"筚路蓝缕，以启山林"（《左传·宣公十二年》）。张正明先生《楚史》用了八章篇幅讲述楚国从传说时代的"祝融八姓"到吴师入郢以前的开拓史。① 在《左传》等书中有详细记载，又见于出土竹简《楚居》《系年》等篇。笔者《新出文献与楚先逸史及相关文学问题》〔《北京大学学报》（哲社版）2013 年第 6 期〕据金文、简帛文献对楚公时代的神话传说对此有详细论述。如果认为屈原面对"楚有先王之庙及公卿祠堂"之类而作《天问》，则难以解释何以没有图绘楚国开拓疆土的历代君臣，唯独图绘叛国并给楚国造成深重灾难的伍子胥。

第三，屈原之问只提到令尹子文降生及堵敖被弑就戛然而止了，估计还有更加不堪的有关楚国秽史的壁画内容，屈子就不愿道及了。若是楚国先王神殿，在屈原时代，断无废弃之理，也就没有"呵壁问天"之说了，而《天问》中伍子胥故事图咏则是解开历史之谜的钥匙。那么，王逸所谓"呵壁问天"说在《天问》中是否有文本依据？《天问》第 41 韵段云：

白蜺婴茀，胡为此堂？

王逸《章句》云："蜺，云之有色似龙者也；茀，白云逶移若蛇者也。言此有蜺茀气，逶移相婴，何为此堂乎？盖屈原所见祠堂也。"《补》曰："蜺，雄虹也。茀，音拂。"② 王逸《章句》及以后诸家如明汪瑗《楚辞集解》、黄文焕《楚辞听直》等均以《列仙传》所载崔文子学仙于王子乔事解之，《列仙传》乃西汉晚期刘向所辑。蒋天枢先生认为："叔师以崔文子学仙王子乔故事说之，此故事是否在战国间已流行，无可考。"蒋先生释"白蜺"即《九章·悲回风》"处雌蜺之标颠"之"蜺"，训"婴"为"绕"、"茀"为"蔽"③，皆正确无误。《尔雅·释天》"蜺为挈贰"，郭璞注："蜺，雌虹也。""虹"即"蜺"（霓），早见于甲骨卜辞：

---

① 张正明：《楚史》，中国人民大学出版社，2010，第 1~187 页。

② 此处中华书局版《楚辞补注》点校有误，笔者据台湾艺文印书馆 2011 年影明汲古阁本重校，第 171 页。

③ 蒋天枢：《楚辞校释》，上海古籍出版社，1989，第 211 页。

有出虹，自北饮于河。(《合集》10405 反)①

"虹"字卜辞中凡三见，均作""，双头龙形。郭沫若《卜辞通纂》"虹"释作"蜺"，"象雌雄二虹而两端有首"，"盖古人以单出者为虹，双出者为蜺也"②。陈梦家《综述》认为："《楚辞·远游》和《西京赋》有'雄虹'，《悲回风》有'雌霓'，卜辞虹字象两头蛇龙之形。"③《山海经·海外东经》："䖢（郝懿行案：虹）在其北，各有两首。"④ 宋玉《九辩》"骖白霓之习习兮，历群灵之丰丰"，"白霓"即"白蜺"，即白色双头龙。薛爱华（Edward Hetzel Schafer）认为，"以彩虹形态出现的龙"之所以称为"雌霓（蜺）"，是因为"在中国的早期作品中，空中的那道彩虹，象征着美丽的雨之女神"⑤。"婴"为缠绕之意，《一切经音义》卷二十一："婴，犹缠绕也。"⑥ "茀"，洪《补》"音拂"，茀、拂谐声相通，上古音读若"蔽"，《卫风·硕人》："翟茀以朝"，《毛传》："茀，蔽也。"⑦《史记》本《怀沙》"修路幽拂兮"之"拂"，《章句》作"蔽"。"胡为此堂"之"堂"，《说文》："堂，殿也。从土，尚声，籀文堂从高省。"⑧《释名·释宫室》："堂，犹堂堂，高显貌也。"⑨ "堂"往往修得很高，为祀神娱乐之所。《楚辞·招魂》："高堂邃宇，槛层轩些。层台累榭，临高山些。"⑩《淮南子·本经训》论古代明堂之制："堂大足以周旋理文，静洁足以享上帝，礼鬼神，以示民知俭节。"⑪《天问》中的"堂"即万神殿，图绘原史时代的神话与英雄传说。"白蜺婴茀，胡为此堂"两句意为："白色双头蜺龙缠绕

---

① 中国社科院历史所：《甲骨文合集》第四册，中华书局，1982，第 1533 页。
② 郭沫若：《郭沫若全集·考古编》（二），科学出版社，2002，图版第 102 页，释文第 387~388 页。
③ 陈梦家：《殷虚卜辞综述》，中华书局，1988，第 243 页。
④ （清）郝懿行：《山海经笺疏》卷九，巴蜀书社据光绪十二年上海还读楼校刊印行，1985。
⑤ 〔美〕薛爱华（Edward Hetzel Schafer）：《神女——唐代文学中的龙女与雨女》，程章灿译，生活·读书·新知三联书店，2014，第 22~23 页。
⑥ 玄英：《一切经音义》卷二十一，上海古籍出版社，2008，第 440 页上。
⑦ 《毛诗正义》卷三，《十三经注疏》（嘉庆版），第 680 页
⑧ （东汉）许慎：《说文解字》，中华书局，1981，第 287 页上。
⑨ （东汉）刘熙撰，（清）毕沅疏证，王先谦补《释名疏证补》，中华书局，2008，第 188 页。
⑩ （南宋）朱熹：《楚辞集注》，江苏广陵古籍刻印社据《古逸丛书》本影印，1990，第 171 页。
⑪ 刘文典：《淮南鸿烈集解》，中华书局，2013，第 318 页。

着（梁栋楹柱之类），被遮蔽的神堂，为何建造的呢？"可见连屈原也不知道这个"神堂"是谁人建造又是何时废弃的。从上文屈原问语中可以了解到，壁画描绘了楚国秽史的内容，其不为楚国祠堂是显然的。这个神堂的建造风格与楚国如此不同，壁画内容如此丰富刺激和别具一格，对屈原产生了极大的视觉冲击力，类似于比较文化学中常见术语"文化震惊"（culture shock），于是书写了 95 个韵段，172 个追问。试想如果没有强烈好奇心激发起的创作冲动，怎么会留下彪炳史册、无人继踵的伟大作品！

那么这个神殿是否有可能为春秋吴国的建筑遗存？吴国早在屈原之前两百年（前473）就被越国灭亡了。《左传·哀公二十二年》："冬十一月，丁卯，越灭吴。请使吴王居甬东，辞曰：'孤老矣，焉能事君？'乃缢，越人以归。"① 古代国家灭亡，情景至为悲惨，正如越王句践所说"吴国为不道，求残我社稷宗庙，以为平原，弗使血食。"② 《墨子·所染》："所染不当，故国家残亡，身为刑戮，宗庙破灭，绝无后类。"③ 吴国属于春秋战国之际绝嗣国家，宗庙、社稷、图籍之类早已不存，但吴国故地仍保存着一些先朝记忆，类似《天问》所说的建造样式在《吴越春秋》中有记载，《阖闾内传第四》记伍子胥造城，云："吴在辰，其位龙也，故小城南门上反羽为两鲵鱐，以像龙角。"④ 孙诒让释"反羽"即"反宇"，《释名·释宫室》云："宇，羽也，如鸟羽翼自覆蔽也。"⑤ 此谓吴小城南门门台甍宇反起为美观也；又释"鲵鱐"为"蟉绕"，谓下挠"栋"字。⑥ 屈原所见"神堂"可能也属于这种"反羽"式建筑，所谓"如鸟羽翼自覆蔽"与上文"萧"（训"蔽"）也紧相关联。据石兴邦先生研究，古代东南沿海盛行鸟崇拜风俗，反映在陶器、佩饰之上，自然也反映在房屋建构之上。⑦ 上文"鲵""蜺"，"鱐""绕"谐声通假。但孙诒让以"鲵（蜺）"为"蟉"之误，

---

① 《春秋经传集解》卷三十，《汉魏古注十三经》（下），《四部备要》本，中华书局，1998，第 438 页下。

② （清）徐元诰：《国语集解》，中华书局，2002，第 556、561 页。

③ （清）孙诒让：《墨子间诂》，中华书局，2009，第 18 页。

④ 周生春：《吴越春秋辑校汇考》，上海古籍出版社，1997，第 40、42 页。

⑤ （汉）刘熙：《释名》，中华书局，2016，第 78 页。

⑥ （清）孙诒让：《札迻》卷三，中华书局，2006，第 84 页。

⑦ 石兴邦：《我国东南沿海和东南地区古代文化中鸟类图像与鸟祖崇拜的有关问题》，田昌五、石兴邦主编《中国原始文化论集——纪念尹达八十诞辰》，文物出版社，1989，第 234~266 页。

此说不正确。"螭"（来纽幽部）与"鲵"（蜺，疑纽支部）声韵远隔，不能相通。螭即虬，《楚辞·离骚》："驷玉虬而乘鹥兮"，王逸注："有角曰龙，无角曰虬。"① 《龙龛手鉴·虫部》："虬，渠幽、居幽二反，无角龙也。"② 所谓"无角曰虬"即大蛇，《汉书·司马相如传》载《大人赋》："骖赤螭青虬之蚴蟉宛蜒"，王先谦注："官本虬作蛇。"③ 越为大禹之苗裔，盛行蛇崇拜。而吴文化来自西周，盛行龙崇拜。《御览》卷 183 引《吴越春秋》述子胥造城，立"蛇门"，表示"吴在辰，其位龙；越在巳，其位蛇，示越属吴也"，"故小城南门作龙，以厌蚘气也"④。又曰："吴赦越王，使归国，送之于蛇门外，大纵酒，群臣祖道。"⑤ 蜺为双头龙，为吴的图腾，"蚘"（蛇）指越。唐陆广微《吴地记》"盘门"云："古作蟠门，尝刻木作蟠龙镇此，以厌越。"⑥ 宋代朱长文《吴郡图经续记》卷上《城邑》云："阖庐乃委计于子胥，使之相土尝水，象天法地，筑大城周四十里，小城周十里，开八门，以象八风。"⑦ 这种龙蜺盘栋以厌胜螭蛇的建筑与《天问》"白蜺婴茀"的描述相同，或即伍子胥之所独创。神堂壁画所绘吴国立国的历史传说，在正统史书中多语焉不详，幸亏《天问》之保存。

三 《天问》中吴国先史与吴国本位的夷夏史观

《天问》第 53 韵段云："吴获迄古，南岳是止。孰期去斯，得两男子？"王逸认为"两男子谓太伯、仲雍也"，吴太伯、仲雍"阴避让王季，辞之南岳之下，采药于是，遂止而不还也"⑧。"得两男子"之"得"当训为"投合""投契"，指荆蛮与太伯、仲雍契合。类似用法如"少师得其君"（《左传·桓公六年》），"其邦君臣父子其未相得"（《清华七·越公其事》），

---

① 《楚辞补注》，第 25 页。
② 释行均：《龙龛手鉴》卷二上，《丛书集成初编》，中华书局据函海本影印，1991，第 221 页。
③ 王先谦：《汉书补注》卷五十七下，中华书局，1983，第 1191 页上。
④ 《吴越春秋辑校汇考》，第 42 页。
⑤ 《太平御览》卷一百八十三，第 894~741 页下。
⑥ 《太平御览》卷一百八十三，第 472 页。
⑦ （宋）朱长文：《吴郡图经续记》，张海鹏：《学津讨原》第 11 册，广陵书社，2008，第 492 页。
⑧ 《楚辞补注》，第 104~105 页。

注谓"彼此相合"①。《字汇·彳部》："得，又合也，人相契合曰相得。"这一韵段的意思是："吴国先公（太伯、仲雍）获知父亲古公亶父的心思，于是到了南岳衡山；谁料到会离开这里，（荆蛮）会跟着这两男子？"这段吴国先史见于《史记·吴太伯世家》：

> 太王欲立季历以及昌，于是太伯、仲雍二人乃奔荆蛮，文身断发，示不可用，以避季历。季历果立，是为王季。而昌为文王。太伯之奔荆蛮，自号句吴。荆蛮义之，从而归之千余家，立为吴太伯。②

这段历史叙事已经不准确了。"太王"即古公亶父。《汉书·地理志》"吴地，斗分埜也"之后云："大伯、仲雍辞行，采药，遂奔荆蛮……大伯初奔荆蛮，荆蛮归之，号曰句吴。"③《吴越春秋·吴太伯传第一》："古公病，二人托名采药于衡山（注云：南岳），遂之荆蛮。"后来，"荆蛮义之，从而归之者千有余家，共立以为勾吴"。"归之"之"之"当指吴地。蒙文通《越史丛考》认为："是太伯所奔之族虽为荆蛮，而所奔之地则句吴也。释者皆谓句吴在无锡，非楚地也，更不得在汉水流域也。"④ 这些"荆蛮"基本上属于蒙文通所谓"江汉民族"之"苗蛮集团"，《史记·五帝本纪》"三苗在江淮、荆州数为乱"，《正义》："淮，读曰汇，音胡罪反，今彭蠡湖也。"⑤ 荆蛮即苗蛮，备受夏、商打压，因此在太伯、仲雍率领下在古越之地另觅新地。据《古本竹书纪年》记载："三十四年，周王季历来朝，武乙赐地三十里，玉十瑴，马八匹。""季历"即太伯、仲雍之弟王季，在商王武乙三十四年时来朝见，据此判断太伯徙吴当在商王武乙之世。《世本·居篇》"吴孰哉居藩篱"，宋衷曰："孰哉，仲雍字……藩篱，今吴之余暨也。"《居篇》又云"孰姑徙句吴"，宋衷曰："孰姑，寿梦也……句吴，太伯始所居地名。"⑥ 太伯之吴的具体位置，据《吴越春秋》记载："太伯祖卒，葬

---

① 清华大学出土文献与保护中心：《清华大学藏战国竹简》（七），中西书局，2017，图版第55页，释文第120页。

② 《史记会注考证》卷三十一，第五卷，第2064页。

③ （东汉）班固撰、王先谦补注《汉书补注》卷二十八下，第853页下。

④ 蒙文通：《古族甄微》，巴蜀书社，1993，第303页。

⑤ 《史记》（修订本）第1册，第34~35页。

⑥ （汉）宋衷注《世本八种》，王谟辑本，北京图书馆出版社，2008，第34页。

于梅里平墟。"元代徐天祐注云："即太伯故城之地。刘昭云：无锡县东皇山有太伯冢。"① 《汉书·地理志》："太伯卒，仲雍立，至曾孙周章。二年武王克殷，因而封之。"② 太伯、仲雍先到荆蛮"南岳"今湖南衡山地区，率荆蛮千余家迁于吴地后，乃以"衡山"命名新地，《左传·襄公三年》："楚克鸠兹，至于衡山。"杜预注："鸠兹，吴邑，在丹阳芜湖县东，今皋夷也。衡山在吴兴乌程县南。"③ 《吴越春秋·吴王寿梦传第二》："十六年，楚恭（《左传》作共）王怨吴为巫臣伐之也，乃举兵伐吴，至衡山而还。"《越绝外传记吴地传第三》多记吴地掌故，有一条很重要：

> 吴古故祠江汉于棠浦东。江南为方墙，以利朝夕水，古太伯君吴，到阖庐时绝。

"江汉"，清钱培名《越绝书札记》："'汉'原注一作'海'，按汉远于吴，作'海'是。"④ 张宗祥注"当作'江海'"，认为"吴地不及汉，何以祀汉？海则吴所应祀也"⑤。"汉""海"形音义差别很大，原书如此，岂能臆改？上文已论太伯、仲雍率"南岳"荆蛮之民东之吴地，故以"衡山"命名新地，而于"棠浦东"祭祀江汉，示其祖源有自，不忘旧也。《尚书·禹贡》："荆及衡阳惟荆州，江汉朝宗于海。"《传》："北据荆山，南及衡山之阳。二水经此州而入海，有似于朝，百川以海为宗。"⑥ 这一江汉之祀始于太伯，而终于阖庐。《史记·吴太伯世家》："余读《春秋》古文，乃知中国之虞，与荆蛮句吴，兄弟也。"⑦ "《春秋》古文"即《春秋左氏传》。

从上文"伍子胥图咏"及吴国先史的图绘，以及"白蜺婴茀"的建造风格来分析，这个神殿应该是春秋末期吴国建造的万神殿，其壁画图绘神话与三代古史传说。朱东润先生《楚辞探故》认为《天问》"是一篇最初

---

① （汉）赵晔撰、（元）徐天祐音注《吴越春秋》，台湾世界书局据景明弘治覆元大德本，1980，第37页。
② 《汉书补注》卷二十八下，第853页上。
③ 《春秋经传集解》卷十四，《汉魏古注十三经》（下），《四部备要》本，第216~217页。
④ （清）钱培名：《越绝书札记》，《越绝书·附录》，商务印书馆，1956，第10页。
⑤ 张宗祥：《越绝书》卷二，商务印书馆，1956，第11页。
⑥ 《尚书正义》卷六，《十三经注疏》（嘉庆版），中华书局，2010，第313页下。
⑦ 《史记会注考证》，第2105页。

的、最原始的同时最可信的楚辞"①。《天问》中 172 个绝世之问印证了这个神殿壁画的古老性，在古代神话传说遗存中是首屈一指的。王国维《殷卜辞中所见先公先王考》认为《天问》从"该秉季德"到"后嗣而逢长"（王力《楚辞韵读》第 57~62 共 6 个韵段）"此十二韵以《大荒东经》及郭注所引《竹书》参证之，实纪王亥、王恒及上甲微三世之事"②。与甲骨文考释相对应，证明殷商先公时代的历史，成为"二重证据法"的典范。《天问》图咏历史传说多有打破历史顺序之处，从上文对"白蜺婴茀，胡为此堂"的考证得知，屈原也不知道这个神殿是谁兴造又是如何废弃的。现在我们知道《天问》终篇于伍子胥图咏，记载了吴国的祖源传说，是春秋吴国神殿遗存，图绘体现了吴国本位的三代史观。

首先，吴国历史直接导源于太伯、仲雍率领姬姓族群在商王武乙之世，由西岐至南岳衡山（由陕西到湖南），与荆蛮南岳族群会合后，一起来到长江中下游江浙地区的史诗性迁徙，横跨傅斯年先生所谓"夷夏东西"的广阔地域，因此在吴国建造的神殿壁画中就保存了"夷夏东西"的神话传说。我们知道，在古史传说时代有三种重要学说：一是傅斯年"夷夏东西说"，认为三代史乃夷夏交争的历史，"夷与商属于东系，夏与周属于西系"③，吴国兼具夷夏部族的所有特点；二是蒙文通《古史甄微》所谓"三大区域"即江汉民族、河洛民族、海岱民族的说法，④ 太伯族群具有"江汉"苗蛮、"河洛"周部族以及"滨海"古越族三大部族成分；三是徐旭生《我国古代部族三集团考》所谓"华夏集团""苗蛮集团"以及"东夷集团"的区分，⑤ 同样太伯族群"三大集团"兼而有之。《天问》对英雄传说的叙述虽然基本上依据夏商周的朝代顺序，中间插叙尧舜故事，但从空间上可以分为夷东、夏西两大系统，如第 12~19 八个韵段讲鲧禹治水，第 31~32 两个韵段讲大禹与涂山女的传说，33~35 三个韵段讲述夏启故事，第 40 韵段说鲧"咸播秬黍"事，为"夏西"传说；第 36~39 四个韵段书写有穷氏后羿

① 朱东润：《朱东润文存》下，上海古籍出版社，2014，第 653~654 页。
② 王国维：《观堂集林》卷第九《史林一》，《王国维全集》第八卷，广东教育出版社、浙江教育出版社，2009，第 271 页。
③ 傅斯年：《民族与古代中国史》，河北教育出版社，2002，第 3~60 页。
④ 蒙文通：《古史甄微》，《蒙文通全集》第三册，巴蜀书社，2015，第 44、52、57 页。
⑤ 《中国古史的传说时代》，第 42~147 页。

之代夏及其结局，41～45 五个韵段叙述有穷氏浇为夏少康所杀，第 47～48 两个韵段说汤谋伐夏桀以及桀伐蒙山，第 54～65 十二韵段以及第 86 韵段言汤得伊尹、伊挚之事，用傅斯年先生的说法是"夷夏"交争的历史传说。

　　其次，《天问》第 66～72 七个韵段写到西周史迹，而第 77～83 七个韵段言先周史，这种历史时间的错位说明《天问》叙事依据壁画的空间顺序。就西周史迹来说，第 66～69 四个韵段言周伐殷，第 70 韵段言周昭王巡省南土死于江汉，第 71 韵段写穆王周流天下，第 72 韵段写周幽王因宠爱褒姒而被诛杀，西周结束，基本上见诸史籍；但《天问》第 74～76 三个韵段在痛诋商纣王之残暴以后，转向对西周前史的叙述，第 77～83 韵段叙述后稷降生、文王"受命"以及武王伐商的历史，这些先周神话传说同时也是吴国的祖源神话，是吴国保存的诸多先周时代的原史记忆，通过图绘商纣王的残暴，强调周初文武革命的合法性。

　　最后，《天问》对春秋霸主的描述只有齐桓公及吴王阖闾二人，却没有楚庄王。"春秋五霸"之名见于《孟子·告子下》"五霸者，三王之罪人也"，汉赵岐注："齐桓、晋文、秦缪（穆）、宋襄、楚庄是也。"[1] 一说为齐桓公、晋文公、楚庄王、吴王阖闾、越王勾践。《天问》对"五霸"之中先于吴王阖闾的晋文公（前 636～627 在位）、楚庄王（前 613～590 在位）均未述及。若《天问》为屈原见楚宗庙壁画而作，何以没有楚庄王开疆扩土、发扬蹈厉的"霸业"图绘，却画了"九合诸侯"伐楚的齐桓公和伐楚入郢的吴王阖闾？事实上，这个神庙没有图绘楚国的任何一位有作为的先王，其根本原因就是这个神殿不是楚国的宗庙。第 73 韵段"齐桓九会，卒然身弑"，图绘齐桓公"九合诸侯"以及夭折的霸业意在展示吴国的雄心。这种霸主雄心在吴王夫差身上体现得淋漓尽致，在击败越王勾践使之臣服之后，低估了这个肘腋之患，北上与齐、晋争夺姬姓国家联盟的领导权，正如《左传·哀公元年》伍子胥所言"介在蛮夷而长寇雠，以是求伯，必不行矣"，夫差杀害了忠言极谏的伍子胥，付出了惨重的代价，最后为勾践所灭。因此本文认为，这座春秋吴国神殿可能就建造于阖闾伐楚胜利后"群舒"归顺的一段时间。之后，吴国的战略中心转移到东南部与越王勾践的战争，西部对楚国采取守势。最后吴王夫差将柏举之战的重要同盟蔡国

---

① 《孟子注疏》卷十二下，《十三经注疏》（嘉庆版），中华书局，2010，第 6004 页上。

迁到"州来"之地，群舒之地全部放弃，笔者《蔡国旧事》有论。①

四 对屈原《天问》创作时地问题的学术重估

本文借助于屈原《天问》伍子胥图咏，考证屈原面对的神堂乃春秋末期吴国在"群舒"土地上的建筑遗存，其壁画以吴国为本位图绘三代神话与古史传说，其最后一位英雄是伍子胥，其最后历史事件是描绘吴王阖庐与伍子胥伐楚入郢的史诗性壮举，这个神殿兴造于伐楚入郢以后群舒归顺的一段时间，具有纪念碑特征。二百年后屈原被顷襄王流放到陵阳，发现了这座废弃已久的神殿，在强烈好奇心的驱使下创作了《天问》这部伟大作品。

王逸《天问叙》所云"因书其壁"而后"楚人因共论述，故其文义不次序"即后世楚人整理说，无法证实。就现在所见资料看，屈原赋最早编集者应是西汉淮南王刘安，战国时代不知由谁编集，《史记·屈原列传》："屈原既死，楚有宋玉、唐勒、景差之徒者，皆好辞而以赋见称。"未言编屈原集之事。战国楚考烈王二十二年（前241）"楚东徙都寿春，命曰郢"。"寿春"为春秋时群舒之邑，汉初属淮南国，《汉书·地理志》述吴地楚辞之盛，"淮南王安亦都寿春，招宾客著书。而吴有严助、朱买臣贵显汉朝，文辞并发，故世传《楚辞》"②。淮南王刘安所作《淮南鸿烈》二十一卷受到《天问》的明显影响。朱熹《楚辞辩证》云："大氏古今说《天问》者，皆本此二书（即《山海经》与《淮南子》）。今以文意考之，疑此二书本皆缘解此问而作。"③ 陈振孙《直斋书录解题》云："《楚辞集注》谓《山海经》《淮南子》殆因《天问》而著书，说者反取二书以证《天问》，可谓高世绝识，毫发无遗恨者矣。"④ 《淮南子》依《天问》之"问"作了诸多"天对"。到东汉安帝元初年间（114~120）王逸为校书郎注释《楚辞》，已距屈原之死将近四百年，其《天问叙》所谓屈原见"楚先王之庙及公卿祠堂"壁画而作《天问》只是一家之词，却成了后世学者的不祧之祖。

司马迁《屈原列传》对传主屈原的生平事迹多语焉不详，尤其对顷襄

---

① 《蔡国旧事——关于春秋蔡国兴亡的三种文本解读》，《中华文史论丛》2014年第1期。
② 《汉书补注》卷二十八下，第853页。
③ 《楚辞集注》，第254~255页。
④ （南宋）陈振孙：《直斋书录解题》，上海古籍出版社，1987，第435页。

王时期屈原流放陵阳的时间与事件未作记载，致使学者对《天问》的作期和创作动机认识不清。从《史记·屈原列传》"余读《离骚》《天问》《招魂》《哀郢》，悲其志"这条记载来判断，司马迁是读过《天问》的。笔者《汉初隶变楚辞与〈屈原贾生列传〉的材料来源》（《中华文史论丛》2018年第1期）考证司马迁所"读"乃汉初隶变文本，而非战国楚文字写本。《天问》为屈原晚期流放陵阳以后，在当地发现了这座建造风格迥异楚国的神殿，富有冲击力的壁画描绘丰富生动的神话和英雄传说，这些壁画内容通过博学的屈原充满理性主义的"卡塔西斯"（katharsis）式的追问，① 呈现在我们面前。《上博七·凡物流形》："凡物流形，奚得而成？流形成体，奚得而不死？"② 通篇以"问"语形式展开。《庄子·天运》："天其运乎？地其处乎？日月其争于所乎？孰主张是？孰维纲是？"③ 《天问》之"问"体成为探讨宇宙生命本源和历史奥秘的一种文学体裁，也是楚地文学特有的样式。

---

① 据陈中梅先生解释，katharsis 既可指医学意义上的"净洗"和"宣泄"，亦可指宗教意义上的"净涤"。见〔古希腊〕亚里士多德著《诗学》，陈中梅译注，商务印书馆，1996，第226页。

② 马承源主编《上海博物馆藏战国楚竹书》（七），上海古籍出版社，2008，图版第77页。

③ （清）郭庆藩：《庄子集释》，《诸子集成》本，上海书店，1986，第218~219页。

《九歌》祭时正考

韩　旭*

摘　要："《九歌》夜祭说"被学界奉为圭臬已近30年，在此期间见刊或付梓的众多涉及楚地祭祀制度的学术作品，悉数认同此说。载录先秦祭祀规则的历史文献中均无"夜祭"之说，直至汉武帝时才出现夜间"望拜太一"的"未应古制"之举。楚简反映的楚地祭时主要表现为以下两方面：第一，从数量上看，楚简中所见楚国祭时绝大部分在白天举行。第二，从祭祀规格上看，楚国的大型祭典中有且只有"夕祭"在夜间举行；而在楚国的民间祭祀中，不存在明显的祭时限制，如"五祀""内斋"之事，在白天或晚上举行均可。文章最后分析《九歌》原典文本，证明《东皇太一》至《山鬼》诸篇均为日祭。

关键词：九歌　夜祭　日祭　楚祭祷简

自屈原《九歌》行世两千余年以来，历代学者对其进行了大量研究。王逸《楚辞章句·九歌序》载：

> 《九歌》者，屈原之所作也。昔楚南郢之邑，沅湘之间，其俗信鬼而好祀，其祠必作乐鼓舞以乐诸神。屈原放逐，窜伏其域，怀忧若毒，愁思沸郁。出见俗人祭祀之礼，歌舞之乐，其词鄙陋，因为作《九歌》之曲。①

---

* 韩旭，南京师范大学文学院博士研究生，主要从事出土文献与楚文化研究。

① 洪兴祖撰《楚辞补注》，中华书局，1983，第55页。

今人李大明把此段文字与宋本《太平御览》对比发现，宋本《太平御览》将"其祠必作乐鼓舞以乐诸神"改写为"于夜必作乐鼓舞以乐诸神"①，由此李氏认为：《太平御览》校刻者应该见到了王逸《九歌序》原文，《九歌》乃是楚国夜祭时乐神娱人的乐歌。② 此种推论影响至巨，自此之后学界同仁便悉数认同此说，"楚人夜祭"成了楚国祭祀文化的代名词，至今未有质疑者。本文拟从传世文献、楚简材料以及《九歌》原典等角度，对楚国祭时进行综合探究，推定《九歌》所记祀典均为日祭。兹考论如次。

一 文献考察：从仪礼典籍以及史籍文献的角度

（一） 先秦史籍无夜祭

古有大事必卜的传统，在大型祭典举行之前，均应卜测凶吉，然后再礼祀天地神鬼。《史记·秦本纪》云：

> （文公）四年，至汧渭之会。曰："昔周邑我先秦嬴于此，后卒获为诸侯。"乃卜居之，占曰吉，即营邑之。③

与之相似，《周礼·春官宗伯》云：

> 凡祭祀之卜日、宿、为期，诏相其礼……祭之日，表齍盛，告絜；展器陈，告备。

孙诒让疏曰：

> "凡祭祀之卜日、宿、为期，诏相其礼"者，此卜日、宿、为期当为三事。卜日者，即大宰之"前期十日，帅执事而卜日"，在祭前十日者也。宿者，戒致齐，即《大宗伯》之宿，注云"宿，申戒"，在祭前

---

① 《太平御览》卷五百七十二《乐部十》，《四部丛刊三编》，上海书店，1985，第33页。
② 李大明：《〈九歌〉夜祭考》，《文史》1988年总第30期，第175~183页。
③ 司马迁：《史记》，上海古籍出版社，2015，第122页。

三日者也。……"祭之日，表齍盛，告絜"者，亦谓正祭日之旦明。①

在祭祀前十日要首先进行占卜，在祭祀前三日要开始行斋戒之礼，到正祭之日的黎明时分便开始行祭。《春官宗伯》章又有：

> 大祭祀，与执事卜日、戒及宿之日，与群执事读礼书而协事。祭之日，执书以次位常，辨事者考焉，不信者诛之。②
> 祭之日，逆斋，省镬，告时于王，告备于王。③

上引两句亦表明，在占卜、斋戒的仪式结束之后，然后便在正祭日的白天进行祭祀，且在正式祭祀时要随时向君王报告祭祀过程中的时辰、流程等情况。《周礼》中所录的全部祭时均类此，不再赘引。

《礼记·檀弓下》云：

> 是日也，以虞易奠。卒哭日成事。是日也，以吉祭易丧祭。明日，袝于祖父。④

此段文字所记述的并非是国家级的祭典，而是普通黎民的丧祭之法。这种民间丧祭也并是在白天举行。《礼器》载：

> 子路为季氏宰。季氏祭，逮闇而祭，日不足，继之以烛。⑤

"逮闇而祭"一句似乎可以看出一点夜祭之像，但是从"日不足，继之以烛"一句则可以看出在祭典刚刚开始之时，恰是"日足"之时。季氏所主持的这场祭祀应持续至傍晚时分，这与《九歌》中的《河伯》《山鬼》的祭时类似（详后"文本求索"节）。其下文又有：

---

① 孙诒让：《周礼正义》卷三七，中华书局，1987，第1471~1472页。
② 孙诒让：《周礼正义》卷五一，第2090页。
③ 孙诒让：《周礼正义》卷三六，第1443页。
④ 孙希旦：《礼记集解》卷十，中华书局，1989，第260页。
⑤ 孙希旦：《礼记集解》卷二四，第668页。

他日祭，子路与，室事交乎户，堂事交乎阶，质明而始行事，晏朝而退。孔子闻之曰："谁谓由也而不知礼乎？"①

"质明"即上引《周礼》之"旦明"，引文言子路参与的这场祭典的始祭时间在黎明，并且孔子对此种"知礼"之举激赏不已，足见日祭的合法性。

《郊特牲》载：

社祭土而主阴也。君南乡于北墉下，答阴之义也。日用甲，用日之始也。天子大社必受霜露风雨，以达天地之气也。是故丧国之社屋之，不受天阳也，薄社北牖，使阴明也。②

以阴阳学说验之，天为阳、地为阴，日为阳、夜为阴，因此在日间祭天理所应当。但从上文可以看出，即使受祀对象为具有"阴"属性的土地，古人也未在同样属"阴"的夜间进行祭祀。《祭义》的一条记载与这一祭则亦有同工之旨趣，可作旁证：

周人祭日（按：祭祀之时，非祭太阳）以朝及闇。祭日（按：太阳，下同）于坛，祭月于坎，以别幽明，以制上下。祭日于东，祭月于西，以别外内，以端其位。③

"日"属阳，因此白天祭日理所应当；而"月"属阴，且月出于夜，夜间祭月合于自然规律。但从《祭义》所载可知，古人正祭日、月之时，均由朝及闇。祭日于高坛之上，以近阳位，祭月于深坎之中，以近阴位；祭日于东，祭月于西——幽闇与方位相别而已。

又，《史记·殷本纪》云："帝武丁崩，子帝祖庚立。祖己嘉武丁之以祥雉为德，立其庙为高宗，遂作《高宗肜日》及训。"《集解》引孔安国曰："祭之明日又祭，殷曰肜，周曰绎。"④ 可见本次国家级的祭典用时两天，且

---

① 孙希旦：《礼记集解》卷二四，第668页。
② 孙希旦：《礼记集解》卷二五，第684～685页。
③ 孙希旦：《礼记集解》卷四六，第1216～1217页。
④ 司马迁：《史记》卷三，第70页。

只在白天祭祀。在各种传世史籍中所载录的先秦祭则中，均无夜祭之象。

（二）夜祭之则始见西汉考

秦并六国后，始皇虽有泰山封禅时的"罢黜儒生"及"焚书坑儒"等弃古之举，但先秦祭礼属于国家级祭典所必须参照或遵循的，此类典章制度属于"博士官所职"范围之内（按：秦代博士官即相当于皇帝在仪礼制度等方面的咨询顾问），所以未遭悉数焚毁的厄运："至秦有天下，悉内六国礼仪，采择其善，虽不合圣制，其尊君抑臣，朝廷济济，依古以来。"①及至汉代，礼仪颇有重新订改之势。《史记·封禅书》载：

> （高祖）问："故秦时上帝祠何帝也？"对曰："四帝，有白、青、黄、赤帝之祠。"高祖曰："吾闻天有五帝，而有四，何也？"莫知其说。于是高祖曰："吾知之矣，乃待我而具五也。"乃立黑帝祠，命曰北畤。有司进祠，上不亲往。②

秦时所祀四帝分别为少昊（白）、太昊（青）、黄帝（黄）、炎帝（赤），而刘邦却以汉世人主的身份，"毛遂自荐"为"黑帝"以充"五帝"之数，显然并非恪守礼法之君。

及至武帝时期，不合礼义之举开始甚嚣尘上。为了彰显自己的文治武功，武帝也生出泰山封禅之意：

> 天子既闻公孙卿及方士之言，黄帝以上封禅，皆致怪物与神通，欲放黄帝以上接神仙人蓬莱士，高世比德于九皇，而颇采儒术以文之。群儒既已不能辨明封禅事，又牵拘于诗书古文而不能骋。上为封禅祠器示群儒，群儒或曰"不与古同"，徐偃又曰"太常诸生行礼不如鲁善"，周霸属图封禅事，于是上绌偃、霸，而尽罢诸儒不用。③

---

① 司马迁：《史记》卷二三《礼书》，第981页。
② 司马迁：《史记》卷二八，第1127页。
③ 司马迁：《史记》卷二八，第1141页。

因武帝封禅礼器"不与古同"而提出建议的诸儒生，尽遭罢黜，武帝黜儒之举与始皇封禅黜儒之举遥相应承。其弃古坏礼之状，可见一斑。

"天神贵者太一"，武帝初次礼祀太一起因于亳人谬忌的建议：

> "古者天子以春秋祭太一东南郊，用太牢，七日，为坛开八通鬼道。"于是天子令太祝立其祠长安东南郊，常奉祠如忌方。①

这则材料证明：第一，古时祭太一是在白天；第二，武帝起初郊祭太一时乃按照谬忌所言在白天祭祀。谬忌奏祀太一在元光二年（前133），但是郊祭的地点在长安"东南郊"而非甘泉宫（按：甘泉宫位于长安西北）。从《汉书·郊祀志》所载王莽对元帝的奏文可知，武帝在甘泉宫礼祀太一之事在建元五年（前136），比谬忌奏祀太一要早三年。王莽言：

> （建元）五年十一月癸未始立泰一祠于甘泉，二岁一郊，与雍更祠，亦以高祖配，不岁事天：皆未应古制。②

此处共涉及"立泰一""雍更祠""事天"三事，班、马二人对建元五年武帝在甘泉宫立太一祠均避而不言，却分别提到了随后的"雍祠""事天"二事。百思不得其解之际，王莽一语中的：皆未应古制。但"立泰一""雍更祠，亦以高祖配""事天"三事，"皆"与古制不符之处者何在？

首先，武帝封禅"事天"之举不合古制，前文已论及。但"雍祠"而配以高祖并未有违古法。《孝经·圣治章》云：

> 人之行莫大于孝，孝莫大于严父，严父莫大于配天。

邢昺疏曰：

> 孝行之大者莫有大于尊严其父也，严父之大者莫有大于以父配天

---

① 司马迁：《史记》卷二八，第1133页。
② 班固：《汉书》卷二五，中华书局，1962，第1256页。

而祭也。①

邢疏又引《公羊传·宣三年》：

> "王者必以其祖配。王者则曷为必以其祖配？自内出者无主不行，自外至者无主不止。"言祭天则天神为客，是外至者，须人为主，天神乃止，故尊始祖以配天神，侑坐而食之。②

武帝以高祖配天而祭，是尊敬其祖刘邦的最高礼仪，也是祭天时"侑坐"之则的基本要求，合于古制。此次祭祀的不合古制之处实际在于"雍更祠"的"更""亦"二字上，两字都是"又一次"之义。在甘泉宫祠太一之后，武帝又郊雍祭天，均以刘邦之位配祭，根据"祭不欲数，数则烦，烦则不敬"③的法则来看，短期内频繁祭祀，确实"未应古制"。

依王莽意，武帝"立泰一"亦"未应古制"。按，《史记·乐书》：

> 汉家常以正月上辛祠太一甘泉，以昏时夜祠，到明而终。常有流星经于祠坛上。④

《汉书·礼乐志》：

> （武帝）以正月上辛用事甘泉圜丘，使童男女七十人俱歌，昏祠至明。夜常有神光如流星止集于祠坛。天子自竹宫而望拜，百官侍祠者数百人皆肃然动心焉。⑤

其次，先秦未有夜祠上天诸神之举，武帝却开始在夜间主祭太一；又，据《汉书》"天子自竹宫而望拜"可知，祭太一时，武帝所行乃望祀之礼。《尚

---

① 《孝经注疏》卷五，上海古籍出版社，2014，第 43 页。

② 《孝经注疏》卷五，第 44 页。

③ 孙希旦：《礼记集解》卷四六《祭义》，第 1207 页。

④ 司马迁：《史记》卷二四，第 993 页。

⑤ 班固：《汉书》卷二二，第 1045 页。

书·舜典》："岁二月，东巡守，至于岱宗，柴，望秩于山川。"① 《礼记·王制》："柴而望祀山川。"② "望祀" 只能用来礼祭比天神低一等的山川地祇，礼祭天帝之时本应 "亲拜" 或 "亲郊"。从中足见武帝坏礼之状，王莽奏言，诚不我欺。

二　楚简资料：从出土文献的角度

与传世史籍记录的先秦祀典规制相比，出土文献的相关记载更具说服力。目前楚地出土的战国简册共 14 种，③ 笔者选录部分与卜筮相关且与屈原生活时间（公元前 300 年左右）相当的内容，以考索彼时楚地祀则。兹列下表④：

墓葬编号	年代	身份（等级）	族属
葛陵 M1001	前 377 年	封君（卿）	楚同姓昭氏
天星观 M1	约前 339 年	封君（卿）	异姓番氏
秦家嘴 M13、M99	约前 339 年	士或庶	异姓
望山 M1	约前 331 年	下大夫	楚同姓悼氏
包山 M2	前 316 年	左尹（下大夫）	楚同姓昭氏
秦家嘴 M1	约前 283 年	士或庶	异姓凡氏
九店简	战国晚期早段	庶人	？

（一）葛陵、九店、望山、天星观、包山与秦家嘴简中的日祭

1. 葛陵简

（1）夏夕之月己丑之日，以君不怿之故，就祷三楚先屯一牂，璎之兆玉。壬辰之日祷之……（乙一 17）

---

① 曾运乾：《尚书正读》，中华书局，1964，第 19 页。

② 孙希旦：《礼记集解》卷十二，第 327 页。

③ 本文所引简文献除特殊标外，均出自陈伟等著《楚地出土战国简册［十四种］》一书，经济出版社，2010；为便于释讲习，竹简文字已隶定为通行字体，均不再一一标注。

④ 本表材料主要改编自晏昌贵《巫鬼与淫祀——楚简所见方术宗教考》一书，武汉大学出版社，2010，第 27~28、42 页。

（2）……己未之日，就祷三世之殇……（乙四109）

（3）择日于八月延祭竞坪王以逾到文君。（甲三201）

（4）……享月己巳之日，公子虢命赂生以卫苇……（乙四144）

（5）酉之日祭之，大牢，馈于黄李。（甲三304）

（6）酉之日，弋祷太、北方……（乙四148）

从（1）中的"君""祷三楚先屯"配以"瓔之兆玉"的母羊的记载可知，此种仪则记录的当是"诸侯宗庙之事"（《国语》语），且举行时间是在白天：因为君王身体有疾（"不怿"），首先由占卜者在"己丑之日"进行占卜，正祭时间在"壬辰之日"，即在占卜之后第三天的白天举行。这与《周礼》"宿，申戒在祭前三日者也"的记载相符，这也是楚文化承袭中原文化的证据。（2）（3）为祷祭楚先王的记录，（4）为楚人占卜祷祝之事，祷祝活动均在白天。从所用牺牲为"大牢"知，（5）记载的是一场受祭者神格较高的大型祭典，（6）则明言祭祠天神太一，这两种高规格的祭祀亦均在白天举行。

2. 九店简

（1）凡建日，大吉，利以娶妻，祭祀，立社稷，带剑、冠。（41、42、43、44）

（2）凡菌日，可以为小功（即"小祭祀"）。（63）

（3）凡坪日，利以祭祀，和人民。（51）

从这三条内容可知，无论是大祭祀还是小祭祀都在白天举行。

3. 望山简

（1）臭月丁巳之日，为悼固赛祷简大王、声……（10）

（2）辛未之日野斋……（106）

（3）……君戠牛。己未之日卜，庚寅内斋。（132）

（4）……之日，月馈东宅公。尝巫甲戌。祭……（113）

（1）为在白天祷祭楚简王、楚声王之事；（2）（3）均为白天祭祀无疑；（4）为每月馈食之祭礼，与《仪礼》所载馈食礼相类，确是在白天举行。

4. 包山简

（1）……冬尸之月癸丑之日，一祷于昭王……（205）

（2）……冬尸之月癸丑之日，一祷于文坪夜君、郚公子春、司马子音、蔡公子家，各戠豢，馈之。（206）

（3）……臭月丙辰之日，攻尹之功执事人頔与卫妆为子左尹佗举祷于新王父司马子音。（224）

上三条的记述总体类似，受祭的对象从楚昭王到楚国各公子，均为日祭。

5. 天星观简

（1）……冬夕之月甲寅之日，胡丁以保家为君月贞……（B）

（2）择良日冬夕赛祷宫地主一羊（142）

（3）择良日远夕之月享祭惠公（149）

（4）择良日冬夕至尝于社戠牛，馈之（155）

（1）的占卜过程在白天进行，虽然下部残缺，但是从（2）~（4）条内容以及葛陵、望山简的占卜与祭祀间的规律来看，即使下文有祭祀之事也应在白天。（2）~（4）结构类似，均有"择良日"一词，明显为白天祭祀。

6. 秦家嘴简

（1）……冬夕之月辛未之日，紫以其有疾之故，筮之于……（M1）

（2）乙未之日，赛祷五世以至新父母肥豢（M13）

（3）秋三月择良月良日，赛祷大地主一瑴，赛祷太……（M99）

（1）为祷祝祛病之事，只言在白天求筮，未言祭祀。（2）为礼祀五世之事，在白天举行。（3）为祭祀大地主、太一之事，从"择良月良日"看，此简所言的太一祭时与《九歌·东皇太一》的开篇第一句"吉日兮辰良"颇为相近，均是在白天祭祀无疑。

（二）出土楚简中的夜祭以及夜祭之则辨析

1.《清华简》中的夜祭之事及产生原因

最早记录楚人祭祀之事的当属清华简《楚居》篇，其在叙述楚先"筚路蓝缕"的艰辛创业史时说：

（熊绎）为楸室，室既成，无以内之，乃窃郚人之犆以祭。惧其主，

　　夜而尸。抵今日夕，夕必夜。①

　　"夕"为楚国月份名。楚先熊绎在丹阳一带立稳脚跟后初建祭堂，但却没有可供牺牲的小牛，于是楚人从相邻的鄀人处偷得一头，但又惧怕鄀人发觉此事，便只好偷偷在夜间祭祀。从此楚人一直到楚肃王时期②还保持着夜间夕祭的传统。

　　由《楚居》可知：

　　第一，楚人产生夜祭之则，并非今世学者推想的"不但鬼魅，而且神祇，都喜欢在夜间活动"③，或"楚人祷祠鬼神，重在夜间，这与当时人对鬼神活动规律的认识有关"④。李大明则在《〈九歌〉夜祭考》中径言："巫，作为通神降神之人，其活动常在夜间进行。"上述诸家推想均不足据。

　　第二，反观《楚居》中"惧其主，夜而尸"之"惧"字，恰恰说明祭天之事本应该在白天举行。但为何这种暗含不光彩记忆的"夜间夕祭"传统会被楚国史官毫不讳言地写进《楚居》中？《楚居》的另一条记载可为解决这个问题提供线索：楚先鬻熊之妻名曰妣隹，在生产熊丽的过程中，"丽不从行，溃自胁出，妣隹宾于天，巫并该其胁以楚，抵今日楚人"⑤。"楚"是南蛮之地习见的杂草，巫师用"楚"草包裹因难产而死的伟大母亲，他们此后便自称"楚人"以示对妣隹的纪念。这种以野草命名一个民族的举动，和楚人一直遵循的暗含不光彩记忆的"夜祭"之事旨趣颇同，这也如同楚人每次迁都后，都会把新的都城叫作"郢"一样。楚人不忘本源如斯。

　　第三，由"抵今日夕，夕必夜"知，楚人的国家级祭典中有且只有"夕祭"才在夜间举行。

　　2. 其他楚简中所包含的夜祭规则及产生原因

　　葛陵简中有如下一些记载引起了学界注意：

---

① 李学勤等编《清华大学藏战国竹简》（壹），中西书局，2010，第138页。
② 赵平安：《〈楚居〉的性质、作者及写作年代》，《清华大学学报》（哲学社会科学版）2011年第4期。
③ 萧兵：《楚辞的文化破译》，湖北人民出版社，1991，第527页。
④ 杨华：《新蔡简所见楚地祭祷礼仪二则》，《楚地简帛思想研究》（二），湖北教育出版社，2005，第262页。
⑤ 李学勤主编《清华大学藏战国竹简》（壹），第138页。

（1）……甲戌之昏以起乙亥之日荐之。（葛陵甲三 119）

（2）庚甲之昏以起辛酉之日祷之。（葛陵甲三 109）

（3）戊申之夕以起己［酉］……（葛陵甲三 126、零 95）

（4）［平］夜文君，戊午之昏以（起）……（葛陵甲三 116）

（5）……两又伍，丁巳之昏以（起）……（葛陵乙四 36）

（6）……戊申以起己酉祷之……（葛陵乙二 6、31）

葛陵墓主平夜君长期生病，因此简文大都为祛病除灾的祷祝之事。对于
（1）（2）（3）简，学者往往释"起"为"迄"或"极"，有"至、到"之
义，即平夜君祭祀鬼神之时，是从前一天的晚上一直举行到第二天的早上，
今世学者多以此肯定"楚人夜祭"说。细考其义，它们均与"楚人夜祭"
之事无关。

　　第一，《说文·走部》："起，立也。"段玉裁注："起本发步之称。"平
夜君很少"发步"走动、做事（如甲三 132、120 及 199 简多次强调平夜君
要多走动："以其不安于是处也，亟徙去""且疠不出……尚速出"）。《仪
礼·特牲馈食礼》云：

　　　　厥明夕，陈鼎于门外。　（《疏》：祭前一日之夕，视濯与视牲
　　之事。）①

此处明言主祭者祭祀前一日傍晚时分要检查礼器、牺牲之事，为正祭日做
准备，此种仪则要求平夜君应"起"而准备祭祀品物。因此，"甲戌之昏以
起乙亥之日荐之"应断续为"甲戌之昏以起，乙亥之日荐之"，即甲戌日傍
晚准备好祭祀品物，乙亥日开始正祭。这条简文尤其突出了祭祀的准备环
节，应引起学界足够的重视。（2）~（6）简都应如此断句，因此平夜君举行
的祭祀不在夜间。

　　第二，（1）~（5）简内容相似，但第（6）简却根本不见"之夕""之
昏"的字样。（1）~（6）的语法结构类似，均为"时间代词+'以起'+时
间代词+'荐'……"根据（1）~（5）的规律，若（6）简与"夜祭"有

---

① 《仪礼注疏》卷四四，北京大学出版社，1999，第 845 页。

关，则决不应省略"夕""昏"之语，由此可知（6）简内容与"夜祭"亦无关联。

第三，若上述祭祀均"在夜间举行而持续到第二天天亮"，即便健康人也难以承受，何况平夜君又是体弱多病之躯。此种祭法，与平夜君身体状况明显不符。

此外，望山简有：

……昏归玉于柬［大王］……（望山107）

这应是以"夕祭"之礼在傍晚祷祭楚简王的记录。从本简看，"夕必夜"之则至少保存到楚宣王时代，比《楚居》的完成时间稍晚几十年。还有一部分比较特殊的记录：

（1）甲申之夕，赛祷宫地主一殺，赛祷行一白犬（秦家嘴M99：1）

（2）……乙亥祷楚先与五山，庚午之夕内斋……（葛陵甲三134、108）

以上两简所载即夜祭之事，但它与"夕必夜"之则有何不同？欲解决本问题，应首先应厘清先秦祭礼中"大祀"与"小祀"的区别。

（1）受祀的对象是"宫地主"与"行"。根据包山M2出土的"五祀"神牌来看，（1）记录的是墓主曾举行过的"五祀"之祭。① 该"五祀"神牌并未被放入包山M2的祷祝遣册中，却与墓主其他生活用品一同随葬，从中可看出"五祀"应是一种非常小型的祭祷之礼。而民间"五祀"富于私人化色彩，并无严格的祭时限制。如同样祭"宫地主"，天星观142简为"择良日冬夕赛祷宫地主一牂"，祭时是在白天。《离骚》有："巫咸将夕降兮，怀椒糈而要之。"此句是当世学者认定"楚人祭祀，必在夜间"的又一条重要论据。但我们应首先了解屈原创作此句的基本背景：屈原对自身的去留问题向巫咸提出疑问，他"攻解"的对象是极具个人倾向的心灵问题，

---

① "五祀"分别为"户、灶、中溜、门、行"，"宫地主"属"中溜"范畴。详陈伟《包山楚简初探》，武汉大学出版社，1996，第165~169页。

也即是楚地民间"五祀"中的"行"。秦家嘴 M99：1 简"甲申之夕……赛祷行一白犬"，屈原所祷，与此完全一致。"五祀"之祷，白天、傍晚均可。因此以《离骚》"夕降"之句推证《九歌》之类的大型祭典也在夜间举行，实为不妥。

若欲理解（2）简内容，应首先从"内斋"一词着手。"内斋"可理解为"在室内斋戒"，是一种小型祭祀的准备仪式。同样是"内斋"，望山132 简为："己未之日卜，庚寅内斋"，此简所记"内斋"之事当是在白天无疑，即"内斋"之则无明显的时间限制。与"内斋"相对的是"野斋"，此种祭法较"内斋"规格更高，祭仪应在白天举行。如望山 106 简"辛未之日野斋……"的记录可为证明。

三　文本求索：从《九歌》原典的角度

想要确定《九歌》一文中真正的祭时，必须结合《九歌》原文。《九歌》中的神祇顺序与包山简册中的神灵受祀顺序总体相同（包山 215 号简中可见的受祠诸神分别为："太、后土、司命、司骨、大水、二天子、夕山"）。上述诸神之名被写在同一支简上，因此可知他们是同时受祀，只是按照"顺祀"的传统，存在着一定的先后受祀顺序。

（一）《东皇太一》

本文开篇的第一句为"吉日兮辰良，穆将愉兮上皇"，直接点明楚人这场祭祀盛典是在早晨举行。"吉日兮辰良"相错成文，犹"吉日良辰"，而"辰"即有"晨"义。如葛陵零 307 简：

> 己酉辰（晨）祷之。

此外，《礼记·郊特牲》中还有：

> 郊之祭也……祭之日……乡为田烛。

《孔疏》说：

> 郊祭之旦，丧者不哭，又不敢凶服而出，以干王之吉祭也。

《疏》又引郑注曰：

> 乡，谓郊内六乡也。六乡之民各于田首设烛照路，恐王郊祭之早。[1]

周天子清晨将郊祭上帝，但彼时天色尚黑，乡民担心这会影响到天子祭典的进行，于是纷纷在祭场道路两旁设烛照明。楚人祭祀东皇太一亦是在清晨，不仅与葛陵 307 简所载祭时相合，同时与周天子清晨郊祭上帝之仪相验。

（二）《云中君》

首先，根据"后土配皇天"的"配祭"之法，东皇太一为天神，配祭神云中君的受祀时间应与祭祀东皇太一的受祀时间相近。

其次，本文有"灵连蜷兮既留，烂昭昭兮未央"。《广韵》"烂，明也"；《说文·日部》："昭，日明也。"下文又有"灵皇皇兮既降，猋远举兮云中；览冀州兮有余，横四海兮焉穷"。"皇皇"与"昭昭"相类，均为"日明"义。"览冀州……横四海……"句的主语非为云中君，因为由神尸在祭台上扮演的云中君并不可能在四海九州岛"有余"或"无穷"，"览冀州……横四海……"句的真实主语应为"皇皇""昭昭"之光。屈原才华横溢地将云中君的尊贵神格比作泽被四海九州岛的晨光，间接地表明了云中君的受祀时间。

（三）《湘君》《湘夫人》

《湘君》："朝骋骛兮江皋，夕弭节兮北渚"；《湘夫人》："朝驰余马兮江皋，夕济兮西澨"。试以《湘君》句论之。

"弭节"为"停车休息"义，即湘君在早晨从江边驾车出发，傍晚到洞庭湖北的水边休息。本句极言湘君整日辗转寻觅心上人之态，亦当为楚人

---

[1]　孙希旦：《礼记集解》卷二五，第 692 页。

祭祀湘君时，扮演湘君的神尸在祭台上的行行止止，从"由朝及夕"的描写中即可看出日祭之象。《湘君》又有"望涔阳兮极浦"句，"极浦"意为"遥远的水边"。按，涔阳位于洞庭之南约一百公里之处。若是夜祭湘君，即使皓月当空，极目远眺亦不过百余米，从洞庭之畔定不能望见百公里外的涔阳。《湘夫人》也有"荒忽兮远眺，观流水兮潺潺"，本句与"望涔阳兮极浦"异曲同工，都只是在白昼才能窥见的远眺景观。再结合《湘夫人》中的"朝……夕……"句亦可知，楚人祭二湘之时节在白天无疑。

（四）《大司命》《少司命》

《少司命》："与女沐兮咸池，晞女发兮阳之阿"。"女"通"汝"，五臣云："汝，谓司命。"王逸注：

> 晞，干也。《诗》曰："匪阳不晞"。阿，曲隅，日所行也。言己顾托司命，俱沐咸池，干发阳阿，斋戒洁己，冀蒙天佑也。①

扮演二司命的两位神尸在受祭之时共浴于一池，沐浴后二司命共同在阳光下晒干身上的水汽。若二司命在夜间受祠，"共浴咸池"恐无足疑，但"晞发阳阿"则纯属不伦。

（五）《东君》

本章开篇几句为"暾将出兮东方，照吾槛兮扶桑""夜皎皎兮既明"，《康熙字典·日部》："暾，日始出。"在东君降临之前天色逐渐明亮，此时东君尚未降临祭台；而东君降临时的场景曰"灵之来兮蔽日"，足见东君之祭是在白天。

（六）《河伯》《山鬼》

《河伯》："日将暮兮怅忘归，惟极浦兮寤怀。"《山鬼》："留灵修兮憺忘归，岁既晏兮孰华予。"轮到河伯、山鬼登台受祀之时，《九歌》祭典已临入尾声，从"日将暮兮怅忘归"句中可看出河伯对时光匆匆的不舍。《河伯》中

---

① 洪兴祖撰《楚辞补注》，第73页。

的"惟（按：想念）极浦""日将暮"，可分别对应《山鬼》中的"留（按：留恋）灵修""岁既晏"。从上述"日暮而归""岁晏而归"的记载可以看出，《九歌》祭典在天色将暗之时便将结束，而"归"即有"祭典散场"之义，这也为我们重新考订《九歌》祭时提供了重要的文本支撑。

结　论

"《九歌》夜祭说"被学界奉为圭臬已近30年，在此期间见刊或付梓的众多涉及楚地祭祀制度的学术作品，悉数认同此说。但进行先秦祭祀制度研究，应在研读传世文本文献的基础上，再查考相应的出土文献证据，在此基础上做综合判断；并且先秦时的祭时制度较为复杂，亦不可一概而论之。载录先秦祭祀规则的历史文献中均无"夜祭"之说，直至汉武帝时才出现夜间"望拜太一"的"未应古制"之举。楚简反映的楚地祭时主要表现为以下两方面：第一，从数量上看，出土楚简所见楚国祭时绝大部分在白天举行。第二，从祭祀规格上看，楚国的大型祭典中有且只有"夕祭"在夜间举行；而在楚国的民间祭祀中，不存在明显的祭时限制，而是富于私人化色彩，如"五祀""内斋"之事，在白天或晚上举行均可。从对《九歌》原典的文本分析也可证明，从《东皇太一》至《山鬼》诸篇的祭时亦均为日祭。

文学与文体研究

清华《赤鹄》简文与中国小说源头元素的充实*

赵海丽**

摘　要：本文围绕清华简《赤鹄之集汤之屋》（简称《赤鹄》），通过对篇中人物形象塑造、叙事中的志人与志怪元素三个方面的内容逐一展开论述，指出《赤鹄》简文具有集志人与志怪于一篇之中，且叙事性、虚构性、形象性齐备的特点。清华简《赤鹄》篇充实了中国小说的源头元素，对后世中国小说作品的形成产生了深远的影响。

关键词：清华简　赤鹄　中国小说　志人　志怪

清华简《赤鹄》有简15支，三道编；简长45厘米，其中第一支和第二支简末端略有残缺，各损失一字，其他各简保存较好；简背有序号，书于竹节处；篇题写于第十五支简的背面，经科学测定该简为战国中晚期器物。清华《赤鹄》简文一经刊出，学者们就发出了诸多声音。李学勤考证该篇类似于先秦时代流行的伊尹故事①。黄德宽说："该篇佚文的发现有可能改写文学史家关于先秦无小说的结论。"② 谭生力直言这篇简文"为我们研究中国古代小说的源头提供新的价值线索"③。姚小鸥充分肯定其小说地

---

    *   基金项目：本文系国家社会科学基金重大项目"中华简帛文学文献集成及综合研究"（项目批准号：15ZDB065）阶段性成果之一。
  **   赵海丽（1964~），文学博士，山东交通学院教授，聊城大学简帛学研究中心成员。
  ①   李学勤：《新整理清华简六种概述》，《文物》2012年第8期。
  ②   黄德宽：《清华简〈赤鹄之集汤之屋〉与先秦"小说"——略说清华简对先秦文学研究的价值》，《复旦学报》2013年第4期。
  ③   谭生力：《由清华简〈赤鹄之集汤之屋〉看伊尹传说——兼论该篇传说的文化内涵》，《文艺研究》2013年第10期。

位"情节曲折生动，不让六朝小说"①，这一结论颇具影响。刘成群的"归属于先秦杂史体志怪小说的范畴"亦是一家之言。蔡先金认为："清华简《赤鹄之集汤之屋》面世让世人看到了先秦时期小说的'原生态'，艺术的质朴中见艺术的真实，这就提示我们的小说史写作者应该从先秦写起。由《赤鹄之集汤之屋》来看，灵化小说是中国古代最早的小说形态之一，而后期的小说则可能是从灵化小说一路走来，然后形成了志怪、传奇、演义等小说类型。"②围绕中国古代小说产生源头这条线索，笔者拟以清华简《赤鹄》为中心，来探索充实中国小说源头的诸元素及其对后世小说作品的影响。

一　人物形象塑造

《赤鹄》全篇简文 454 字（包括缺残），对文本的解读已有诸多学者的研究成果，此不赘述。现就其中包含的诸多人物的出现、关系、对话、形象等方面逐一展开论述。

1. 人物出现

《赤鹄》简文所述故事中人物众多，如世间人物有汤（或后）、小臣、汤的妻子纴巟、夏后；仙界的上帝、后土、陵屯；巫怪的灵乌、群乌，以及黄蛇、白兔。出场顺序为赤鹄→汤→小臣→纴巟→众乌→巫乌→帝→黄蛇→白兔→后土→陵屯→夏后。其中"夏后"在简文中出现次数最多，竟高达 21 次；其次"小臣"出现 18 次；再次"汤"出现 7 次。故事围绕小臣救夏后，看似小臣是故事的主角，但潜在的中心人物是夏后，夏后的病牵动众人为之服务，众人最为急切的是看到夏后病愈。《赤鹄》叙述的故事不可能是历史的真实，但含有历史的影子。

2. 人物身份

《赤鹄》简文讲述了汤与小臣由于赤鹄羹产生了矛盾，汤通过巫祝惩治小臣，施与众乌吞噬。有了这些铺垫，后续巫乌为了救治夏后疾病，说服众乌拯救小臣，小臣不负众望治愈夏后。其中人物关系有着明显的正方与反方。代表正义的一方有夏后、小臣、巫乌、众巫；而反方是帝及其率领

---

① 姚小鸥：《清华简〈赤鹄〉篇与中国早期小说的文体特征》，《文艺研究》2014 年第 2 期。

② 蔡先金：《简帛文学研究》，学习出版社，2017，第 574 页。

下的蛇、兔、后土、陵屯等。

关于夏后。上古时期，"后"可指天子，如"夏后氏"。《史记·夏本纪》载："禹为姒姓，其后分封，用国为姓，故有夏后氏、有扈氏、有男氏、斟氏、彤城氏、褒氏、费氏……夏后启崩，子太康立……帝孔甲立，好方鬼神，事淫乱。夏后氏德衰，诸侯畔之。"《孟子》亦言："孔子曰：唐、虞禅，夏后、殷、周继，其义一也。"

关于汤。汤名见于甲骨卜辞与传世文献。甲骨卜辞中记载成汤伐夏建国，有功于商，为商人所祀的第一位先王。古本《竹书纪年》曰："汤有七名而九征。"严一萍对汤有详尽研究，[①] 其中有"成唐"条，见《周原》H11：1"王其御祭成唐"，为文王、帝辛时周之卜辞。《博古图》载齐侯镈钟铭有"虩虩成唐"之语。王国维先生曰："……古文唐从口易，与汤形相近。"卜辞之唐，必汤之本字，后转作啺，遂通作汤。传世文献中作汤者，更是不乏其例。如《诗经·商颂·长发》曰："帝命不违，至于汤齐。汤降不迟，圣敬日跻，昭假迟迟，上帝是祇。"《礼记·大学》曰："汤之盘铭曰：'苟日新，日日新，又日新！'"《史记·殷本纪》载："自契至汤八迁。汤始居亳，从先王居，作《帝诰》。"又言："诸侯心服，汤乃践天子位，平定海内。汤归，至于泰卷（陶）、中罍作诰。既绌夏命，还亳，作《汤诰》。"此处文献皆称"汤"，而《尚书》中《酒诰》《多方》《立政》等篇多言"成汤"。又据《史记·夏本纪》记载："汤修德，诸侯皆归汤；汤遂率兵以伐夏桀。桀走鸣条，遂放而死。"《赤鹄》简文中夏后与汤同时出现，疑是与汤同时期的夏桀。

关于小臣。《赤鹄》篇整理者认为小臣指伊尹。《孟子·万章上》云"伊尹相汤以王于天下"。尹为官名，甲骨卜辞称之为伊，而且还有大乙（成汤）、伊尹并祀的卜辞。《墨子·尚贤下》云"汤有小臣"。《楚辞·天问》云"成汤东巡，有莘爰极。何乞彼小臣，而吉妃是得？"王逸注"小臣，伊尹也"。《吕氏春秋·尊师》云"汤师小臣"，高诱注"小臣谓伊尹"。伊尹佐汤伐桀，克夏立商，史所盛称，故自先秦至汉代，有许多涉及伊尹的故事流传。姚小鸥则认为《赤鹄》篇的故事情节与先秦时期广泛流

---

① 严一萍：《殷商史记》，台北艺文印书馆，1991，第49页。

传的伊尹传说相仿，简文中"小臣"是否即为"伊尹"尚须讨论。① 小臣
为一种职官是毫无疑问的，这一点早已被商代甲骨卜辞和青铜器铭文记载
所证实。如甲骨卜辞中常见小臣中、小臣高、小臣鬼、小臣妥、小臣缶、
小臣稟、小臣临等。商代青铜器铭文亦载小臣邑、小臣俞、小臣缶、小臣
兒等。据张永山研究，小臣的主要活动情况：一是管理农业生产；二是参
加祭祀有关活动，如整治甲骨；三是参加征伐；四是执行商王的其他使命，
如朝见和纳贡；五是侍奉商王的日常生活。② 卜辞与铭文中小臣的工作职别
和来源不同，社会身份亦有高低之分，既不能笼统地称为官吏，也不能简
单地定为奴隶。如毕、妥这类小臣，是贵族子弟在商王左右充当小臣，也
是朝廷的重要人物。如中、缶、口等，是商王国境内某地或某族之人入朝
为小臣者。而馘、㪅等则是方国派至大邑商的代表，有质子的性质。③

　　关于汤妻纴㐀。整理者引《吕氏春秋·本味》篇的如下一段故事：有
侁氏女子采桑，得婴儿于空桑之中，献之其君。其君令烰人养之。察其所
以然，曰："其母居伊水之上，孕，梦有神告之曰：'臼出水而东走，勿
顾。'明日。视臼出水，告其邻，东走十里，而顾其邑尽为水，身因化为空
桑。"故命之曰伊尹。此伊尹生空桑之故也。长而贤。汤闻伊尹，使人请之
有侁氏。有侁氏不可。伊尹亦欲归汤。汤于是请妇为婚。有侁氏喜，以伊
尹为媵送女。《赤鹄》简文中纴㐀为汤之妻，与上文中之记载相合。纴㐀之
名，文献中未见。以上夏后、汤、小臣、汤后在历史的长河中都留有印记，
故此成为《赤鹄》故事中的人物素材。

　　关于赤鹄。赤鹄疑为《楚辞·天问》所载之鹄鸟，与商汤、伊尹均有
关联。《天问》曰："缘鹄饰玉，后帝是飨。"王逸注："后帝，谓殷汤也，
言伊尹始仕，因缘烹鹄鸟之羹，修玉鼎，以事于汤，汤贤之，遂以为相
也。"可见，作品角色小臣、汤妻纴㐀及赤鹄，虽然脱胎于历史，但是仅从
简文叙事来看，还难以确认其真实的历史身份，不能与历史记载一一对应，
故事中对具有历史背景的人物进行了虚构加工。

　　关于上帝。上帝之名由来已久，《尚书·舜典》曰："正月上日，受终

---

① 姚小鸥：《清华简〈赤鹄〉篇与中国早期小说的文体特征》，《文艺研究》2014 年第 2 期。
② 张永山：《殷契小臣辨正》，载《甲骨文与殷商史》，上海古籍出版社，1983，第 60~64 页。
③ 张永山：《殷契小臣辨正》，载《甲骨文与殷商史》，上海古籍出版社，1983，第 66~69 页。

于文祖。在璇玑玉衡，以齐七政。肆类于上帝，禋于六宗，望于山川，遍于群神。"在殷墟的卜辞中亦见"帝"或"上帝"。郭沫若[1]、赵诚[2]、张光直[3]均认为"帝"或"上帝"至上特点鲜明，在商人的心目中它是居于一切之上的主宰者。田兆元认为，占卜是上帝观念形成的一个重要标志，只有人们体会到上帝的意志并在一定场合下能与人沟通，人们才会想到用占卜来祈求上帝的佑护。商代发现大量的卜骨就说明了这一点。所以"中国新石器时期就开始崇拜上帝了"，并且"这是殷商上帝崇拜的源头"。[4]

关于众乌、巫乌、天巫。《周礼·春官·司巫》："司巫：掌群巫之政令。若国大旱，则帅巫而舞雩。国有大灾，则帅巫而造巫恒。祭祀，则共匰主及道布及蒩馆。凡祭事，守瘗。凡丧事，掌巫降之礼。"《山海经·大荒西经》："有灵山，巫咸、巫即、巫朌、巫彭、巫姑、巫真、巫礼、巫抵、巫谢、巫罗十巫，从此升降，百药爰在。"东汉许慎《说文解字·乌部》："乌，孝鸟也。"晋崔豹《古今注》："乌，一名孝鸟、一名玄鸟。"尹湾汉简《神乌赋》曰："蠁飞之类，乌最可贵。"此处"乌"为一种鸟类（或即乌鸦）。如果《赤鹄》简文"众乌将食小臣""众乌讯巫乌""众乌往食夏后祭品"中的"众乌"为普通鸟类的话，那么"巫乌"与"天巫"，则是一种能通天神有巫术法力之鸟。

关于黄蛇、白兔。黄蛇与白兔在古人眼中为不祥之物。如《山海经》中对蛇的记录多为水旱神怪。其载："有蛇一首两身，名曰肥遗，见则其国大旱。"至汉代对蛇的记载多代表一种权威。《汉书·高祖纪》："高祖以亭长为县送徒骊山，徒多道亡。……行前者还报曰：'前有大蛇当径，愿还。'高祖醉，曰：'壮士行，何畏！'乃前，拔剑，击，斩蛇。蛇分为两，道开。"《新五代史》载："初，有黄蛇见于碑楼，处直以为龙，藏而祠之。又有野鹊数百，巢麦田中，处直以为己德所致，而定人皆知其不祥，曰：'蛇穴山泽而处人室，雀巢乌，降而田居，小人窃位，而在上者失其所居住之象也。'已而，处直果被废死。"《东观汉记》卷三记东汉桓帝："永康元年，

---

①　郭沫若：《卜辞通纂》，载《郭沫若全集·考古篇》卷二，科学出版社，1982，第367页。
②　赵诚：《甲骨文与商代文化》，辽宁人民出版社，2000，第42~45页。
③　张光直：《商周神话之分类》，载《中国青铜时代》，北京三联书店，1999，第371~372页。
④　田兆元：《神话与中国社会》，上海人民出版社，1998，第74~76页。

西河言白兔见……在位二十一年崩，年三十六"等，黄蛇与白兔虽是世间动物，但这些材料却反映出古人对它们的禁忌，源于其具有作祟的巫术能力。

关于后土。《左传·昭公二十九年》杜注："土为群物主，故称后也。"《祭法》曰："共工氏之霸九州也，其子曰后土，能平九州，故祀以为社。"孔颖达《疏》："其子曰后土，能平九州，故祀以为社者，是共工后世之子孙为后土之官。后，君也，为君而掌土，能治九州五土之神，故祀以为配社之神。"《礼记·月令》云："其神后土。"《左传·僖公十五年》："君履后土而戴皇天。"又见《楚辞·九辩》："皇天淫溢而秋霖兮，后土何时而得漧？"

《赤鹄》简文除了叙说上述人物的出场与对话外，还涉及一些对象及其数量，如二黄蛇、二白兔、二陵屯。数字的出现有一特点，即成双结对出现。鹄、蛇、兔还带颜色，分别为赤鹄、黄蛇、白兔。或许"二"较"一"以及有颜色之物的巫性更强。简文中亦出现了方向与位置之物名，如方向"四荒"与"四海"之名；位置之物名见于屋、廷、堂、室、栋、床、埒等。通过它们，可以扩大叙事范围。

3. 人物对话

话语离不开它具体的语境。话语是语境的真切表达；而语境是话语的具体体现，话语与语境圆融无碍，相映生趣。活泼泼的话语交流循环往复畅通无阻。《赤鹄》的对话运用是十分生动的。简文中多处记载了史实人物间的对话，如汤、汤妻纴巟、夏后都曾与小臣对过话。其中汤与小臣对话2次；汤妻纴巟与小臣对话3次；夏后与小臣对话次数最多，达6次。该篇人物对话占篇幅较大，以对话代替描写为《赤鹄》篇的一大特色。篇中巫乌与众巫对话3次。包含巫乌告知众巫夏后的病因："帝命二黄蛇与二白兔，居后之寝室之栋，其下舍后疾，是使后疾疾而不知人。帝命后土为二陵屯，共居后之床下，其上刺后之体，是使后之身痾蘁，不可及于席。"很明显帝命蛇、兔及后土作祟之间也是有隐性对话。1993年，连云港出土的尹湾汉简《神乌赋》也显示出高超的叙事艺术，文中对白的使用频率极高，讲述了雌雄二乌与盗乌，与《赤鹄》篇中的众乌与巫乌搏斗故事的创作手法如出一辙。

4. 人物形象

从古代文献第一人称的使用来看，在殷商甲骨文中用的较多的是我、余、朕。① 西周以后，陆续出现了卬、吾、台。但出土文献字形多样："歔""鱼""敔""吴"，学界一般认为这些字与"吾"相通。其中"我"使用频率最高，故《尔雅·释诂》："卬、吾、台、予、朕、身、甫、余、言，我也。""卬"与"台"使用频率较低。同样，该篇简文中"我"出现的频率最高，达6次之多，而"吾""朕"仅出现2次。

《赤鹄》篇对人物形象的塑造尤显突出，并且往往在矛盾冲突激烈的场面中刻画人物形象，具有强烈的故事性。如开篇就围绕偷尝鹄羹这件事，汤、纴巟与小臣形成了矛盾冲突的戏剧性情节，由此展开人物形象的塑造。对汤性格的描述，仅仅通过射、获、命、享、杀、怒几个字，就把汤的举止、行为、性情等特点展现得活灵活现。同样通过小臣弗敢、自堂下授、惧、逃等形态神情，将小臣为君王属下的臣服、敏捷之性格描绘出来。纴巟是汤之妻，从简文观之，纴巟要品尝小臣做好的赤鹄羹，小臣惧汤不敢与之尝，纴巟则威胁小臣"尔不我尝，吾不亦杀尔?"短短数言就突出了她的任性、贪心与狠毒，由此可观，纴巟也是该篇写的较为出彩之人物。又如"汤乃□之，小臣乃眛而寝于路，视而不能言"一段，则清晰勾勒出小臣被咒倒地后，瞪着眼睛不能说话的画面。笔墨虽不多，却极其传神。简文中人物一问一答间颇现神采，形象各具而鲜明突出。

二　叙事的志人元素

按照福斯特的说法，叙事强调事件之间的因果关系。该篇以"小臣救夏后"为线索，故事结构展开是递进式的，起因→过程→结果。小臣惧汤逃夏是该故事起因；小臣路途经历为过程；小臣至夏为夏后疗疾是结果。在叙事方面由11个小情节组成：①汤发现并射杀赤鹄，小臣为汤作羹；②纴巟小臣偷尝鹄羹；③小臣因偷尝鹄羹令汤怒斥；④小臣惧汤惩治逃夏；⑤小臣被汤施魅术而眛寝于路；⑥小臣听巫乌与众巫关于夏后病因的对话；⑦小臣被巫乌解魅至夏；⑧小臣介绍自己的身份是天巫；⑨小臣告知夏后病因；⑩小臣告知夏后消除病患办法；⑪夏后听信小臣拆屋除祟病愈。简

---

①　张玉金：《殷墟甲骨文代词系统研究》，《文史》第42辑，中华书局，2006。

文的大多叙事情节明显出于虚构，体现出鲜明的小说文体特征。其中与历史记载具有紧密联系的两大情节为"小臣为汤作羹"与"小臣逃夏"，分别对应"伊尹以滋味说汤"及"伊尹丑夏"两大史事，传世的历史文献中有大量的相关记载。因此，简文的部分情节，与真实的史实记载有着千丝万缕的关联。它们不是完全照搬历史事件，而是对史实进行了艺术的处理与加工，带有浓厚的志人故事情节。东晋王嘉《拾遗记》写道："《春秋传》曰：'其神化为黄熊，以入羽渊。'是在山变为熊，入水化为鱼也。兽之依山，鱼之附水，各因其性而变化焉。详之正典，爰访杂说，若真若似，并略录焉。"王嘉所引的关于鲧的传说，见于《左传·昭公七年》，他精辟地指出史传文学中的虚实关系。王国维言："上古之事，传说与史实混而不分。史实之中固不免有所缘饰，与传说无异，而传说之中亦往往有史实为之素地，两者不易区别，此世界各国之所同也。"李学勤也认为古史传说是古史不可缺少的一部分，不能像后代史料那样直接引据，也不应因混有神话而全盘抹杀。如 2002 年，发现了一件西周中期青铜器遂公盨，铭文开头"天命禹敷土，随山浚川"同于《尚书·禹贡》及序，与《皋陶谟》（包括今本《益稷》也很近似），其铭文讲到禹治水之事。可见，地下的出土材料同地上的古代文献相结合，可知大禹治水的传说确以史实为之素地的。[①]《赤鹄》简文"小臣救夏后"这篇故事在历史上是真实存在的，可以说它是经过艺术加工改造的历史事实。如小臣至夏的起因与为夏后医除病患的结果都是史实。

小臣成为天巫身份后能治病救人，并非空穴来风。学者已指出小臣为伊尹。《汉书·艺文志》载伊尹曾撰《汤液经》。据学者考述，《伤寒论》中许多方剂源出此书。可惜该书唐以后失传。《吕氏春秋》亦载汤问伊尹获取天下之道，伊尹答："用其新，弃其陈，腠理遂通，精气日新，邪气尽去，尽其天年。"此处伊尹借中药医理来比喻取得天下之理，颇为精当。晋人皇甫谧《甲乙经·序》曰："伊尹，亚圣之才，闵生民之疾苦，做《汤液本草》，明寒热温凉之性，酸苦辛甘咸淡之味，轻清重浊，阴阳升降，走十二经络表里之宜，撰用《神农本草》，以为汤液。"《资治通鉴》亦载："今医言药性，皆祖伊尹。"可知伊尹为我国中医汤剂创始人。正是由于他深通

---

① 李学勤：《论遂公盨及其重要意义》，《中国历史文物》2002 年第 6 期。

医理，医学造诣高深，能为夏后医除病患亦在情理之中。

三 叙事的志怪元素

对于小说情节进行虚实处理的艺术规律，如清代章学诚曾总结《三国演义》的情节为"七分事实，三分虚构"。近代管达如先生在《说小说》一文中亦提出历史小说具有"真一伪九"的特点。《赤鹄》简文的虚构性十分明显。如小臣至夏途中经历可谓史实背后的故事，易于想象的空间地带被赋予了虚构性浓重的巫术神幻色彩。在"小臣救夏后"这一主线外，穿插进"小臣至夏路途经历"，小臣被汤施魅术而昧寝于路；小臣听巫乌与众巫夏后病因对话；小臣被巫乌解魅至夏等这些虚线。叙事中有场景，在空间与时间的两个维度上展开；有人物，台前的言行为台后即将上场的人物做尽铺垫；有动作，有眼神，有对话。构建真实感的同时又铺叙诸多巫怪台前幕后的参与表现，如台前巫乌与众巫的一问一答，呈现生动的趣味；幕后是上帝命二黄蛇与二白兔，又命后土为二陵屯作祟，令夏桀患病的一系列行动，充满诗意的想象。此等志怪故事内容的添加，既调整了故事节奏，扩大了叙述空间，延伸了叙述时间，丰富了叙事内容，加强了叙事的情趣，而且增强了叙事的真实生动与艺术效果。简文的末尾描述了一只作祟的白兔意外逃脱，因此"始为陴丁诸屋，以御白兔"，夏后在房屋周围修筑矮墙，予以防御。这种虚实相生的小说手法，已经运用于具有小说笔法风格的史传作品之中，并预留出后续故事继续的理由。《赤鹄》简文对于故事虚构的呈现与处理离不开巫，巫的使用是与社会现实接壤的，是十分自然的。中国的巫术思想肇始于远古的旧石器时代。在新石器时代巫师出现了。巫术认为一切具有人格的对象，无论是人或者神，最终总是从属于那些控制着一切的非人力量。巫理所当然地存在于社会的方方面面。《赤鹄》作者也免不了受此种巫意识的影响，作品中关于黄蛇、白兔、上帝、巫乌、众乌以及作祟变成陵屯的后土，均具有巫术能力。作品虚构成分最好使用，也最容易使用，甚至最直接使用的一定是巫。在小说生成的早期，史传叙事与小说叙写方式的虚实之间，往往没有明确的划分，就像对巫的使用一样，属于自然状态。

四　中国小说源头元素的充实及其影响

"小说"一词最早见于《庄子·外物》："饰小说以干县令，其于大达亦远矣。"先秦亦有了小说，"案其实际，乃谓琐屑之言，非道术所在，与后来所谓小说者固不同"①。探究中国小说源头元素的充实及《赤鹄》篇对后世的影响，可从如下两方面入手。

1.《赤鹄》充实了中国小说的源头元素

苏联维·什克洛夫斯基曾言："中国小说似乎有一种包容一切的特性：凡人可生活在非现实世界，鬼怪亦可在凡人中安居乐业。"② 什克洛夫斯基只说对了一半，这种情况只在志怪小说中表现得最充分。鲁迅亦曰："中国本来信鬼神的，而鬼神与人乃是隔离的，因欲人与鬼神交通，于是乎就有巫出来。巫到后来分为两派：一为方士，一仍为巫。巫多说鬼，方士多谈炼金及求仙。"中国小说以早期神话、传说、寓言故事、纪传体史学著作为先导。史传积累了丰富的叙事经验，不论在处理题材的时空上，还是叙事结构与方式上，或在语言运用等表达技术方面，都为小说艺术准备了条件。中国小说是在古代小说的基础上发展而来。中国古代小说，从语言上分为文言小说和白话小说。文言小说主要包括志人小说和志怪小说两种。作为小说的原始形态，它们都具有一定的小说元素和艺术价值。但从小说发展的历史角度看，两种小说的地位和作用却不尽相同。志人小说以记载人物琐闻逸事为主要内容，它在勾勒人物、言行片段、描摹情态等方面，为后世小说的创作提供了有益的经验。志怪小说以记载神鬼怪异故事以及人的异行幻梦为主要内容，它富于想象的虚幻与真实相结合的艺术形式，对古代小说的产生有着直接的影响。

综观上述清华简《赤鹄》篇，叙事性无疑是其最重要的质量特性。而其虚构性成分，又使得它与实录的历史区分开来。该篇还塑造了许多鲜明而生动的形象，既包含汤、小臣、汤的妻子纴巟、夏后等历史人物，又有巫乌、上帝等鬼怪精灵。抄录而形成（亦流行）于战国中晚期，重新为世

---

① 鲁迅：《中国小说史略》，人民文学出版社，1973，第 1 页。

② 〔苏联〕维·什克洛夫斯基：《散文理论》，刘宗次译，百花洲文艺出版社，1994，第 174、314 页。

人所见的清华简《赤鹄》篇，正如整理者所言，在王国维先生所提倡的二重证据法视野下，乃是中国古代小说生成初期的标志性作品，是我国小说产生于先秦时期的又一重要佐证，具有重要的学术史意义。① 如果说仅以志人元素，或仅以与志怪元素为中国小说形态之一的话，则《赤鹄》篇集历史人物、发生事件，以及巫怪精灵作祟于一体，在故事中呈现出志人与志怪双重元素，可谓中国小说的源头一例。这种以志人与志怪呈现于一篇作品之中，且叙事性、虚构性及形象性齐备的艺术创作，不可否认它充实了中国小说的源头元素。

2.《赤鹄》对后世的影响

清华简《赤鹄》简文产生时间早，应当说它对后世古小说的影响是广泛而深远的。

人物性格刻画方面，如《世说新语》中《忿狷·王蓝田性急》条描写王蓝田的急性子："王蓝田性急。尝食鸡子，以箸刺之，不得，便大怒，举以掷地。鸡子于地圆转未止，仍下地以屐齿碾之，又不得。瞋甚，复于地取内口中，啮破即吐之。"该故事中，作者仅仅通过对他三次行为动作的叙述描写，生动鲜活地刻画出了王蓝田急躁的性格，此与上述《赤鹄》开篇对汤的举止、行为、脾气等性格特征之写法如出一辙。

在先秦的史传文学中，不乏鬼神妖梦怪异之谈与浮夸幻设想象之语，虚构色彩很明显。如《左传》作为我国第一部叙事完备的编年体著作，是"世儒之实书"，但"言多怪，颇与孔子不语怪力相违反也"②。《左传·成公十年》载：

> 晋侯梦大厉，被发及地，搏膺而踊曰："杀余孙，不义！余得请于帝矣！"坏大门及寝门而入。公惧，入于室。又坏户。公觉，召桑田巫。巫言如梦，公曰："何如？"曰："不食新矣。"公疾病，求医于秦。③

---

① 陈瑶：《〈赤鹄〉篇的小说史意义》，《光明日报》2016 年 5 月 23 日，第 16 版。
② 王充：《论衡·案书》，上海人民出版社，1974，第 438 页。
③ （战国）左丘明撰、（西晋）杜预集解《春秋经传集解》（上），上海古籍出版社，1997，第 707～708 页。

又，《左传·僖公二十四年》记载的介子推与母亲逃亡前的对话，[①] 以及《左传·宣公二年》鉏麑自杀前的感慨，[②] 清代的纪昀及近代的钱锺书等人早已指明：这两处历史记载都是生无旁证、死无对证的事情，当时又没有录音之笔，那么是谁见到的？是谁听到的？是谁记录的？又是谁传播的？显然是作者自己揣摩之语。这与尚实、尚质的史书有着根本的区别。有此虚构，则史传和小说的界限被打破，已与小说无异。[③]

1986 年甘肃天水放马滩出土的秦简《丹复生记》（整理者原题为《墓主记》），6 枚简，约 260 字。《丹复生记》交代了故事发生的时间、地点和人物，给读者造成一种文本是依据真实故事写成的印象。简文首先交代"丹"获罪的原因，"刺伤人垣雍里中"，故自刺而亡，被"弃于市"，三日后才得以下葬在"垣雍南门外"。这是"丹"由生到死的一个过程。三年之后，"丹"死而复生。关于"丹"的身份，学界有不同说法。何双全认为"丹"就是墓主人，故称篇名为《墓主记》。[④] 李学勤认为"丹"是魏国大梁人，曾做过魏将犀武舍人。[⑤] 犀武（？—前 293），魏之良将也，名喜，姓公孙氏，即公孙喜，死于伊阙之战，为白起所杀，事见《战国策·西周策》《战国策·魏策》。雍际春提出墓主人是魏将犀首（？—前 4 世纪末），即战国后期策谋之士公孙衍，魏国阴晋人，曾来往于魏、秦之间，主张诸国合纵抗秦；并推断"丹"生活在秦惠王时期（前 337 至前 310 年）。[⑥] 如此，该作品亦兼具"志人"与"志怪"两种元素。正如李学勤先生所指出："与后世众多志怪小说一样，这个故事可能出于虚构，也可能实有其人，逃亡至秦，捏造出这个故事，借以从事与巫鬼迷信有关的营生。""所记故事与《搜神记》等书的一些内容相似，而时代早了 500 年，有较重要的研究价值。"[⑦] 由此看来，较清华简《赤鹄》晚出的秦简《丹复生记》，也是基于历史的文学化演绎，是融合"志人"与"志怪"元素的小说故事。

---

① 《左传（春秋经传集解）》（上），第 340~341 页。

② 《左传（春秋经传集解）》（上），第 540 页。

③ 陈洪、郭辉：《今古传奇——神魔与世俗的小说世界》，江苏人民出版社，2018，第 6~7 页。

④ 何双全：《简牍》，敦煌文艺出版社，2004，第 40 页。

⑤ 李学勤：《放马滩简中的志怪故事》，《文物》1990 年第 4 期。

⑥ 雍际春与李学勤在"犀"之后释文不同，李学勤释文为"犀武"，雍际春释文为"犀首"。参见雍际春：《天水放马滩木板地图研究》，甘肃人民出版社，2002，第 28-29 页。

⑦ 李学勤：《放马滩简中的志怪故事》，《文物》1990 年第 4 期。

魏晋南北朝时期的裴启《语林》、郭澄之《郭子》、刘义庆《世说新语》、虞通之《妒记》、沈约《俗说》、葛洪《西京杂记》、殷芸《小说》、邯郸淳《笑林》、侯白《启颜录》等作品中，在主要记录士人的生活情趣的同时，还有许多志怪内容。甚至像萧绎《金楼子》既转录前代传说，又记录耳目之所接，这样的著作中也曾专辟"志怪篇"，只是其记载人物奇闻逸事及各地的风土民情内容较"志怪"量大。而北朝杨衒之《洛阳伽蓝记》亦有将志怪与志人小说巧妙融合于一处之例。如卷二"景宁寺"条"元慎解梦"①：

> 元慎，弘农人，晋冀州刺史峤六世孙。……世以学行著闻，名高州里。元慎情尚卓逸，少有高操，任心自放，不为时羁。乐水爱山，好游林泽。博识文渊，清言入神，造次应对，莫有称者。读老庄，善言玄理。性嗜酒，饮至一石，神不乱常。慷慨叹不得与阮籍同时生。不愿仕宦，为中散，常辞疾退闲，未尝修敬诸贵，亦不庆吊亲知，贵为交友，故时人弗识也。或有人慕其高义，投刺在门，元慎称疾高卧。加以意思深长，善于解梦。孝昌年，广阳王元渊初除仪同三司，总众十万北讨葛荣，夜梦着衮衣，倚槐树而立，以为吉征。问于元慎。元慎曰："三公之祥。"渊甚悦之。元慎退还，告人曰："广阳死矣。"槐字是木傍鬼，死后当得三公。广阳果为葛荣所杀，追赠司徒公。终如其言。建义初，阳城太守薛令伯闻太原王诛百官，立庄帝，弃郡东走，忽梦射得雁，以问元慎。元慎曰："卿执羔，大夫执雁。君当得大夫之职。"俄然令伯除为谏议大夫。京兆许超梦盗羊入狱，问于元慎。（元慎）曰："君当得城阳令。"其后有功，封城阳侯。元慎解梦，义出万途，随意会情，皆有神验。虽令与侯小乖，按今百里，即是古诸侯，以此论之，亦为妙著。时人譬之周宣。及尔朱兆入洛阳，即弃官与华阴隐士王腾周游上洛山。

"元慎解梦"的故事可谓志怪与志人小说的结合书写的范例，说元慎可谓志人，而叙解梦就有些志怪了。如此志怪小说不再仅仅关注奇谈怪论、

---

① 杨衒之撰，周祖谟校释《洛阳伽蓝记校释》，科学出版社，1958，第108~110页。

奇闻逸事；志人小说不再仅仅关注记录人物言行，力求其真而已。正是人之实与神之虚的结合，使《洛阳伽蓝记》创造出了属于自己的成绩，在文学史中占有一席之地。

　　小说文本潜藏着的意义的开阔性、复杂性和隐蔽性，往往是由于看问题角度的改变而获得全新的理论突进。从这个意义上说，对一部小说作品的阐释，不是期待某种长期使用的小说批评概念的失效，而应寄希望于新概念的催生。① 清华简《赤鹄》篇呈现出志人与志怪元素等特质，后世不断增长、扩大与完善，即由小说诸元素之充实，完成向纯文学意义小说的转变。追溯其源头，《赤鹄》的影响是绝不能否认的，它为后世中国小说提供了可供借鉴的典范。

---

　　① 余岱宗：《小说文本审美差异性研究》，人民出版社，2015，第 1 页。

清华简《赤鹄》篇巫乌形象探析

李如冰[*]

摘　要：乌鸦在中国传统文化中有着复杂的象征意义。清华简《赤鹄》篇中有关巫乌的情节为我们探索乌鸦的文化内涵提供了新的材料。巫乌在《赤鹄》篇中体现出超常的巫术神能，既有乌鸦作为自然界最聪明鸟类的生物学基础，也是巫政合一的商代社会的反映。巫乌破解商汤施于伊尹的巫术，指引伊尹为夏后破祟疗疾，呈现出的巫医形象发展到后来，形成乌鸦兆吉和兆凶的渊源。而巫乌对商汤贤相伊尹的帮助，其实是对商族的护佑。从这个意义上说，商族的图腾玄鸟很可能就是乌鸦。

关键词：清华简　伊尹　乌鸦　巫术

　　乌鸦在中国传统文化中有着复杂甚至矛盾的文化内涵，它曾被视为太阳的精灵、天神的使者、纯孝的典范，有过神异祥瑞的耀眼光环，也曾被认为是厄运的先知、凶丧的征兆、贪残的代表，使人们望而生厌、闻而生畏。在漫长的历史进程中，人类对于乌鸦的感情有过诸多复杂变化，即使在同一历史时期，不同地区对乌鸦形象的解读也大相径庭。可能没有哪一种鸟像乌鸦这样有着如此丰富甚至矛盾的文化内涵。人们曾从文学、历史、考古等各个角度去解读乌鸦背后的深层文化意蕴，但对其象征意义为何有如此矛盾之处，则众说纷纭、莫衷一是。清华大学藏战国楚简《赤鹄之集汤之屋》（以下简称《赤鹄》）篇中，有关于巫乌的情节，为我们探索乌鸦的文化内涵提供了新的材料。

---

　　* 李如冰（1974~），聊城大学文学院副教授，聊城大学简帛学研究中心成员。

清华简《赤鹄》篇释文如下:

　　日古有赤鹄,集于汤之屋,汤射之获之,乃命小臣曰:"旨羹之,我其享之。"汤往□。① 小臣既羹之,汤后妻纴宄谓小臣曰:"尝我于尔羹。"小臣弗敢尝,曰:"后其杀我。"纴宄谓小臣曰:"尔不我尝,吾不亦杀尔?"小臣自堂下授纴宄羹。纴宄受小臣而尝之,乃昭然,四荒之外,无不见也;小臣受其余而尝之,亦昭然,四海之外,无不见也。汤返廷,小臣馈。汤怒曰:"孰调吾羹?"小臣惧,乃逃于夏。汤乃□之,② 小臣乃眛而寝于路,视而不能言。众鸟将食之。巫乌曰:"是小臣也,不可食也。夏后有疾,将抚楚,于食其祭。"众鸟乃讯巫乌曰:"夏后之疾如何?"巫乌乃言曰:"帝命二黄蛇与二白兔居后之寝室之栋,其下舍后疾,是使后疾疾而不知人。帝命后土为二陵屯,共居后之床下,其上刺后之体,是使后之身疴蓋,不可及于席。"众乌乃往。巫乌乃歅小臣之喉胃,小臣乃起而行,至于夏后。夏后曰:"尔惟谁?"小臣曰:"我天巫。"夏后乃讯小臣曰:"如尔天巫,而知朕疾?"小臣曰:"我知之。"夏后曰:"朕疾如何?"小臣曰:"帝命二黄蛇与二白兔,居后之寝室之栋,其下舍后疾,是使后芬芬眩眩而不知人。帝命后土为二陵屯,共居后之床下,其上刺后之身,是使后昏乱甘心。后如撤屋,杀黄蛇与白兔,发地斩陵,后之疾其瘳。"夏后乃从小臣之言,撤屋,杀二黄蛇与一白兔,乃发地,有二陵屯,乃斩之。其一白兔不得,是始为陴丁(当)诸屋,以御白兔。③

　　在这篇简文中,小臣伊尹在商汤之妻纴宄的威胁下与汤妻分食了汤的鹄羹,惧祸而逃,被汤作法,"眛而寝于路,视而不能言。众鸟将食之"。但此时,巫乌出现了。巫乌不但制止了众乌,使小臣免遭被啄食的命运,而且在与众乌的对话中,说出了上帝命黄蛇与白兔作祟,使夏后遭疾的秘密。支开众乌后,巫乌还为小臣破解了汤的巫术,令小臣恢复正常,并至

---

① "□"代表此字原缺。下同,不另出注。
② 此句缺字整理者指出该字从"示",右有缺笔,疑与巫祝有关。见《清华大学藏战国竹简》(叁),中西书局,2012,第169页。
③ 李学勤主编《清华大学藏战国竹简》(叁),中西书局,2012,第168页。

夏后处为夏后疗疾。在这个故事中，巫乌的出现非常关键，也充满了神异之处。由此寻绎，或可揭示乌鸦复杂的文化内涵。

一　巫乌与众乌：乌鸦的生物学基础与社会学象征

关于乌鸦的生物特性，《中国大百科全书·生物学》有这样的解释："乌鸦为森林草原鸟类，栖于林缘或山崖，到旷野挖啄食物。集群性强，除少数种类（例如白颈鸦）外，常结群营巢，并在秋冬季节混群游荡。行为复杂，表现有较强的智力和社会性活动。"① 而乌鸦的智力到底有多强，加拿大科学家蒙特利尔麦吉尔大学的路易斯·莱菲布维博士，经过科学方法对相关鸟类进行统计分析，根据各种鸟类在野生环境下取食的行为分析判断各类鸟的智商，形成了世界上第一份鸟类智商报告。在这份报告中，乌鸦的智商被列为第一名。② 另据研究，乌鸦是人类之外唯一会创新工具来达到目的的动物，其综合智力大致与家犬的智力水平相当。"乌鸦喝水"的故事正反映了其思维的巧妙，能够根据容器的形状准确判断所需食物的位置和体积。美国科学家丹齐克在他的专著《数：科学的语言》一书中认为乌鸦关于数字的悟性至少能分辨到 4。而特别聪明的乌鸦，对数的分辨能达到20。乌鸦这种超出一般鸟类的聪明，或许是人类赋予乌鸦一些神异功能的生物学基础。

在《赤鹄》篇中，有巫乌，也有众乌。巫乌与众乌是不同的。众乌是一群普通乌鸦，没有特别的神异之处。按现代生物学的说法，乌鸦属于鸟纲雀形目鸦科动物，食物以害虫为主，如螟蛾幼虫、金龟子幼虫等，兼食谷物，另外还捕食老鼠，喜食自然界中腐烂的尸体及废弃物，有"清道夫"之誉。小臣"眛而寝于路"之后，"众乌将食之"，应该是把一动不动躺在路上的小臣当成了一具死人尸体，出于自然习性而欲食之。但面对即将到口的美食，众乌却听从了巫乌的指示，放弃啄食小臣，而去食夏后之祭。在这个情节中，我们可以看到在众乌面前，巫乌的权威地位，而这种权威地位，与殷商时期人类社会中巫的统治地位相一致。

殷商时期，政教不分，巫政合一。陈梦家先生《商代的神话与巫术》

---

① 《中国大百科全书·生物学》，中国大百科全书出版社，1992，第 1996 页。
② 姜会仁：《鸟类的智商排行榜》，《百科知识》2006 年第 6 期，第 35 页。

认为殷商时期"由巫而史，而为王者的行政官吏；王者自己虽为政治领袖，同时仍为群巫之长"，"王兼为巫之所事，是王亦巫也"[①]，商王即是最大的巫，是群巫之长，兼政治军事统帅与宗教精神领袖为一身，"率民以事神"，沟通神人，传达神的旨意。《吕氏春秋》有商汤求雨的记载："昔者汤克夏而正天下，天大旱，五年不收。汤乃以身祷于桑林。曰：'余一人有罪，无及万夫。万夫有罪，在余一人。无以一人之不敏，使上帝鬼神伤民之命。'于是剪其发，栃其手，以身为牺牲，用祈福于上帝。民乃甚说，雨乃大至。"[②]　在这个故事中，我们看到的就是商汤作为巫师，为百姓向上帝祈福求雨的形象。而在《赤鹄》篇中，我们可以看到商汤施行的另一种巫术，即黑巫术，这种巫术，不是为了祈福，而是为了惩戒。小臣因偷喝了为商汤准备的鹄羹，畏惧惩罚，"乃逃于夏。汤乃□之，小臣乃昧而寝于路，视而不能言"。"□"处虽因缺笔不能确定具体是什么字，但整理者指出该字从"示"，联系下文不难明白这是商汤对小臣伊尹施行的一种巫术，运用某种超自然的力量控制了小臣的身体，使其"昧而寝于路，视而不能言"。

巫乌在众乌中的地位与人间巫王类似，是众乌的领袖，为众乌所信服。而与人类相比，巫乌似乎与上帝的关系更为亲近，因为它不但知道困扰夏王的疾病，是缘于上帝命黄蛇、白兔、后土作祟，而且还能破解商王施加于小臣伊尹身上的巫术。巫乌的这种神异功能，应该和中国古代鸟类崇拜或乌鸦崇拜有关。从自然生物属性上来说，鸟类能飞翔，这是一种令人类艳羡的功能。古人万物有灵、鬼神崇拜的思想使他们赋予了鸟类很多神异的色彩。包括《赤鹄》篇中的赤鹄，虽为商汤所射获，但其羹汤却有着特殊功效，喝了能使人"昭然四荒之外无不见""昭然四海之外无不见"。乌鸦则是更具神秘色彩的传奇鸟类，它是和天上太阳一起的。《山海经·大荒东经》："汤谷上有扶木，一日方至，一日方出，皆载于乌。"[③]《淮南子·精神》篇："日中有踆乌"，高诱注云："踆，犹蹲也，谓三足乌"[④]　王充《论衡·论日》："儒者曰：日中有三足乌，月中有兔、蟾蜍。"[⑤]《艺文类

---

①　陈梦家：《商代的神话与巫术》，《燕京学报》1936 年第 20 期。

②　陆玖译注：《吕氏春秋》，中华书局，2011 第 253 页。

③　袁珂：《山海经校注》，上海古籍出版社，1980，第 354 页。

④　《淮南子》卷七，四部备安本，第 57 页。

⑤　王充：《论衡》卷十一，影印文渊阁四库全书本。

聚》引《春秋元命苞》曰："火流为乌。乌，孝鸟。何知孝鸟？阳精。阳，天之意。乌在日中，从天，以昭孝也。"① 屈原《楚辞·天问》："羿焉彃日？乌焉解羽？"王逸注："《淮南》言：尧时十日并出，草木焦枯，尧命羿仰射十日，其中九日，日中九乌皆死，坠其羽翼，故留一日也。""则三足乌当指日之精，又或传为架日车者。"② 因为乌鸦和太阳关系密切，而"凡是阳光照耀到的地方，都存在太阳崇拜"③，"中国古代以太阳作为天的标志，太阳神是整个神界的代表"④。郑玄注《礼记·郊特牲》云："天之神，日为尊。"⑤ 正因如此，对乌鸦的崇拜也就和对日神的崇拜结合起来，乌鸦成为神的使者和代言人。《史记·司马相如列传》载《大人赋》有"三足乌为之（西王母）使"。唐张守节《正义》："三足乌，青乌也。主为西王母取食，在昆墟北。"⑥ 在藏族文献中，也有类似的记载。著名英雄史诗《格萨尔王传》的《天境卜筮》《赛马称王》《霍岭大战》诸卷中，乌鸦就是作为天神的使者形象出现的。在敦煌吐蕃历史文书 P. T. 1045 藏文卷子中，有大量以乌鸦进行巫术仪轨的记载。"以乌鸦叫声来判断吉凶"卷子序言中有这样的说法："乌鸦是人之怙主，传递仙人神旨……她传递神旨翱翔飞忙……乌鸦系神鸟，飞禽展双翅，飞到神高处，目明耳又聪，它精于神灵秘法，无一不能通达，对它务须虔诚……"⑦

二　巫乌与伊尹：乌鸦兆吉与兆凶的文化渊源

清华简《赤鹄》篇整理者认为，该篇"简文最引人注目的特点，是有着浓厚的巫术色彩"⑧。赤鹄做成羹后服用，能使人"昭然四荒之外无不见""昭然四海之外无不见"，商王能在小臣伊尹逃走后，施加法术，令小臣"眜而寝于路，视而不能言"，白兔、黄蛇、后土能够作祟令夏后遘疾，小臣能听懂巫乌之语为夏后治病。但在该篇简文所涉角色中，巫乌所呈现出

① 《艺文类聚》卷九十二，影印文渊阁四库全书本。
② 袁珂：《中国神话传说词典》，上海辞书出版社，1985，第 21 页。
③ 〔英〕泰勒：《原始文化》，连树声译，广西师范大学出版社，2005。
④ 陈建宪：《神祇与英雄——中国古代神话的母题》，三联书店，1994，第 160 页。
⑤ 《礼记正义》，北京大学出版社，1999，第 795 页。
⑥ 司马迁：《史记》，中华书局，1959，第 3062 页。
⑦ 王尧、陈践编著《敦煌吐蕃文书论文集》，第 102 页。
⑧ 李学勤主编《清华大学藏战国竹简》（叁），中华书局，2012，第 166 页。

来的巫术无疑是最强大的。它不仅能破解商汤施于小臣伊尹的巫术，而且深知夏后患病的缘由，指引小臣伊尹破解了白兔、黄蛇、后土的作祟。

据《史记·殷本纪》等传世文献记载，伊尹是商汤时的贤相，一代名臣。出土甲骨文献也证实，伊尹在殷商时期地位甚高，一直受到隆重的祭祀。但有关伊尹的身世及成名过程，则众说纷纭。诸如伊尹是有莘氏人还是殷族人，是出身庖厨的媵奴还是伊族之长，他死后受到殷人隆重祭祀是因为间夏奇功还是另有德业可述，都是学者争议的问题。清华简《赤鹄》篇商汤命小臣伊尹烹赤鹄羹的情节，与《史记》"阿衡欲干汤而无由，乃为有莘氏媵臣，负鼎俎，以滋味说汤，致于王道"① 的记载有相合之处。关于伊尹间夏的情节，《吕氏春秋·慎大》有如下记载：

> 桀为无道，暴戾顽贪，天下颛恐而患之……汤乃惕惧，忧天下之不宁，欲令伊尹往视旷夏，恐其不信，汤由亲自射伊尹。伊尹奔夏三年，反报于亳，曰："桀迷惑于末嬉，好彼琬、琰，不恤其众。众志不堪，上下相疾，民心积怨，皆曰：'上天弗恤，夏命其卒。'"汤谓伊尹曰："若告我旷夏尽如诗（时）。"汤与伊尹盟，以示必灭夏。伊尹又复往视旷夏，听于末嬉。末嬉言曰："今昔天子梦西方有日，东方有日，两日相与斗，西方日胜，东方日不胜。"伊尹以告汤。②

清华简《赤鹄》篇记载的，正是伊尹奔夏的故事。但在《赤鹄》篇中，我们可以看到，伊尹能获得夏后的信任，其实得益于巫乌的指引。巫乌在与众乌的对话中，透露了上帝命白兔、黄蛇、后土作祟，使夏后"疾疾而不知人"的秘密。我们有理由相信，巫乌是有意向伊尹透露这一信息的。因为当众乌欲啄食伊尹时，巫乌说："此小臣也，不可食也"，阻止了众乌。而在说出夏后遭疾的秘密后，巫乌还破解了商汤施加于伊尹的巫术，使得原来"眛而寝于路，视而不能言"的伊尹，行动自如，顺利奔夏，为夏后疗疾。虽然《赤鹄》篇的内容写到伊尹按照巫乌的指引，杀蛇兔，斩陵屯，治好了夏后疾病就结篇，但我们结合其他文献分析，伊尹正是由此获得夏

---

① 司马迁：《史记》，中华书局，2013，第94页。
② 陆玖译注：《吕氏春秋》，中华书局，2011，第466页。

后的信任，为间夏辅商打下了基础。可以说，没有巫乌的帮助，就没有伊
尹后来的功业。

　　神的功能正在于福佑人类，免除祸患。在《赤鸠》篇中，巫乌呈现的
正是一个能够破祟疗疾、护佑人类的神异形象。在我国西南少数民族的洪
水神话中，是乌鸦把发洪水的消息告诉了人类，教给人类怎样避水。洪水
退后，它又帮助人类再生繁衍。我国布依族有一首古歌叫《十二层天，十
二层海》，讲到乌鸦是医药之神，居住在第九层天上："我们来到九层天啊，
九层天下有一对马桑树。黑乌鸦在树上叫呱呱，黑乌鸦在树上叫喳喳，它
是神仙的鸟啊，它是天上的鸟。百样瘟神它认识，千种瘟疫它知道，瘟神
来了它就叫呱呱，瘟疫发生它就喳喳叫，它给我们来报信，它给我们来治
病。"①"神仙的鸟""天上的鸟"，"报信""治病"，这些民间传说中的乌
鸦形象与《赤鸠》篇中巫乌的形象是一致的。这个形象当然是正面的。但
因为乌鸦传递的信息与疾病祸患有关，因此这一形象最后走向反面也是可
以理解的。早在汉代就有乌鸣兆凶的观念。西汉焦延寿《焦氏易林》卷一
既有"慈乌鸣鸠，执一无尤。寝门内治，君子悦喜"的乌鸦兆喜说法，亦
有"城上有乌，自名破家。招呼酖毒，为国灾患"，"乌鹊嘻嘻，天火将起。
燔我室屋，灾及妃后"，"平国不均，夏氏作乱。乌号窃发，灵公殒命"，卷
四"鸦噪庭中，以戒灾凶。重门击柝，侪忧暴客"的说法。②《太平广记》
卷四六二收录由唐末五代孙光宪《北梦琐言》（今本无）中有听到乌鸦叫声
而后来被杀的故事。但在唐朝时乌鸦的祥禽地位仍是主要的，段成式《酉
阳杂俎》："乌鸣地上无好音。人临行，多喜。此旧占所不载。"北宋时期，
乌鸦的身份有南北差异，据《容斋续笔》载："北人以乌声为喜，鹊声为
非。南人闻鹊噪则喜，闻乌声则唾而逐之，至于弦弩挟弹，击使远去。"③
但到了南宋以至近世，乌鸦兆凶的说法越来越占上风。南宋朱熹为《诗
经·邶风·北风》"莫黑匪乌"一句作注云："乌，鸦，黑色，皆不祥之物，
人所恶见者也。所见无非此物，则国将危乱可知。"④ 宋人刘宰《鸦去鹊来

---

① 张福三：《太阳·乌鸦·巫师——对我国太阳神话的一点思考》，《民族艺术研究》2002 年
　　第 5 期，第 35 页。
② 焦延寿：《焦氏易林》，影印文渊阁四库全书本，第 808 册，第 275 页。
③ 洪迈：《容斋随笔·续笔》卷三，上海古籍出版社，1992，第 429 页。
④ 朱熹：《诗集传》，上海古籍出版社，1980，第 26 页。

篇》云："昨日鸦鸣绕庭树，道上行人色惊惧……遂令着处听鸦鸣，魂飞魄
散心如捣。"① 明代陶安《鸦》诗云："世俗恶鸦鸣，每以为不祥。或称亦
报吉，两说皆渺茫。"②

　　在后世文献中，乌鸦作为祥鸟的记载，更多是与慈孝仁惠相关。如尹
湾出土汉简《神乌赋》赞美乌鸦："飞之类，乌最可贵。其性好仁，反哺于
亲。行义淑茂，颇得人道。"③ 东汉许慎《说文解字·乌部》："乌，孝鸟
也。"④《后汉书·赵典传》记"乌乌反哺报德"。晋崔豹《古今注》："乌，
一名孝乌、一名玄乌。"晋成公绥的《乌赋序》中写道："有孝乌集余之庐，
乃喟然而叹曰：余无仁惠之德，祥禽曷为而至哉？夫乌之为瑞久矣。以其
反哺识养，故为吉乌。是以《周书》神其流变，诗人寻其所集，望富者瞻
其爱止，爱屋者及其增叹。"说明到汉晋时期，乌鸦的形象与人伦物理已经
有很深的关系，并影响到古代中国人的文化心理。乌鸦的降临往往意味着
治理能够以德服人，能够很好体现仁义孝悌。唐杜佑《通典》卷 58 引郑众
《记物》，记婚礼之物中有"乌"，云："乌，知反哺，孝于父母。"乌鸦甚
至成了古代婚俗中的信物。更有童谣云："城上乌，哺父母，府中诸吏皆为
友。"孝子故事中，也往往有乌鸦出现。如师觉授《孝子传》："吴叔和，犍
为人。母没，负土成坟。有赤乌巢门，甘露降户。"《异苑》："阳颜以纯孝
著闻。后有群乌衔鼓，集颜所居之村，乌口皆伤。一境以为颜至孝。"又如
《周书·宗懔传》：宗懔"遭母忧，去职。哭辄呕血，两旬之内，绝而复苏
者三。每有群乌数千集于庐舍，候哭而来，哭止而去。时论称之，以为孝
感所致"。因为孝道是非常重要的一种德行，所以德行好的人也往往会吸引
乌鸦。南朝梁孙柔之《孙氏瑞应图》："文王时见苍乌，王者孝悌者至。"谢
承《后汉书》："广汉儒叔林为东郡太守，乌巢于厅事屋梁，兔产于床下。"
王隐《晋书》："虞溥为鄱阳内史，劝励学业，虽威不猛，宽裕简素。白乌
集郡庭，止枣树，就执不动。"⑤

　　根据生物学研究，乌鸦反哺现象在自然界乌鸦的行为中并不普遍存在，

---

① 傅璇琮等编《全宋诗》，北京大学出版社，1998，第 53 册，第 33410 页。
② 陶安：《陶学士集》，影印文渊阁四库全书本，第 1225 册，第 584 页。
③ 中国社会科学院简帛研究中心等：《尹湾汉墓简牍》，中华书局，1997，第 71 页。
④ 许慎：《说文解字》，中华书局，2004，第 84 页。
⑤ 欧阳询等：《艺文类聚》卷九十二，影印文渊阁四库全书本。

虽然作为群居鸟类，乌鸦有可能在自己吃饱的前提下将食物分给其他无法独立获取食物的同类，但暂时没有办法分辨这种行为只是一种单纯的反射性行为还是具有高度逻辑思维与高级情感的共同作用的后果。虽然乌鸦在鸟类中可以算得第一聪明，但其反哺行为应该只是一种反射性行为模式，将它上升到慈孝的伦理道德范畴，应该是缘于儒家对孝道的推崇和其后世成为官方学说的地位。《赤鹄》篇中乌鸦与伊尹这一儒家所推崇的贤相的密切关系，应该也是促成这一关联的一个原因。

三　巫乌与商汤：巫乌形象与商族图腾

清华简《赤鹄》篇中，巫乌与商汤没有正面接触，它是在小臣被商汤巫术所制"眜而寝于路，视而不能言"的情况下出场的。但它护佑并帮助了伊尹，而伊尹后来助商灭夏立下了大功。巫乌作为一种能知天帝之命的神鸟，不但认识当时还是小臣身份的伊尹，并对众乌说伊尹"不能食"，而且还亲自破解商汤施于伊尹的巫术，指引伊尹为夏后疗疾，给伊尹以极大帮助。而这次帮助对伊尹的人生来说至关重要。毕竟如果没有巫乌，伊尹早就成了众乌的腹中之物，遑论后来的功业了。巫乌帮助了伊尹，也就间接帮助了商汤，因为这对君臣注定会遇合一起灭夏兴商。而巫乌为何助商灭夏，或许可以从商的来源说起。

关于商族的来源，《诗经·商颂·玄鸟》云："天命玄鸟，降而生商。"甲骨文献也证实商族人以鸟为图腾。[①] 但"玄鸟"到底是何鸟？据《吕氏春秋》载："有娀氏有二佚女，为之九成之台，饮食必以鼓。帝令燕往视之，鸣若谥隘。二女爱而争搏之，覆以玉筐。少选，发而视之，燕遗二卵，北飞，遂不反。二女作歌，一终曰：'燕燕往飞。'实始作为北音。"[②]《史记·殷本纪》也记有这个故事："殷契，母曰简狄，有娀氏之女，为帝喾次妃。三人行浴，见玄鸟堕其卵，简狄取吞之，因孕生契。契长而左禹治水有功，帝舜乃命契曰：'百姓不亲，五品不训，汝为司徒而敬敷五教，五教在宽。'封于商，赐姓子氏。"[③]《楚辞》："简狄在台，喾何宜？玄鸟致贻，

---

① 胡厚宣：《甲骨文商族鸟图腾的遗迹》，《历史论丛》第 1 辑，中华书局，1964；又《甲骨文所见鸟图腾的新证据》，《文物》1977 年第 2 期。
② 陆玖译注：《吕氏春秋》，中华书局，2011，第 172 页。
③ 司马迁：《史记》，中华书局，2013，第 91 页。

女何喜？”说的是玄鸟生商的故事。王逸《楚辞章句》释云：“简狄，帝喾之妃也。玄鸟，燕也。贻，遗也。言简狄侍帝喾于台上，有飞燕坠遗卵，喜而吞之，因生契也。”此后，“玄鸟”多被认为是燕子。但学者们也有不同意见。如郭沫若先生认为是凤凰，[①] 郑杰祥先生认为是雄鸡，[②] 李启良先生认为“玄鸟”其实是古代神话中载日的黑鸟，[③] 姜革文则认为“玄鸟”就是乌鸦。[④] 还有学者认为玄鸟是“各种鸟的通称”[⑤]。认为玄鸟为乌鸦的主要理由：一是在母系社会，把图腾的形象定位为能够反哺母亲的乌鸦，是母系社会一种现实的折射。[⑥] 二是“玄”的意思是赤黑色，这种颜色为代表的鸟，非常容易让人想起的就是乌鸦。乌鸦的“乌”字，段玉裁《说文解字注》说：“‘鸟’字点睛，‘乌’则不，以纯黑故不见其睛也。”《诗经》“莫赤匪狐，莫黑匪乌”是说没有什么动物的红色比得上狐狸，没有什么动物的黑色比得上乌鸦。《庄子·天运》里说“夫鹤不日浴而白，乌不日黔而黑”。因此，提起黑色鸟的时候，人们总是首先想起乌鸦。三是从甲骨文献来看，王亥被称为“高祖”或“高祖亥”，是商人的创业始祖，曾率领商部落，赶着牛羊到其他部落进行交易，对商族历史产生了重大影响。其他部落的人把他们称为“商人”，后来我们称贩卖货物的人为“商人”即缘于此。而甲骨文中“亥”字即由隹（鸟）和亥上下两部分构成，[⑦] 与《山海经·大荒东经》说“有人曰王亥，两手操鸟”相印合。商人对于王亥这位祖先的崇拜，强化了原本就有的乌鸦崇拜，也赋予了乌鸦崇拜新的含义：乌鸦和商人的命运更加紧密地联系在一起，并且被不断地神化。《诗·小雅·正月》“瞻乌爰止，于谁之屋”，依照《传》的说法“富人之屋，乌所集也”。乌鸦由商人的象征发展为财富的象征。诗人元稹有诗：“翱翔富人屋，栖息屋前枝。巫言此乌至，财产日丰宜。主人一心惑，诱引不知疲。转见乌来集，自言家转挚。白鹤门外养，花鹰架上维。专听乌喜怒，信受

---

① 《郭沫若全集·历史编》第 1 卷，人民出版社，1982，第 328~329 页。

② 郑杰祥：《玄鸟新解》，《中州学刊》1990 年第 1 期。

③ 李启良：《玄鸟生商与太阳神崇拜》，《东南文化》1995 年第 1 期。

④ 姜革文：《〈诗经〉“玄鸟”新探》，《文化研究》2006 年第 1 期。

⑤ 陈致：《殷人鸟崇拜研究》，见陈致《当代西方汉学研究集萃》上古史卷，上海古籍出版社，2012，第 81 页。

⑥ 《太平御览》卷 412 引《东观汉纪》。

⑦ 胡厚宣：《甲骨文所见商族鸟图腾的新证据》，《文物》1977 年第 2 期。

若神龟。"① 白居易和此诗云:"此乌所止家,家产日夜丰。上以致寿考,下可宜田农。主人富家子,身老心童蒙。随巫拜复祝,妇姑亦相从。"② 可见唐代乌鸦作为财富代表的观念已经深入人心。四是《吕氏春秋》及王逸《楚辞章句》注称玄鸟为燕子,所说并非今日"小燕子,穿花衣,年年春天来这里"衔泥而巢的燕子,而是指的燕乌。古代关中方言称黑乌为燕乌,或可简称燕。汉孔鲍《小尔雅·广鸟》:"乌,白项而群飞者谓之燕乌。"这就是俗称的白项乌鸦,颈部生长着宽约二厘米的一圈白色羽毛,与全身乌黑的色泽相对比,构成非常醒目的感觉。白项乌的形体比普通乌鸦大一倍以上,叫声高亢雄浑,故能"始作为北音",而燕子的鸣叫声微弱而短促,无特点可言。所以玄鸟不可能是今天俗称的燕子。另外,历来中外文化中对乌鸦的崇拜多见,而稀见对燕子的崇拜。

如果把玄鸟解释为乌鸦,清华简《赤鹄》篇中巫乌的出现就更为合理。或者说,《赤鹄》篇中巫乌的形象为证玄鸟即是乌鸦提供了新的材料。

---

① 元稹:《大觜乌》,《全唐诗》卷396。
② 白居易:《和大觜乌》,《全唐诗》卷425。

论"清华简"《说命》的文体类型及其意义[*]

唐旭东^{**}

摘　要： "清华简"《说命》包含记、命、诰三种文体，十篇成文。其中记体文两篇，命体文两篇，皆为职事之命。诰体文六篇，皆为武丁对傅说的诰辞。就记言叙事而言，亦可将"清华简"《说命》视为十个记言记事片段。这样"清华简"《说命》就不再只是上中下三篇，而是多篇带有议论性质或叙事描写性质的文献资料，这对先秦散文的文献资源是极大开拓，对于认识商代文体具有重要意义。

关键词： 清华简　《说命》　文体

"清华简"《说命》具有重要的文体学史料价值，虽从简编上分为上中下三篇，但可以视为或者说拆成多篇带有议论性质或叙事描写性质的文献，以这样的视角来看"清华简"《说命》三篇，则研究先秦散文论说文与记叙性散文的文例和文献资源将得到开拓和增加，对于我们认识商代记、命、诰以及记叙描写等诸体之文具有重要意义，但目前尚未见到时贤对"清华简"《说命》的文体类型及其意义进行研究的成果。兹不揣谫陋，就此问题做一探讨，以就教于方家。

---

* 基金项目：周口师范学院 2014 年度科研创新基金项目："古文《尚书》文系年辑证"（zknuA201403）。

** 唐旭东（1970~），男，山东烟台栖霞市人，文学博士，周口师范学院文学院专任教师，老子暨中原文化研究中心研究员，《周口师范学院学报》编审，主要从事先秦文学与文化的研究和先秦秦汉魏晋南北朝文学的教学。

一　记体文

"清华简"《说命》包含记体文两篇，即"清华简"《说命上》所载《傅说之记》和《说命中》所载《接见傅说之记》。所谓记，《尚书》"六体""十体"① 皆不列，研究《尚书》文体诸家亦不列。然班固《汉书·艺文志》云"左史记言，右史记事"，分明有记事之史，则"史"官之"记"为行为方式，即"书"，由"记"之行为方式所产生之文本，亦可称"书"或"记"。当然，后世按不同行为方式产生之文本而言，则有"六体"或"十体"之称，然"六体"或者"十体"仍难尽括《尚书》诸体，如《顾命》，实际上唯周成王临终遗言可视为顾命之文，周成王崩后诸般事务包括周康王登基诸事之记录，实可视为记体。《说命上》《康诰》《召诰》开头之叙事文字，《洛诰》结尾之叙事文字，皆当视为记体。唯《尚书》诸篇篇题无"记"，诸家遂忽略此体。按《尚书》诸记，皆无长篇大论而杂记诸事，以叙事为主，间有记言，亦甚简略，与"六体""十体"难合。明吴讷《文章变体序说》引《金石例》："记者，纪事之文也。"又引"西山曰：'记以善叙事为主。《禹贡》《顾命》，乃记之祖。② 后人作记，未免杂以议论。'"③ 吴讷辨析云："大抵记者，盖所以备不忘。……叙事之后，略作议论以结之，此为正体。至若范文正之记《严祠》，欧阳文忠之记《昼锦堂》……虽专尚议论，然其言足以垂世而立教，弗害其为体之变也。"④

1.《傅说之记》

为了论述方便，兹引述其文如下：

惟殷王赐说于天，庸为失仲使人。王命厥百工像，以货徇求说于

---

① 孔安国《尚书序》："讨论坟、典，断自唐虞以下，讫于周。芟夷烦乱，翦截浮辞，举其宏纲，撮其机要，足以垂世立教，典、谟、训、诰、誓、命之文凡百篇。"后人因此以"典、谟、训、诰、誓、命"为《尚书》六体。后来孔颖达认为《尚书》中除"六体"之外，尚有"贡、歌、征、范"四体，又提出十体说。

② 这里把《禹贡》《顾命》视为"记之祖"是不对的。《禹贡》是一部关于贡赋的政典性档案，并非记事，算不得记体文。《顾命》固然为具体详细的叙事文，但其作时当西周初周成王去世前后，比之以较为详细地叙事为主的《尚书·说命上》或者"清华简"《说命上》都晚。

③ （明）吴讷：《文章变体序说》，（明）徐师曾：《文体明辨序说》，人民文学出版社，1962，第41页。

④ 《文体明辨序说》，第42页。

邑人。惟弼人得说于傅岩，厥俾绷弓绅关辟矢。说方筑城，滕降庸力。厥说之状，鹃肩如椎。王乃讯说曰："帝抑尔以畀余，抑非？"说乃曰："惟帝以余畀尔。尔左执朕袂，尔右稽首。"王曰："亶然。"天乃命说伐失仲。失仲是生子，生二牡豕。失仲卜曰："我其杀之，我其已，勿杀？"勿杀是吉。失仲违卜，乃杀一豕。说于围伐失仲，一豕乃旋保以逝。乃践，邑人皆从。一豕随仲之自行，是为赤俘之戎。其惟说邑，在北海之州，是惟圜土。说来，自从事于殷，王用命说为公。〔《清华大学藏战国竹简》（叁）·说命上〕

从内容来看，本文可以分为四个部分：第一部分，记载殷高宗武丁梦见上天赐予傅说给他，他命大小臣工携带傅说的画像和财物四处寻访傅说，弼人发现傅说在傅岩，因而受到赏赐的情况。第二部分，记载武丁以梦中情形求证于傅说，傅说所言情形与武丁梦中情形完全一致，证实傅说即上帝所赐之人。第三部分，记载武丁命令傅说伐失仲之事。"失仲是生子，生二牡豕。失仲卜曰：'我其杀之'，'我其已，勿杀'。勿杀是吉。失仲违卜，乃杀一豕。"为追叙傅说伐失仲之前很久发生的事，亦即当初失仲刚生儿子时候的事。而傅说伐失仲之时，失仲没有杀掉的那个儿子已经长大，故能"旋保以逝"，保着失仲逃走了。"一豕随仲之自行，是为赤俘之戎"为补记后世之事。第四部分，补记傅说封邑在北海洲之圜土及武丁任命傅说为公的情况。四部分叙事以顺叙为主，中间有插叙、有补叙，各部分之间有关联，可以视为一体。①

本文虽不见于今本《尚书·说命》，但武丁梦帝赐说，派大小臣工携带傅说画像四处寻访，在傅岩找到傅说，其时傅说正从事版筑之役，武丁因举傅说，以及傅说之邑在北海洲之圜土这些记载亦屡见于其他传世文献，除了一些细节小异，主要情节相同，当为武丁举傅说故事之不同记录版本。唯有武丁命傅说伐失仲之事不见于传世文献，可补传世文献之不足。其中失仲生二牡豕（雄性野猪），当如王宁所说"生子以所类之动物称之，乃一古老的风俗"，"失仲之二子其状类豕，以为不祥，故占卜是否要杀之"。这反映了上古人的妖祥观念和对天意的崇拜。虽然"勿杀是吉"，但"失仲违

---

① 唐旭东：《古文尚书文系年注析》，河南人民出版社，2016，第 141 页。

卜，乃杀一豕"，反映了妖祥观念对失仲的更加强烈影响。傅说伐失仲，无疑证实了失仲违卜的错误，反映了上古先民对天意的高度崇信。这部分内容当为补记傅说伐失仲之前，失仲之二子刚出生的时候发生的事情，不然就无法解释傅说伐失仲，"一豕乃旋保以逃""一豕随仲之自行"的情节。"其惟说邑，在北海之州，是惟圜土"为补记傅说之封邑，"圜土"即高大的圆形土丘，反映了上古先民为躲避洪水而丘居的史实，实际上商人亦曾丘居，故有"商丘"之名。① 只是随着后世几千年的黄河决泛、泥沙淤积和人力与自然的破坏，现在绝大多数丘已消失或者说已与地面平齐，不复当年丘之旧貌。

　　就艺术性而言，本文主要采用顺叙的方法，间以插叙和补叙相结合，而且既有叙述，又有细节的语言和行为描写，更为神奇的是本文居然有"厥说之状，鹄肩如椎"这样的外貌描写，有的文学史教材讲《左传》的艺术特色的时候，还强调《左传》主要通过语言与行为描写刻画人物，而本文居然有外貌描写，尤其是倒叙与插叙的运用使本文波澜起伏，跌宕多姿，表现出高超的艺术功力。

　　2.《接见傅说之记》

　　　　说来自傅岩，在殷。武丁朝于门，内在宗。王原比厥梦，曰："汝来惟帝命？"说曰："允若时。"〔《清华大学藏战国竹简》（叁）·说命中〕

　　"清华简"《说命中》包含两部分内容，第一部分即本文。记载武丁接见傅说的部分细节，有武丁接见傅说"朝于门，纳在宗"的记载和武丁原比厥梦的记载，就表达方式而言，有细节的行为描写和细节的语言描写，亦即对话描写，表现了我国很早就形成了通过语言与行为描写叙述故事、描写场景、表现人物等手段和方法。第二部分为记叙武丁对傅说之诰辞，详见下文分析。就本文而言，子居认为"'武丁朝于门，内（人）在宗'的描述体现了武丁对傅说的重视"的看法是对的，但还不够深刻全面。"朝于门"应该是在明堂接见，但武丁却到门口迎接傅说，规格不可谓不高，接

────────

　　①　唐旭东：《古文尚书文系年注析》，第 141 页。

待不可谓不隆重，因为据《史记·周本纪》，周夷王时始下堂接见诸侯，被认为有失王体，为非礼之举，也被认为是周礼崩坏的开始，何况此时傅说尚未有官职身份，不过"滕降庸力"的版筑之徒。至于"纳在宗"更是要向祖宗报告天赐傅说，甚至有感谢祖宗福佑，得天赐此贤士的意思。据《君奭》："殷礼陟配天"，俞樾《尚书平议》："谓殷人之礼，死则配天而称帝也。"祖先在上帝那里还是有说话权的。[①]

至于武丁原比厥梦的记载，很可能跟清华简《说命》（上）所记本为同一次，但由于不同的传闻和不同的记载而被有的学者误认为两次。两次问答意思大致相同，只是《说命》（上）记载更详细些。[②]

二　命体文

"清华简"《说命》包含命体文两篇，包含两种行为方式所形成的命辞文体，一为封官饰职之命《融命之命》，一为命事之命，即与《视夜视辰之命》。

1.《融命之命》

> ……员，经德配天，余罔有睪（斁）言。小臣罔俊在朕服，余惟命汝说融朕命。余柔远能迩，以益视事，弼永延，作余一人。〔《清华大学藏战国竹简（叁）·说命下》〕

本文见于"清华简"《说命》（下），因为开头简编缺失而无法判断是否就是第一条，姑以现存文本第一条命辞称之。根据"清华简"《说命》（下）的内容来看，主要为殷高宗武丁对傅说的告诫辞与命辞，共七条，亦可以视为七篇可以独立成篇的散文。其中五篇诰辞如果按"作诰主体+诰（或之诰）"命名的方法均可以命名为《武丁之诰》。两篇命辞如果按《尚书》通常以"受命主体+命（之命）"命名的方式，可以命名为"说命"或者"傅说之命"，然后根据其创作时间排序即可。这些诰辞与命辞可能非一时之作，作为史官所记武丁之言辞合编在一起。现存文本第一简缺失，

---

①　唐旭东：《古文尚书文系年注析》，第146页。
②　唐旭东：《古文尚书文系年注析》，第146页。

整理者认为缺失的内容可能为武丁三年不言的内容，此以为未必。理由有二：一是据现存清华简《傅说之命》和《尚书·说命》都大致按时间和事件先后顺序记叙事件，则武丁三年不言的内容不当出现在《傅说之命》下篇。二是从现存文本内容来看，本篇作为武丁言辞的汇编，即使前面还有内容，也应该是武丁的命辞或诰辞，而不应该是记叙武丁三年不言的内容。①

"余惟命汝说融朕命"之"余惟命汝说"是判断本文文体的最重要的依据，据此，"清华简"《说命》下现存文本载武丁第一条言辞当为命辞，如果要拟题，可以将见于《尚书·说命上称为《说命》（一）或《傅说之命》（一），将本文称为《说命》（二）或《傅说之命》（二）。该条残文首先强调经德、配天，这种在世时施行德政于民，死后配天而称帝的观念在后世文献也不断被提到，如《尚书》之《酒诰》《多士》《君奭》等篇，而且《君奭》直接谈到"殷礼陟配天"，可为"配天"一词最好的注解。"余罔有殬言"，我没有败德之言出乎身。慎言也是帝王之德，"左史记言""右史记事"的目的是使帝王"慎言行，昭法式"，亦即使帝王慎言行，一言一行皆可以昭示表率和榜样的作用，为臣民表率。作为帝王，是不能允许有败德的言行出乎身的，这是古代尤其是上古作为帝王必须遵守的规范和要求。"小臣罔俊在朕服，余惟命汝说融朕命"两句反映了武丁当时在朝廷的艰难处境：在我手下执掌职事的小臣没有才能非常出众的人，我只能命令你傅说宣明我的政令。②　"融"或据《释名》释为"明"，或据《文选·何晏〈景福殿赋〉》"云行雨施，品物咸融"李善注释为"通"，通达或者通明我的政令，亦即使我的政令能够被正确地传达、被正确地理解和执行。《舜典》载帝舜命龙作纳言，孔安国《传》："纳言，喉舌之官。听下言纳于上，受上言宣于下，必以信。"孔颖达《疏》："《诗》美仲山甫为王之喉舌。喉舌者，宣出王命，如王咽喉口舌，故纳言为'喉舌之官'也。此官主听下言纳于上，故以'纳言'为名。亦主受上言宣于下，故言出朕命。"故此认为武丁命傅说"融朕命"实即命其做纳言之类的官职。

就文献出现的先后顺序而言，"柔远能迩"前已见于《尚书·舜典》，

---

① 唐旭东：《古文尚书文系年注析》，第149页。
② 唐旭东：《古文尚书文系年注析》，第150页。

意即怀柔远方的民族，安抚近地的臣民，并在整个古代史上一直作为华夏政治统治的政策被执行着。它跟传统的"五服"制度有一定的关联，反映了华夏统治集团对周边影响力的辐射和随着受影响程度的衰减而采取不同的统治策略的思想。武丁自陈愿以"柔远能迩"来作为其治理政事的补助手段，反映了从上古到武丁时代这一思想和统治策略的传承性和延续性。"弼永延，作余一人"反映了武丁渴望王朝、王祚永远延续的家天下思想，也反映了武丁思想观念中个人功业与王朝永延之间互为表里的关系。①

2.《视夜视辰之命》

"清华简"《说命下》包含命事之命，即与《视夜视辰之命》。

> 说，昼女视日，夜女视辰，时罔非乃载。敬之哉！若贾，汝毋非货如截石。〔《清华大学藏战国竹简》（叁）·说命下〕

本文见于"清华简"《说命》（下），于现存文本中为第四条成文。记载武丁对傅说昼视日、夜视辰之命辞，作时不详，姑系于傅说受命之年。该文如《尚书》中的命辞一样，先称呼，然后对接受命令者颁布命令，然后是告诫之辞。本文特别告诫一句："若贾，汝毋非货如截石。"子居认为是"武丁要傅说明白自己的重托，不要轻忽怠慢"，甚为可取。谨按：昼视日，夜视辰，亦即昼夜观察日月星辰的运行，在古代是非常重要和重大的工作，只有帝王授命的专职人员方可为之。《尚书·尧典》篇载"乃命羲、和，钦若昊天，历象日月星辰，敬授人时"，《胤征》序载："羲、和湎淫，废时乱日，胤往征之，作《胤征》。"正文则载："《政典》曰：'先时者杀无赦，不及时者杀无赦。'"皆说明此事之至关重要。②

三　诰体文

"诰"亦系从行为方式角度命名，亦文之一体。《尚书》中以"诰"名篇者多达八篇，无其名而有其实者还有十数篇，为应用最广泛之文体。《文心雕龙·诏策篇》："诰以敷政"，说明诰是一种政治性很强的实用文体，作

---

① 参见唐旭东：《古文尚书文系年注析》，第150页。
② 唐旭东：《古文尚书文系年注析》，第161页。

者可以是王，可以是公卿，由于作者和内容都有较强的普适性，因而运用较广，保存作品最多，是今文《尚书》中保存最多的一类文体。综观《尚书》诰体诸篇，以会同之时对众讲话之文与对某人进行告诫教导勉励之文为主，说明诰体的主要特质为告诫勉励。林之奇《尚书全解》卷十四："要之，凡曰诰者，但有所诰戒之辞。"宋张表臣《珊瑚钩诗话》所谓"属其人而告之者谓之《诰》"，亦包含殷殷嘱咐、谆谆告诫之意，所言皆揭示了诰体为告诫勉励之文的基本特质。故《汉语大词典》释诰："《书》六体之一。用于告诫或勉励。《书》有《仲虺之诰》《洛诰》等。"① "清华简"《说命》包含诰体文六篇。

1.《武丁之诰》（一）

　　来，格汝说，听戒朕言，慎之于乃心。若金，用惟汝作砺。故我先王灭夏，燮疆，捷蠢邦，惟庶相之力胜，用孚自迹。敬之哉！启乃心，日沃朕心。若药，如不瞑眩，越疾罔瘳。朕畜汝，惟乃腹，非乃身。若天旱，汝作淫雨。若满水，汝作舟。汝惟哉，说，砥之于乃心。且天出不祥，不徂远，在厥落。汝克觐视四方，乃俯视地。心毁惟备。敬之哉！用惟多德。且惟口起戎出好，惟干戈作疾，惟哀载病，惟干戈眚厥身。若抵不视，用伤，吉不吉。余告汝若时，志之于乃心。

〔《清华大学藏战国竹简》（叁）·说命中〕

宋林之奇《尚书全解》卷十四："周礼出师以立戒先，后刑罚。一曰誓，用之于军旅；二曰诰，用之于会同，谓于会同之所设言以告众也。"按：《尔雅》："告、誓，谨也。"郭《注》："皆所以约勒谨戒众。"说明此类诰辞往往有诫勉之意。如《盘庚》《大诰》《多士》《多方》《秦誓》② 之类，皆为会同之时设言以告众之文。根据不同的行为方式，诰体在内容和体式上通常有四类：一类是以上对下，为聚会时发表的演说或讲话，内容

---

① 参见唐旭东《今文尚书文系年注析》，广西师范大学出版社，2013，第43页。
② 《秦誓》名为"誓"，实为诰。《甘誓》《汤誓》《牧誓》《泰誓》等以"誓"为名之文皆为誓师辞，其作誓对象即听众为作者者属下之军队，内容上先招呼有众注意听讲，然后宣明讨伐对象有大罪，自己出师系奉天伐罪；最后申明军纪与赏罚。而《秦誓》听众至少不全为军队，内容为当众表达悔过之意，与《甘誓》之类誓师辞显然不同。

大多为对臣民进行训诫劝勉，是后世诏书、制书、敕戒之类文体的滥觞。二为告知、通告、报告。为通告或报告消息、汇报工作情况之文。《易》之《姤·象》："后以施命诰四方"，所指为通告之文，《尚书》无例文。臣以事告君之文①亦为诰体，《尚书》中《西伯戡黎》属此类。汇报工作情况者如《洛诰》中召公奭向时任天子周公旦汇报卜雒选定成周城址之文与周公旦向周成王汇报不敢宿即裸于文王、武王之文。三为对某人进行告诫勉励。如《康诰》《酒诰》《梓材》《召诰》《洛诰》《无逸》《立政》等。四为祝祷辞。以下对上的上行文，用于祷神的，内容多为祭祀时祈祷上帝、神灵保佑，或者向神灵祈求实现某个愿望。如《金縢》中周公祷三王之辞。其中第一类与第三类为《尚书》诰体之主要形式类型，皆有"属其人而告之"之特质。②

根据本文"听戒朕言"可知武丁作本文有诫敕之义，符合诰体第三类之特点。又据"余告汝若时"之"告"，可知本文当为诰体。盖从行为方式而言为"告"，就其口中出言，发而为辞及史官录之于书，则为"诰"。

本文主体部分即自"来，格汝说"至"志之于乃心"就是《说命》的主要内容，对应于今本《尚书·说命上》。但《尚书·说命上》"朝夕纳诲，以辅台德"句为命辞，而自"若金，用汝作砺"至"其惟有终"则为命辞之后的告诫之辞。亦即是说，《尚书·说命上》自"朝夕纳诲"至"其惟有终"属于命辞，应该被命名为《说命》或《傅说之命》，而本文则明显属于诰辞，亦即武丁对傅说做的告诫性讲话，亦即是说，本文虽名为《说命》，实为诰辞。

本文跟今本《尚书》之《说命上》自"若金，用汝作砺"至"其惟有终"有许多文字相近，二者系出于大致相同的传本，其中很多文字不同，也反映出传本之间的较大差异。惟"且惟口起戎出好，惟干戈作疾，惟哀载病，惟干戈眚厥身"四句，今本文字稍异，且在《说命中》，是作为傅说对武丁的谏言出现的，而这里却被记录成了武丁对傅说的告诫之言。可是兴起干戈是作为帝王的权力，是帝王才能决定的事情；慎言也是帝王之德，"左史记言"，"右史记事"的目的是使帝王"慎言行，昭法式"，亦即使帝

---

① 君向臣下颁布王命，臣以事告君，体现这样的行为方式的文本都是"诰"体。
② 唐旭东：《今文尚书文系年注析》，第43页。

王慎言行，一言一行皆可以为臣民表率。将这些用于帝王的言辞用于傅说身上，甚为不辞，故此以为此段记载仍以今本《说命中》作为傅说对武丁的谏言为妥。这种差异或许反映出文献版本流变中的一些情况。①

2.《武丁之诰》（二）

> 说，既亦诣乃备服，勿易俾越。如飞雀罔畏离，不惟鹰隼，乃弗虞民，厥其祸亦罗于霽罘。〔《清华大学藏战国竹简》（叁）·说命下〕

本文记载武丁对傅说谨慎于位的告诫。依情理，武丁作对傅说的任命之辞后当有诰辞，故姑系本文于《傅说之命》（《说命》）之后。本条成文先提出告诫之辞，亦即"谨慎于位"的要求："既亦诣乃服，勿易俾越。"然后用飞雀如果不畏惧危险，在不但鹰而且弗虞之民都把它作为猎物的危险处境下，它的灾祸就不远了作为类比和比喻，将告诫之辞的意思表达得生动而且明白。②

3.《武丁之诰》（三）

> 说，汝毋忘曰："余克享于朕辟。"其又乃司四方民丕克明，汝惟有万寿在乃政。汝亦惟克显天，恫瘝小民，中乃罚，汝亦惟有万福业业在乃服。〔《清华大学藏战国竹简》（叁）·说命下〕

记载武丁告诫傅说"克享于朕辟"的条件：其一为"其有乃司四方民丕克明"，其二为"克显天，恫瘝小民，中乃罚"。做到这些，傅说将得到的福报是"汝惟有万寿在乃政"，"汝亦惟有万福业业在乃服"。该条成文先告诫傅说不要妄言"余克享于朕辟"，然后指出"克享于朕辟"的条件，并指出做到这些能得到的福报。第一个条件是关于人事方面，做到了"其有乃司四方民丕克明"，就是做到了克当君心，也才能长久担任其职务，享有其禄位。第二个条件是关于上天的，"克显天恫瘝小民，中乃罚"，即做到能够彰显上天的同情民生疾苦之心，刑罚公正。盖民意即天心，"民之所

---

① 唐旭东：《古文尚书文系年注析》，第147页。
② 参见唐旭东《古文尚书文系年注析》，第151页。

欲，天必从之"，武丁的告诫反映了这一点。刑罚公正，其实也不仅仅是刑罚的问题，而是跟名分、礼乐、民心等紧密相关的。正如孔子所言："名不正，则言不顺；言不顺，则事不成；事不成，则礼乐不兴；礼乐不兴，则刑罚不中；刑罚不中，则民无所措手足。"刑罚是民众的行为准则和行为指南，是名分、言、事、礼乐和刑罚链条的倒数第二环，直接关心民众和民心，故刑罚必须得"中"。另外，"克享于朕辟"或许不仅有当我君心意之意，还有《尚书·吕刑》"惟克天德，自作元命，配享在下"之意。详情可参拙著《古文尚书文系年注析》，此不赘述。

就论说方法和艺术性而言，本文用讲道理的方法进行论证，全文采用先总后分的结构，论点明确，结构层次明晰，每个层次之内，先谈分论点，再谈这样做的益处，具有说服力和诱导人的力量。

4.《武丁之诰》（四）

说，余既諟劼毖汝，使若玉冰，上下罔不我仪。〔《清华大学藏战国竹简》（叁）·说命下〕

本文记载武丁对傅说修养品德的告诫。君子比德于玉、冰，这种思维方式和比喻的手法，是中国哲学和中国文学善于以模拟取象的传统。该文作时不详，姑系于傅说受命之年。[①] 本文强调了作为统治者修养德行，为上下之仪型典范的重要性，这也反映了当时对官德的要求。

5.《武丁之诰》（五）

说，昔在大戊，克渐五祀，天章之用九德，弗易百姓。惟时大戊谦曰："余不克辟万民。余罔坠天休，式惟三德赐我，吾乃敷之于百姓。余惟雍天之赧命。〔《清华大学藏战国竹简》（叁）·说命下〕

本文记载了武丁向傅说讲述帝太戊的事迹和话语，意在要求傅说以太戊为榜样，于《尚书》"六体"属诰。该文作时不详，姑系于傅说受命之年。该文因为对"余不克辟万民，余罔坠天休"句理解不同而对整体话语

---

① 参见唐旭东《古文尚书文系年注析》，第162页。

的理解有所差异。有的学者理解为我非常能够胜任为万民之君，我没有坠失上天的美好大命，则是太戊自信之言。有的理解为"我不胜任为万民之君，但我没有坠失上天的美命"，则是太戊庆幸之言。有的理解为我不胜任为万民之君，但我不要坠失上天的美好授命，则是太戊的谦虚自勉之言。武丁所述太戊的主要事迹是"克渐五祀""弗易百姓"。"克渐五祀"，意味着太戊重视天人关系，重视人与天神、地祇、人鬼的关系，重视祭祀典礼的举行。"弗易百姓"，表明重视百官，重视采纳百官意见，重视年长有德之臣的意见。太戊因此得到的福报是上天用九德彰显他，体现了商人对天人关系的观念。至于太戊之言的后一句言上天以三德赐我，我于是将它普施于百姓，不敢不执行上天的大命，体现了商人在上天面前的敬畏心态。

本文论点没有明确表述，而是完全融会在论述之中，采用摆事实和讲道理（主要是引述太戊的名言）相结合的方式加以论证。因为太戊是商代的前代贤王，他的话语和事迹具有较强的说服力。

6. 《武丁之诰》（六）

> 说，毋独乃心，敷之于朕政，欲汝其有友勒朕命哉！〔《清华大学藏战国竹简》（叁）·说命下〕

本文记载了武丁"毋独乃心"的告诫。该文作时亦不详，姑系于傅说受命之年。与《尚书》中大多数诰辞一样，该文亦先称呼，然后提出观点，亦即告诫之中心主题："毋独乃心"，然后从反面提出要求："敷之于朕政"，亦即要广泛地将你的想法施行到我的政事上。最后提出希望："欲汝其有友勒朕命哉"，意思是希望你有志同道合的同志一起努力地执行我的命令吧，仍是围绕告诫的中心主题"毋独乃心"。本文强调了广采众言的重要性，这也反映了当时对官德的重视和要求。

四　记言叙事文

其实，"清华简"《说命》除了可以视为或者说可以析出由不同的行为方式而产生的记、命、诰三体之文以外，还可以视为十段（篇）记言叙事文。第一篇是《傅说之记》，亦即"清华简"《说命》上记叙武丁访求傅说，等到傅说到来后向他求证是否即梦中之人。然后叙述傅说奉命伐失仲之役，其中插叙了失仲生了两个像野猪一样的儿子，以为不祥，于是占卜，卜兆以不杀为吉，但失仲仍然杀了一个的事，然后回到正题，没有被杀的儿子保着失仲逃走了，发展成为赤俘之戎的故事。最后补叙了傅说之封邑亦即武丁任命傅说为公之事。第二篇《接见傅说之记》是关于殷高宗武丁在接见傅说时见到傅说，向傅说求证他是否即梦中人之事的记载，见于"清华简"《说命》第一部分。第三篇是武丁对傅说融命之命辞。第四篇为武丁命傅说视夜视辰之命辞。第五篇至第十篇为武丁对傅说的六篇诰辞。其中第一篇诰辞篇幅较长，论点明确，结构完整，善用比喻论证是该文最突出的特点。比喻手法和排比句式的运用是其语言艺术的突出特点。另外，本文也采用了摆事实进行论证的方法，表现出摆事实与比喻论证等多种论证方法结合运用的特点。

　　对"清华简"《说命》做文体分析，可以给学界提供研究出土文献的一个新视角。通过对"清华简"《说命》做文体分析，可以认识到商代各体散文的创作水平和创作状况，会发现商代人在论说文与记叙描写类文体写作方面已经进行了很有意思的探索，取得了一些成就，积累了较为丰富的创作经验，足以给后人提供可资借鉴的启示。而且，通过对"清华简"《说命》做文体分析，我们会惊喜地发现研究先秦散文的文献资源得到开拓和增加。当我们以散文的眼光审视"清华简"《说命》的时候，在我们的眼中就不再只是"清华简"《说命》一篇文献资料，而是多篇带有议论性质或记言叙事描写性质的文例和文献资料了。如果以这样的眼光和视角来看待其他出土文献和传世文献，我们还会有多少这样的令人惊喜的发现呢？这就是本文所做探索的启发性和示范性意义。

参考文献

［1］清华大学出土文献研究与保护中心编，李学勤主编《清华大学藏战国竹简》（叁），上海文艺出版集团，中西书局，2012。

［2］（明）吴讷：《文章变体序说》，（明）徐师曾：《文体明辨序说》，人民文学出版社，1962。

［3］唐旭东：《古文尚书文系年注析》，河南人民出版社，2016。

［4］唐旭东：《今文尚书文系年注析》，广西师范大学出版社，2013。

［5］郭晋稀：《文心雕龙注译》，甘肃人民出版社，1982。

北大简《妄稽》篇的早期小说特征

戴永新[*]

摘　要：北大简《妄稽》叙述了周春娶丑女妄稽为妻，因妄稽貌丑又买美妾虞士，而引起妄稽的嫉恨从而对虞士折磨不已，后妄稽病重而幡然悔悟的故事。全篇情节生动曲折，无论故事的叙述，还是人物的形象性、情节的虚构上皆符合中国早期小说的特征。

关键词：北大简　《妄稽》　小说

在中国小说史领域，有些命题已经被大家普遍接受：最早见于《庄子·外物篇》"饰小说以干县令"的"小说"指偏颇琐屑的言论，但并不是小说文体；就《汉书·艺文志》中出现"小说""小说家"的术语而言，"小说"最终在汉代确立为一类文体；小说作为文体的成熟始于唐人传奇，在此之前的如先秦的神话、传说、寓言、魏晋的志怪等皆其先河。但是除此之外，中国流传下来的大量文献资料中，是否还有应视为中国小说"先河"的资料呢？近年来，有些学者提出了自己的看法和建议，其中讨论较多的是把汉赋作为古小说的起源之一，2009 年入藏北京大学的西汉竹书《妄稽》篇，为此观点提供了有力的佐证。

《妄稽》篇由 107 枚竹简组成，完简 73 枚，残简 14 枚，所存文字约2700 字。全篇韵文为主，基本上四字一句，在第二句末尾押韵，是一篇长

---

* 戴永新，女，文学博士，聊城大学文学院教授，聊城大学简帛学研究中心成员。

篇幅的汉赋。① 因其"戏剧性""故事性"以及反映了"众生群像"，被认为"具有明显的俗赋特征"。② 但由于其题目为"妄稽"其义疑为"无稽"，而因无可查考，在发现之初，被整理者视为"中国最早、篇幅最长的'古小说'"。随着整理和解读的深入，整理者又将其归入汉赋中的俗赋来看待和研究。从《妄稽》篇取材于人们的日常生活，具有一定的故事情节，韵文为主，多为四言，而且大量运用对话，语言描写也带有一定的诙谐嘲戏特色等来看，认定《妄稽》为俗赋比较合适。但是，就本文具有完整的故事情节、生动的人物形象、大量的虚构等内容，则又完全符合小说所具备的"叙事性、虚构性、形象性"等文体要素，而被当代学者称为"类小说""准小说"。成熟的小说往往具备完整的情节，塑造较为鲜明的人物形象，且有意虚构，就此来看，《妄稽》篇已经具备了成熟小说的特征。作为俗赋的《妄稽》篇，应该是中国小说产生的源头之一。

一

小说是典型的叙事艺术，而且是叙事文学的最高形式。中国其他文学样式中的叙事因素不断发展，给予古小说以丰富的营养，古小说也在吸收其他文体叙事因素的过程中，不断完善乃至成熟。

文学中最早的叙事因素来源于神话传说，远古先民在自然崇拜和图腾信仰中，构思出许多故事，为了增强神秘性，流传中又加入一些生动可感的情节。而神话和原始宗教融合之后，神话的故事性、认识事物的形象化以及借助想象的补充来完成叙事的方式更加突出。而先秦典籍中也包含有大量叙事因素：《尚书》"有言必措诸事也"，言事结合、以言带事，虽然言事比例还不均衡，但为后世叙事艺术发展奠定了基础，而《国语》《左传》《战国策》等历史散文，把《春秋》简约的记事，发展成近于纪传的史籍，标明叙事艺术已经相对成熟。这些叙事传统无疑对后代的叙事性文学带来很大的影响。

---

① 北京大学出土文献研究所编《北京大学藏西汉竹书》（肆），上海古籍出版社，2015，第57页。
② 廖群：《"俗讲"与西汉故事简〈妄稽〉〈神乌赋〉的传播》，《民俗研究》2016年第6期，第92页。

　　不仅如此，叙事因素在诗歌中也能觅到端倪。在那些高低顿挫"杭育""邪许""嗨哟"的劳动呼声中，诗歌最早的胚胎便孕育产生了。这种劳动呼声所传达的内容刚开始只是身边的简单事物，表达的也仅仅是简单情绪。随着社会实践的不断拓展，人们思维和语言的进一步发展，进入劳动呼声中的内容也渐趋复杂，有了劳动过程的回忆，还有了劳动以外的生活场景描述。作为中国诗歌真正成熟标志的《诗经》，以抒情为主，在抒情中却又选取生活中的一个或几个片段进行简单叙述，在叙述中抒情。因此，《诗经》中存有大量的叙事成分。随着诗体的成熟和应用广泛，"赋诗言志"的宗旨和语言表达方式发展成"敷布其义"的赋体，这种"直书其事，寓言写物"（锺嵘《诗品·序》）的叙事功能，对后世叙事作品产生了很大影响，尤其是在完整的故事结构和曲折的故事情节方面，影响尤大。这也是赋与小说产生联系的内在因素之一。

　　作为中国目前发现的最早的俗赋《妄稽》篇，其叙事艺术已经相当成熟，不仅结构完整、内容充实，而且情节安排也是起伏跌宕，故事的开端、发展、高潮、结局的设置，和后世的小说已经十分相似。

　　文章叙述了现实中一个家庭的夫妻关系和妻妾关系。故事以西汉荣阳望族品行容貌俱佳的周春娶丑妻妄稽为开端；以周春不能忍受其妻"甚丑以恶"，而"出入流涕"，致使其父母在集市上买回美妾虞士为发展；以妄稽因妒而恨，以暴力手段对虞士百般折磨为高潮；以妄稽身染重病后的反省和忏悔为结局。故事结构十分完整，而且故事情节设置上出人意料。

　　故事的开篇就设置了悬念：出身名族，"孝弟（悌）兹（慈）悔（诲），恭敬仁孙（逊），乡党莫及，于国无论（伦）"，而且"颜色容貌，美好夸（姱）丽，精絜（洁）贞廉，不肯淫议"的周春尚未婚配，以致乡党长者都商量为之娶个好妻，外加上其母言："句（苟）称吾子，不忧无贤"，这就大大吊足了读者的胃口，究竟什么样的女子才配做周春之妻？但接下来的故事却大大出人意料：周春娶了一个世上绝无仅有的丑女妄稽，文章不惜大量笔墨尽显其丑："種（肿）斦广肺，垂颡折骼（额）。臂夭八寸，指长二尺。股不盈拼（骈），胫大五摅。""目若别杏，逢（蓬）髪颇（皤）白。年始十五，面尽鲐腊。足若（悬）姜，胫若谈（楸）株。身若胃（猬）棘，必好抱区（躯）。口臭腐鼠，必欲钳须。"这样的安排的确出人意料。就这样的女子因何嫁给周春，给读者留有很大的想象空间。接下

来的故事更加出人意料。丑女如妾稽，就一般人的推测，嫁给周春后，应
该对周春俯首帖耳。但出乎意料的是，听闻公婆欲给周春买妾，她竟然据
理力争，大胆阻扰；而且当着丈夫的面，对买回来的美妾虞士竟大打出手：
"泰击搞之，随而挠之，执而窃之，楬解□之"，虞士搬出去后，妾稽趁着
丈夫"出官"，对其折磨，手段更加残忍。故事的结尾妾稽得重病，符合
"多行不义必自毙"的古训，但此处妾稽的幡然悔悟，也是出人意料。这种
结尾的设计，虽然是为了起到警戒世人的作用，但是妾稽对待虞士的态度，
前后形成了巨大的反差：临死前，把自己所有的财产，悉数赠予了虞士。
故事的结尾，既在读者意料之中，又出读者意料之外。这样的安排使情节
变得更加曲折生动。

　　英国著名小说家福斯特说："我们大家都会同意，小说的基本方面是讲
故事这一方面……如果没有这个方面，小说就不可能存在了。"① 就讲故事
这一方面来看，《妾稽》的确具有小说的特征。

<h2 style="text-align:center">二</h2>

　　《辞海》（三卷本，1989 年上海辞书出版社）"小说"项有如下解释：
"文学的一大样式。它以独特的叙事方式，具体地描写人物在一定环境中的
相互关系、行动和事件，以及相应的心理状态和意识流动等。以不同角度
反映社会生活。小说的叙事角度灵活多样，描写、叙述、抒情、议论等各
种表现手法可以兼收并蓄，也可以有侧重；一般以刻画多种多样人物形象
为反映生活的基本手段。"按照上述有关小说的界定，《妾稽》无论是从叙
事的角度、描写、叙述、议论等表现的手法，还是通过刻画人物形象反映
社会生活等方面，无一不符合小说文体的基本要求，尤其是通过语言、行
动、心理、外貌等描写，形象地刻画了丑陋凶残的悍妇妾稽、胆小懦弱的
丈夫周春、逆来顺受的美妾虞士等人物形象，已经含有以刻画人物为中心
的特色。

　　妾稽，是作品的主人公，也是作者着重塑造的人物，为了增强其形象
性，作者采用了大量的外貌描写，包括正面描写和侧面描写。文中有三处

---

　　① 〔英〕爱·福斯特：《小说面面观》，收入《小说美学经典三种》，上海文艺出版社，1990。

正面描写：

> 妄稽为人，甚丑以恶。瘇（肿）肵广肺，垂颡折骼（额）。臂天八寸，指长二尺。股不盈拼（骈），胫大五撼。曦（蓑）珍（吟）领亦（腋），食既相泽。勺乳绳萦，坐肆（肆）于席。尻若䍩笱，砖（膞）䐡（膡）格格。目若别杏，逢（蓬）髮颇（皤）白。年始十五，面尽鲐腊。足若（悬）姜，胫若谈（棪）株。身若胃（猬）棘，必好抱区（躯）。口臭腐鼠，必欲钳须。
>
> 毛若被（披）衰（蓑），唇若判桃。
>
> 鬼（魁）獾（颧）氏（低）准，坚根隐（殷）轸。肨曷（鼺è鼻梁）抵（低）准……

第一段大意是说妄稽肥头大耳，身体肥胖，额头突出，身体弯曲。指长于臂，胫大股小，脖子、胸腋难分，吃饭时汤汁流淌；乳房下垂，两脚如箕；臀部像捕鱼收紧的竹笱；大腿无肉而尖突；眼若杏仁开裂，发如老人蓬乱斑白。十五岁的年纪，皮肤干燥爆皮如鳞；脚趾分开，如生姜形状；小腿像削尖的树桩。身上像长满刺的刺猬，人人见了避之不及；口气很大味如腐鼠，人人遇见则掩口闭吸。第二处又写了她像蓑衣一样的汗毛、像分开的桃子样的嘴唇，像野兽一样的颧骨，塌鼻梁，紧缩的鼻孔，挤到一起的牙齿。

作者运用比喻、夸张的手法，正面描写了妄稽的面部、四肢、皮肤、气味，惟妙惟肖，生动形象，一个人间怪物活灵活现地展现在人们面前。不仅如此，作者还通过周春、周春父母、众人对其的评价凸显其丑：

> 周春见之，曾弗宾（频）视。坐兴大（太）息，出入流涕。辩（遍）告乡党，父母兄弟："必与妇生，不若蚤（早）死。"
>
> 姑舅谓妄稽："汝貌状甚恶，口舌甚粗。吾自为买妾，终不绝汝。"
>
> （虞士）辩（徧）告众人，拜请冯（朋）友。皆怜虞士，为之怒妄稽，曰："……且女（汝）胫若诎（屈）躅，面以（似）腐蛴。鸢肩㑩脥，萧（肃）萧（肃）淮淮……"

从上面所引可以看出，这一人间难以找寻的丑女，不仅丈夫嫌弃、公婆讨厌，连邻里乡亲也百般厌恶。

妄稽这一人物之所以形象生动，除了大量形象的语言描写外，更在于作者通过事件的不断推进，其由理智到失控再到疯狂的状态来展现。

在刚得知公婆欲给丈夫买妾时，妄稽虽然十分痛苦，以至于"不卧及旦"，但还是采用比较理性的手段反对买妾。她为了让公婆收回决定，鸡鸣即起梳妆打扮，以期弥补因丑陋而给公婆带来的厌烦。天刚微亮，便到公婆堂上。为了免去嫉妒的嫌疑，她自言"吾不单（惮）买妾"，之所以反对买妾是"君财恐散""家室恐畔（叛）"。见公婆不许，又言"吾暨（既）执帚，几（岂）毋檠（善）"，自己完全可以承担起伺候公婆的责任。为了说明"诚买美妾，君忧必多"，还列举"殷纣大乱，用被（彼）亶（妲）己。杀身亡国，唯美之以"的历史教训，让公婆警醒。当公婆苛责她"貌可以惧彪（魅）"，她以历史上"毗休得生，嫫母事舜"说明丑女也可以有很好的生活，并指责买妾行为是"小快耳目，不念生（往）故"，公婆不为所动，执意买妾，妄稽生气离开前也是较为理性地说了一句："请毋敢复言。"

当美妾买回家中，妄稽还是保持着较为清醒的头脑，她试图挽留丈夫对她的情分，曾精心打扮，但由于其外貌过于丑陋，精心的装扮反而更引起周春的厌恶。妄稽看到"自饬"不能留住周春，于是又准备在虞士身上做文章。由于竹简的缺失，我们没能看到妄稽劝说美妾虞士离开的言辞。但从虞士回答"见富不为变，见美不为荣"的语言可推知妄稽曾经用利诱劝其离开而未果。妄稽从得知买妾后的彻夜难眠，千方百计地阻挠买妾未成，精心自饬吸引丈夫失败积攒的焦虑、痛苦、失望、难耐等情绪，都在百般劝说虞士离开而被虞士"妾身乃专诚，不能更始，壹接周春，无所用事。命舍周春，独事孺子"言语的刺激下彻底爆发出来，瞋目大叫"吾速杀汝"，彻底丧失了理智而滑向了罪恶的深渊。

由于盛怒未平息，以至于她不再顾及丈夫而对虞士击打、捶击，甚至于捆绑虞士，以至于"虞士乃三旬六日才能起"，把对公婆、丈夫的不满统统都发泄到虞士身上。妄稽因嫉妒而生恨，以至于后文对虞士的折磨达到令人发指的程度。周春为了虞士免受妄稽的伤害，另置一处住所，并派专人把守。妄稽却趁着周春"出之竟（境）外"之时，抓到虞士断其指，扯其耳，击其阴，扎其身，并用"柘条百束，竹笘九秉，昏笘虞士，至旦不已"。此时的妄稽已经完全成为恶魔的化身。不仅如此，为了永绝后患，还编造虞士与"祸盗不材者"交往，而欲"杀周春"的事件，为了阻止其图谋，建议周春尽快卖掉虞士，并以"速鬻虞士，毋羁狱讼"警告丈夫。从这里可以看出，妄稽具有多面性，在虞士面前她如一条发疯的野兽，疯狂而残忍；在丈夫面前，却显示出冷静且言语不失条理的特征。

妄稽残忍地对待虞士，的确表现了其极其残忍的一面，但这种残忍的背后，让我们看到了妻妾制度对于妻子和妾都带来的不同程度的伤害。因阻挠买妾，而受到公婆的指责"妒"，而"妒"在古代文化典籍里，一直被视为一种恶德，是人性之恶的表现。汉代的《大戴礼记·本命篇》记载，"妇有七去"："不顺父母去、无子去、淫僻去、嫉妒去、恶疾去、多言去、盗窃去"，"嫉妒"就包含其中。妄稽因嫉妒而做出的诸多行为，作者以让她身染重病、不久人世作为恶有恶报的安排。而结尾处妄稽的幡然悔悟，更加说明了妄稽并非天生恶德，其恶性也不是十恶不赦，作者这种劝诫性安排，让妄稽的人物性格更加丰满、形象了。

文章除了塑造了能言善辩、残忍毒辣的妄稽；还塑造了胆小懦弱，遇事只会哭啼、退让的周春，以及美若天仙，虽受尽折磨仍从一而终的美妾虞士。《妄稽》篇通过形象地描写和夸张、比喻，使这些人物得以生动再现，从文学语言的这种形象化，可以看出《妄稽》篇已经具备了小说的品格。

三

"虚构性（fictionality）是文学性叙事的生命，它取决于作者的想象力，是小说发育的先决条件。"[①]　虚构的方法在中国文学史上由来已久，作为上古文献汇编的《尚书》在记录王朝各种文告以及君臣讨论朝政大事的时候就含有虚构的成分。《左传》《国语》《战国策》中存在着许多想象、虚构的情节，而且人物刻画形象生动、情节描写细致精湛，在历史记叙中使用了大量艺术性的文字表述。虽然史家记录的史实要求实录，但是记史的目

---

① 傅修延：《先秦叙事研究：关于中国叙事传统的形成》，东方出版社，1999，第273页。

的是把历史过程展现给后人，并以垂教后世，因此要求史学家不仅要具有渊博的历史知识，掌握丰富的历史资料，具有观察、鉴别和判断历史是非曲直的能力，还要有写史的能力，即一般性的文字表述和艺术性的表述能力，为了还原历史，在表述过程中间或采用想象、虚构手法。钱锺书先生认为史学著作的虚构，与小说的"虚构境地"，"不尽同而相通"①。

汉代的赋体，虚构是其经常采用的方式。如司马相如的《子虚赋》《上林赋》，作者为了"讽谏天子之奢侈"而设置子虚、乌有、亡是公的对话，从这三个人物的名字本身已可看出其虚构性，三人所叙述也非现实发生的事件，由此可以看出作者的精心设计。

《妄稽》在人物的塑造和故事情节的叙述中，也采用了虚构的方式。但其虚构的方式和《子虚赋》《上林赋》事件纯属"子虚乌有"不同，而是在现实生活的基础上，经过想象和加工，自觉地虚构了人物，使人物更具有典型性，这一点和后世小说的虚构已经十分相似。

"妄稽"是竹简原有的篇题，写于第三枚竹简背面上端，整理者认为"其意义疑即'无稽'"，认为这种命名方式如"乌有先生""无是公"，来说明这是汉赋命名的常用方法。② 后经过深入研究，又推翻了整理之初的"这是一篇中国所知时代最早、篇幅最长的'古小说'"的说法，而重新认定《妄稽》篇为俗赋。

如果按照整理者理解的"妄稽，即无稽"，篇名表明作者虚构了人名和故事。但经过对文章两个主要女性角色名字的研究，可知妄稽不仅是无从查找，同时也与文章的劝诫主题密切相关。

妄稽，许慎《说文解字》曰："妄，乱也。""稽，留止也。"段玉裁《说文解字注》："妄，无理乱来。"按照上述阐述"妄稽"即可释为"无理乱来终止"。结合作品的内容来看，买妾引起的妄稽的"嫉妒"，是推进情节发展的重要因素。妇女嫉妒，在汉代典籍中被认为是被休弃的七个恶德之一。前已引及《大戴礼记·本命篇》："妇有七去：不顺父母去，无子去，

---

① 钱锺书曾说："史家追叙真人真事，每须遥体人情，悬想时势，设身局中、潜心腔内，忖之度之，以揣以摩，庶几入情合理，盖与小说、院本之臆造人物，虚构境地，不尽同而相通。"见钱锺书《管锥编》第一册，中华书局，1979，第166页。

② 北京大学出土文献研究所编《北京大学藏西汉竹书》（肆），上海古籍出版社，2015，第57页。

淫去，妒去，有恶疾去，多言去，窃盗去。"因妒忌而被休的原因是"为其乱家也"。妄稽在嫉妒下的所作所为，都有违妇德。无论从其劝说公婆放弃买妾，还是对美妾虞士的百般折磨，纯属"无理乱来"。对于妄稽无理乱来的行为，作者以让其身染重病作为惩戒，而身染重病后的妄稽，对其少母说："我妒也，不智（知）天命虖（乎），祸生虖（乎）妒。"认为身染重病的原因是上天对她嫉妒行为的惩罚。对待虞士也改变了憎恨的态度："念女（汝）之事我，亦诚劳苦矣"，把"车马金财，纂组五彩"悉数留给了虞士，这也就预示了无理乱来行为的终止。这样的安排和其名字妄（无理乱来）稽（止）的意蕴完全一致。就此推断，妄稽这个人物是作者出于鉴戒的目的，用典型化方法创造出来的具有独特个性，又能反映一定社会本质的艺术形象。

妄稽嫁给了"名族周春"，而从彭卫的《汉代婚姻形态》所言"在现存的大多数汉代人婚姻个案中，男女双方的经济、政治和社会地位都是十分接近的"推断，[1] 妄稽极丑却嫁给了名族，亦当出身名门。虽然文章对于妄稽的出身没做过多介绍，但从其在阻挠婆婆购买美妾中不仅引用民间谚语"谋毋失伙"，引用"殷纣之乱，用被（彼）亶（妲）"的历史事实，还讲述了"毗休得生，嫫母事舜"的典故来看，她曾经接受过良好的教育，从她敢于和公婆辩驳试图阻止买妾，敢于斥责丈夫"错我美彼"，并当着丈夫对美妾大打出手，以及故事结尾处暗示其有大量的陪嫁等情况来看，其可能出身富国大族，因此在家庭中处处表现出强势。而本来"力劲绝骼，不好手扶。勇若孟贲，未尝色挠"的丈夫周春，却处处表现出唯唯诺诺，不满妄稽的丑陋，也只能"坐兴太息，出入流涕"，面对妄稽对爱妾的折磨，周春只能让虞士躲避他处，男性的力量被削减。这样安排反映出汉代上层妇女在社会生活中有着较高的地位，但是妄稽的身染重病，又说明地位再高，如果肆意妄为也会受到上天的惩罚，妄稽的典型意义就彰显出来了。

而美妾虞士，虽出身低贱，但作者对她的态度是赞美。文章多处描写了虞士的外貌："靡免白皙，长发诱纻。駮沓还之，不能自止。色若春荣，身类缚素。赤唇白齿，长颈宜顾。□泽比丽，甚善行步。……出辞和暇。手若阴蓬，足若揣卵。丰肉小骨，微细比转。眺目钩折，蚁鬓睫管"，更是

---

① 彭卫:《汉代婚姻形态》，三秦出版社，1988，第36页。

赞美了她的品行"廉不纤纤，教不勉兑。言语节检，辞令愉婉。好声宜笑，醽辅之有选"。而从她拒绝妄稽利诱的义正词严，以及面对即将离世的妄稽所言"义不事两夫，不以身再嫁"判断，虞士是作者塑造的集美貌与贤德于一身的女性美的典型形象。而其名字而虞士，据许慎《说文解字》"虞，驺虞也。白虎黑文，尾长于身。仁兽，食自死之肉"，段玉裁注："引申之，凡能事其事者称士。《白虎通》曰：士者，事也。任事之称也。"虞士的名称的设定和妄稽名称一样，是作者切合主题，自觉虚构的典型形象，这和后世小说为了解释主题而塑造典型形象也十分一致。

"汉赋是由具有个性的某一特定作者有意识地设置虚构来展开故事，以表达自己的想法，可以说是名副其实的虚构文学、虚构性创作。"[①] 其丰富的想象、大胆的夸张、形象的语言，无疑为后世小说叙事的生动性提供了必要的养分，汉赋中的一部分作品应作为中国小说史萌芽期的参考资料加以定位。而北大简《妄稽》篇，取材于汉代家庭生活，但又在现实生活的基础上，进行想象虚构，塑造出上层社会妄稽和下层社会的虞士，反映出妻妾制度下人性的扭曲，虽然文中对人物生存的环境只做了简单的介绍，没进一步展开，但无论从故事的叙述，还是人物的形象性、情节的虚构上，皆符合中国早期小说特征，北大简整理者最初定位其为"中国最早、篇幅最长的'古小说'"是有道理的。

---

① 〔日〕竹田晃：《以中国小说史的眼光读汉赋》，《文学遗产》1995 年第 4 期。

近十年来清华简文学研究述论

洪树华[*]

摘　要： 出土文献对中国古代文学研究有着不可忽视的影响。近十年来学者利用清华简研究先秦文学，取得了令人惊叹的成果。这些研究成果主要表现在对清华简《赤鹄之集汤之屋》、《周公之琴舞》、《耆夜》的《蟋蟀》及《芮良夫毖》等作品的研究上。近几年来除了依据单篇作品进行解读和分析的个案研究外，还出现了对清华简诗类或文学的整体研究的博士、硕士学位论文。清华简是当今学术界继郭店简、上博简之后的又一研究热点。

关键词： 出土文献　清华简　先秦文学

出土文献成为当今学术界的研究热点，其明显的标志有三：其一，近几年与出土文献有关的课题获得国家社会科学基金项目、教育部哲学社会科学重大课题的立项数量不容忽视。其中重大、重点项目有李学勤主持的教育部哲学社会科学研究重大课题攻关项目"出土简帛与古史再建"（09JZD0042）和国家社会科学基金重大项目"清华简《系年》与古史新探"（10&ZD091）、蔡先金主持的国家社会科学基金重大项目"中华简帛文学文献集成及综合研究"（15ZDB065）、刘信芳主持的国家社会科学基金重点项目"简帛诗学文献释读与研究"（13AZD034）、徐正英主持的国家社会科学基金重点项目"先秦出土文献及佚文献文学综合研究"（15AZW004）

---
　*　洪树华（1966~），江西上饶人，文学博士，山东大学（威海）文化传播学院教授，研究方向为中国文学批评史、文艺学与中国古代文学。

等。国家社会科学基金一般项目有徐正英主持的"先秦出土文献及佚文献文艺思想研究"（07BZW019）、蔡先金主持的"出土上古文学文献整理与研究"（10BZW031）、李学勤主持的"考古发现与先秦史诗、颂诗"（13BZW046）、于茀主持的"简帛文献的文体形态及文体谱系研究"（15BZW044）、单育辰主持的"近出楚简与传世文献对读研究"（16BYY148）、张海波主持的"银雀山汉简未公布部分整理研究"（16CYY034）、何家兴主持的"清华简用字整理与研究"（18BYY143）等。国家社会科学基金后期资助、西部项目有单育辰主持的后期资助项目"新出楚简《容成氏》研究"（11FZS006）、张峰主持的西部项目"战国楚简所见《诗》类文献整理与研究"（15XYY009）等。其二，国内部分高校有关出土文献的机构设立及研究队伍的壮大。如清华大学、吉林大学、复旦大学、武汉大学、济南大学等高校均设立了出土文献的研究机构，同时产生了一些著名的专家，如李学勤、姚小鸥、汤彰平、黄灵庚等。涉及出土文献研究的中青年学者也越来越多，如张兵、单育辰、俞林波、何家兴、张海波等，同时涌现出像蔡先金、刘钊等杰出的学者。其三，出版了一批有关出土文献的研究论著，其中黄灵庚的《楚辞与简帛文献》（人民出版社，2011）及蔡先金的《简帛文学研究》（学习出版社，2017）等著作被列入国家哲学社会科学基金成果文库。以"出土文献""清华简""上博简""郭店竹简"等为关键词，搜索中国学术期刊数据库，出现了令人惊叹的大量论文。其中的"清华简"，更是受到学术界的青睐。"清华简"，即清华大学藏战国竹简。2008 年 7 月清华大学入藏约 2500 枚竹简，系清华校友赵伟国捐赠。竹简由清华大学对外公布后，立即引起了海内外学者的轰动和重视。一大批专家、学者投入研究，纷纷撰文表达各自的见解。清华简成为当今学术界继郭店简、上博简之后的又一研究热点。本文拟对 2008 年以来涉及清华简文学研究的状况做一番叙述与评价。

一

出土文献对中国古代文学研究有着不可忽视的影响。近十年来部分学者利用清华简研究先秦文学，取得了令人惊叹的成果。这些研究成果主要表现在以下几个方面。

（一）清华简《赤鹄之集汤之屋》的研究

李学勤主编的《清华大学藏战国楚简》（叁）收入了一篇题名为《赤鹄之集汤之屋》的作品，受到学者关注。除了近年来对《赤鹄之集汤之屋》的注释，如：王昆《清华简〈尹至〉〈尹诰〉〈赤鹄之集汤之屋〉集释》①、于茀《清华简〈赤鹄之集汤之屋〉补释》② 等外，其余都围绕着文体归属、作品特征及其价值进行阐述。如黄德宽认为，无论从简文的故事结构、内容和性质，还是从写作方法来看，《赤鹄之集汤之屋》都可以看作先秦的"小说"作品，并指出这篇先秦"小说"的发现，为中国"小说"文体起源的研究提供了珍贵的新史料，文学史家关于先秦无"小说"的结论，因此篇的发现恐怕需要重新改写。③ 唐生力指出，从简文来看，该篇具有浓厚的巫术色彩，其性质很可能就是战国时期楚地小说家之言。该简文的出现，不仅为我们呈现了一篇战国时期有关伊尹传说的宝贵文献，为我们研究伊尹传说及相关历史现象提供了宝贵的资料。该简文又反映出我国古代浓郁的文化色彩，为我们研究古代小说的源头提供了新的有价值的线索。④ 姚小鸥认为，《赤鹄之集汤之屋》为研究中国早期小说的形成及形态提供了新的思路，这一新材料的发现，在中国小说史上具有重要的意义。姚教授在文中还对先秦两汉时期的小说作品进行分析，证明《赤鹄》篇作为小说出现不是偶然的。⑤ 刘成群认为，《赤鹄之集汤之屋》想象丰富，情节跌宕，足够曲折离奇，按现在的标准来看，谓其为小说并不成问题。当然，《赤鹄之集汤之屋》在战国时代楚人的眼中，并不一定被视为小说，大抵应是《书》一类著作。刘氏还认为《赤鹄之集汤之屋》与《汲冢琐语》一样，应同属

---

① 王昆：《清华简〈尹至〉〈尹诰〉〈赤鹄之集汤之屋〉集释》，硕士学位论文，河北大学，2016。
② 于茀：《清华简〈赤鹄之集汤之屋〉补释》，《北方论丛》2017 年第 2 期。
③ 黄德宽：《清华简〈赤鹄之集汤之屋〉与先秦"小说"——略说清华简对先秦文学研究的价值》，《复旦学报》2013 年第 4 期，第 82～84 页。
④ 唐生力：《由清华简〈赤鹄之集汤之屋〉看伊尹传说——兼论该篇传说的文化内涵》，《文艺评论》2013 年第 10 期，第 2～6 页。
⑤ 姚小鸥：《清华简〈赤鹄〉篇与中国早期小说的文体特征》，《文艺研究》2014 年第 2 期，第 53 页。

于杂史体志怪小说。① 谭若丽认为，以文学作品的角度审视《赤鹄》，发现其已十分接近乃至超越了数百年后的很多魏晋志怪小说。她还认为，这篇可视为深入研究古代小说起源与早期形态的珍贵史料，对于古代小说研究有重要价值。② 从以上发表的论文看，这些作者都认为《赤鹄之集汤之屋》应该属于小说文体。

（二）清华简《周公之琴舞》的研究

《清华大学藏战国楚简》（叁）收入了《周公之琴舞》组诗。据清华大学李守奎教授说，该篇共有 17 支简，其中除了一五号简残缺近半，其他都保存完好，篇尾留白，有结尾标识符号。③《周公之琴舞》由十篇诗构成，与传世《诗经》一样具有乐诗的性质，有着极高的研究价值。国内学者在《周公之琴舞》与《周颂》、清华简《周公之琴舞》与"孔子删诗"说、《周公之琴舞》的文本与结构等方面撰文发表看法。关于《周公之琴舞》与《周颂》，如李守奎在《清华简〈周公之琴舞〉与周颂》一文中，对篇题、儆毖类颂诗、周公与成王所作儆毖类诗的用途、《敬之》与今本的差异、语言等方面做了分析，认为《周公之琴舞》使我们对《周颂》有了全新认识，一些新问题引导我们做更加深入的探讨：一、颂诗有舞，诗与乐合是歌，诗、乐、舞合是颂。芮良夫所作是歌，周公与成王所作是颂。颂指舞容，颂与风、雅的主要区别当是演奏时有舞。二、颂诗分章，配套使用，九成大礼最少演奏九章，今存《周颂》，散乱缺失，章次不可推究。《周公之琴舞》载成王所做的九章使我们得见《周颂》演奏完整篇章的全貌。三、战国时期楚国尚流传完整的成套颂诗，诗三百却支离破碎，十不存一。这为我们重新考虑《诗》的形成过程提供了新的思路。四、《周颂》中有儆戒为主旨的一类诗，称作"毖"或"儆毖"。在本篇简文中，周公之毖主要是警告多士，成王之毖主要是为了自儆。这很符合成王初嗣位时的实际情形。毖诗每章以十二三句为常，分为启与乱两部分，内容或转或承。五、简文

① 刘成群：《清华简〈赤鹄之集汤之屋〉文体性质再探》，《学术论坛》2016 年第 8 期，第102~104 页。
② 谭若丽：《清华简〈赤鹄之集汤之屋〉与古小说源流——兼论相关出土文献》，《西安文理学院学报》2016 年第 3 期，第 26 页。
③ 李守奎：《清华简〈周公之琴舞〉与周颂》，《文物》2012 年第 8 期，第 72 页。

第一章与毛诗《敬之》相比，句式整齐，文意显豁，今本《周颂》可能有错简。六、周初成王之诗的语言多承商代成语。① 陈鹏宇认为清华简《周公之琴舞》记载了周公和成王所做的乐歌，较完整地呈现了周初乐诗的面貌。从歌诗的方面来看，《琴舞》反映了一种规整的"始乱"对称的结构，每一节的始乱部分，针对的对象多有不同。这种结构在今本《周颂》中也有体现。②

　　清华简《周公之琴舞》与"孔子删诗"问题，一直是争论的焦点。"孔子删诗"说是《诗经》学史上的公案之一，至今未有定论。近年来有学者纷纷发表自己的看法，2014 年《文学遗产》第 5 期发表了 3 篇文章，即徐正英教授的《清华简〈周公之琴舞〉与孔子删〈诗〉相关问题》、刘丽文的《清华简〈周公之琴舞〉与孔子删〈诗〉说》、马银琴的《再议孔子删〈诗〉》都肯定了"孔子删诗"说。如：徐正英认为，司马迁的"孔子删诗"说是可信的。孔子删诗的活动不会发生在孔子 46 岁之后，更不会开始于其"自卫返鲁"后的晚年。"乐正"是孔子晚年对"诗三百"所做的主要工作。③ 2015 年谢炳军发表数篇文章持不同意见，如：《删〈诗〉说及其意图阐释——兼论走出删〈诗〉说的困惑》（《中国海洋大学学报》2015 年第 5 期）、《再议"孔子删〈诗〉说"与清华简〈周公之琴舞〉——与徐正英、刘丽文、马琴银商榷》（《学术界》2015 年第 6 期）、《〈诗经〉的结集及其对〈周公之琴舞·敬之〉的选编——答徐正英先生》（《中州学刊》2016 年第 2 期），提出了自己的观点。谢炳军认为，郑玄《诗谱序》提出的"王官删〈诗〉"说可信。孔子删〈诗〉针对的并非王官们手中的权威的专业的《诗》文本，而是以王官修订的善本为底本，校正自己用以教学的《诗》本，最终形成一个比较完善的《诗》文本。学者或多关注孔子订正《诗》之功，而忽视了王官作为《诗》编订者之首功。谢氏主张不能援据《周公之琴舞》而论定"孔子删诗"说。马芳撰文认为，谢炳军的文章有可商榷之处，肯定"王官删诗"并不能否定"孔子删诗"。推测《周公之琴

---

① 李守奎：《清华简〈周公之琴舞〉与周颂》，《文物》2012 年第 8 期，第 76 页。
② 陈鹏宇：《周代古乐的歌、乐、舞相关问题探讨——兼论清华简〈周公之琴舞〉》，《出土文献》第四辑，中西书局，2013，第 90 页。
③ 徐正英：《清华简〈周公之琴舞〉与孔子删〈诗〉相关问题》，《文学遗产》2014 年第 5 期，第 21~28 页。

舞》为《诗经》逸诗是有道理的，存在为孔子删取的可能性。① 刘娟的
《再论清华简〈周公之琴舞〉与"孔子删诗"——历时性与共时性双重视域
下的〈诗〉本生成》一文开头就认为，据先秦时"诗"的内涵衍变、《诗》
本的历时性与共时性生成来看，清华简《周公之琴舞》非孔子删诗之证。②

　　涉及《周公之琴舞》的结构时，《清华大学藏战国竹简》的主编李学勤
教授撰文，发表对该简的看法，他在《论清华简〈周公之琴舞〉的结构》
一文的结尾说，《周公之琴舞》全诗十篇，如以内容实际来说，以君臣口吻
划分，其分布很有规律，显然是有意编排的结果。作者大胆推测，《周公之
琴舞》原诗实有十八篇，由于长期流传有所缺失，同时出于实际演奏吟诵
的需要，经过组织编排，成了现在我们见到的结构。其性质可与《大武》
乐章相比，对探索古代诗、乐极有意义。③ 蔡先金《清华简〈周公之琴舞〉
的文本与乐章》一文从《周公之琴舞》的文本结构、乐章结构、《周公之琴
舞》的作者、《周公之琴舞》与西周乐制四个方面加以阐述，最后总结说，
清华简《周公之琴舞》的文本结构较为简单，既是一种常见的"启+乱"式
的循环结构，又能够反映出西周初期的诗乐面貌。其乐章结构较为特殊，
但从简的形制及背题简号、篇题、第二遂的"通启"记载以及"序"与
"用乐"角度分析，可知该颂通体是一篇完整的乐章，而非两篇之拼凑。④

　　涉及清华简《周公之琴舞》与《诗经》《楚辞》的关系研究。清华简
《周公之琴舞》为《诗经》《楚辞》研究提供了极其有益的启示，如：徐正
英《清华简〈周公之琴舞〉组诗对〈诗经〉原始形态的保存及被楚辞形式
的接受》一文叙述了《周公之琴舞》文本展示及其基本形态特征，然后细
致分析了"启曰""乱曰"的乐章标识，认为《周公之琴舞》可能代表了
《诗经》作品的原始存在形态，并探讨了楚辞对《诗经》原始形态的接受与

① 马芳：《也谈〈清华简·周公之琴舞〉与"孔子删诗"问题》，《中州学刊》2016 年第 7
　　期，第 145~148 页。
② 刘娟：《再论清华简〈周公之琴舞〉与"孔子删诗"——历时性与共时性双重视域下的
　　〈诗〉本生成》，《岭南师范学院学报》2017 年第 4 期，第 68 页。
③ 李学勤：《论清华简〈周公之琴舞〉的结构》，《深圳大学学报》2013 年第 1 期，第 59 页。
④ 蔡先金：《清华简〈周公之琴舞〉的文本与乐章》，《西北师大学报》2014 年第 4 期，第
　　40 页。

改造。① 黄甜甜认为，《周公之琴舞》以诗的形式呈现，在楚地主要充当着贵族教育中"诗教"教本之功能。黄文将简文的成王"元内启"文辞与《周颂·敬之》对读，看出简本在文意表达上稍胜于今本，而且句式更为稳定。但今本也有优胜之处，而且个别词句简本与今本立意角度不同，各自皆可成立；简本和今本《敬之》可能并不存在直接的传承关系，战国时代它们分别以不同文献形式流传。简本依托于《周公之琴舞》整个文本，今本则依托《周颂》。简本最终与《周公之琴舞》一同亡佚，而今本编入《周颂》之中，得以流传至今。② 李颖《清华简〈周公之琴舞〉与楚辞"九体"》一文从《九歌》篇名入手，依据清华简《周公之琴舞》中的"九㽦"材料，结合传世文献，对"九体"的结构特征、发展脉络及"九"所承载的礼乐观念做了较为细致的阐释。作者认为，"九体"作为一种早期文体，从它的发源阶段开始，其篇数和篇名间就存在着一种数字上的对应关系，"九"标志着它的章节结构形式，也显示着它与礼乐间的一种特殊联系。清华简"琴舞九㽦"材料的出现，有益于我们对楚辞"九体"进行关照。③ 此外，沈培认为，清华简《周公之琴舞》记载成王作颂诗九首，其中第一首跟传世《诗·周颂·敬之》相当，二者互对读，对于了解诗义很有帮助。④ 邓佩玲认为：《大武》为先秦时期的重要乐章之一，经常用于不同的礼仪活动之中，地位崇高。但可惜的是，传世古书的记载欠缺全面，导致后代学者在其作者及"六成"的问题上意见甚为分歧。清华简《周公之琴舞》虽然抄写于战国，与《大武》的做成年代仍有一段距离，但却是迄今所见有关先秦乐舞的最完整记录，实为研究《大武》各问题提供了珍贵的参考数据。⑤ 韩国全南大学吴万锺教授的《清华简〈周公之琴舞〉之启示》探讨了《周公之琴舞》与《诗经》在先秦时期的流传、《周公之琴舞》

① 徐正英：《清华简〈周公之琴舞〉组诗对〈诗经〉原始形态的保存及被楚辞形式的接受》，《文学评论》2014 年第 4 期，第 51~60 页。

② 黄甜甜：《试论清华简〈周公之琴舞〉与〈诗经〉之关系》，《中原文化研究》2015 年第 2 期，第 54~57 页。

③ 李颖：《清华简〈周公之琴舞〉与楚辞"九体"》，《中国诗歌研究》第十辑，中华书局，2014，第 29 页。

④ 沈培：《〈诗·周颂·敬之〉与清华简〈周公之琴舞〉对应颂诗对读》，《出土文献与古文字研究》第六辑，上海古籍出版社，2015，第 327 页。

⑤ 邓佩玲：《〈诗经·周颂〉与〈大武〉重探——以清华简〈周公之琴舞〉参证》，《岭南学报》复刊第四辑，上海古籍出版社，2015，第 245 页。

中成王所作的九章以"启"与"乱"两部分构成的乐章形式与今存《毛诗》篇章的文本形式的差别、《诗经》的编订及《诗经》可能产生的时期等问题。①

　　另外，值得注意的是，近两三年来出现了一些以清华简《周公之琴舞》为选题的硕士学位论文，对《周公之琴舞》做了更为细致的分析。如王薇《清华简〈周公之琴舞〉研究》②，该文第二章主要从释文整理、字词考释、重点字及疑难字考释、释文再整理这几个方面对《周公之琴舞》做文本整理。第三章从清华简《周公之琴舞》的结构、用词上看《周公之琴舞》与《诗》《书》的关系、清华简《周公之琴舞》的价值三方面对《周公之琴舞》做了较为细致的分析。与王薇的硕士学位论文同名的有刘潇川《清华简〈周公之琴舞〉研究》③，该文叙述了《周公之琴舞》的来历与简册年代、篇题、出土意义、作者等，分析了《周公之琴舞》的篇章结构，将《周公之琴舞》与《周颂》的《大武》联系起来分析周初乐制，最后从思想内容、文学性等角度探析《周公之琴舞》的文学史料价值。辛然《清华简〈周公之琴舞〉中"乱"字研究》④一文梳理了"乱"字的释义及内涵、"乱"字义项的发展演变，从内容、语法等角度对《周公之琴舞》中的"乱"字进行分析，讨论《周公之琴舞》的"乱曰"与《楚辞》"乱曰"的关系、《周公之琴舞》的"乱"与《水经注》"乱流"的关系、《周公之琴舞》的"乱"与《诗经》的"乱"的关系等，最后就清代以前的经、史、子、集文献中"乱曰"与《周公之琴舞》之"乱"的关系做了考察。

（三）清华简《耆夜》篇《蟋蟀》诗研究

　　《清华大学藏战国竹简》（一）所收《耆夜》篇有《蟋蟀》一诗，该诗与《诗经·唐风·蟋蟀》关系密切。近几年学界围绕着简文《蟋蟀》与《唐风·蟋蟀》产生的先后、两者是否同一篇诗、诗篇主旨（主题）是否一致等问题展开了讨论。

---

① 吴万锺：《清华简〈周公之琴舞〉之启示》，《中国诗歌研究》第十辑，中华书局，2014，第 37~46 页。
② 王薇：《清华简〈周公之琴舞〉研究》，硕士学位论文，天津师范大学，2014。
③ 刘潇川：《清华简〈周公之琴舞〉研究》，硕士学位论文，济南大学，2015。
④ 辛然：《清华简〈周公之琴舞〉中"乱"字研究》，硕士学位论文，天津大学，2017。

　　其一，清华简《蟋蟀》与《唐风·蟋蟀》篇的比较。如：香港浸会大学陈致教授认为，简文《蟋蟀》的用韵较毛诗《唐风·蟋蟀》要松散一些，毛诗《唐风·蟋蟀》可以说是非常规整的隔句韵，相比之下，简文《蟋蟀》一诗，诗行衍生了二句，变为十行；诗句偶有五言，并非整齐的四言诗；诗韵则为铎铎之药月铎阳铎阳鱼，虽然鱼与铎为阴入对转可通韵，但其不规则的用韵效果显然不及毛诗《唐风·蟋蟀》。陈致教授还认为，简文《蟋蟀》与毛诗《唐风·蟋蟀》两个文本之间的关系存在以下几种可能：第一，简文《蟋蟀》是毛诗《唐风·蟋蟀》的前身，或者是更早的一个文本，两个文本之间的诗行及文字差异是在传抄或者口头传播过程中产生。第二，毛诗《唐风·蟋蟀》是简文《蟋蟀》的前身，或者是更早的一个文本，前者源于中原国家，后者是楚国文本，两者在用韵、语词、文字上的不同，可能是在由中原向楚国的传播过程中产生出来的。第三，简文《蟋蟀》与毛诗《唐风·蟋蟀》源自两个平行互不相干的文本，有各自的传播历史和传播人群及范围。① 针对这三种可能性，曲阜师范大学孔子研究所黄怀信教授通过对比研究做出推论，指出传世本《诗经》对原诗有改造，他认为从简书《蟋蟀》可以有今本《蟋蟀》，而由今本《蟋蟀》不可能有简书《蟋蟀》。所以，简书之《蟋蟀》必是今本即《唐风·蟋蟀》之前身，《唐风·蟋蟀》必是简书之诗的改造。当然，简文本身亦已有讹误，说明其流传已久。至于《唐风》对原诗进行改造的时间，当不晚于孔子。清华简的时代晚于孔子近二百年，反而保持了原始面貌，说明古文献自有不同的传承系统。具体到《蟋蟀》诗，二者的传承系统应当是：清华简之《蟋蟀》，属于《书》学系统。因为存在于《书》内，所以较好地保留了原貌；《唐风》之《蟋蟀》首出于《书》，传到晋地以后，在流传过程中经人刻意加工改造，最后又被采回周王室，而入于《诗》。由于周折较大，所以变化也大。另外作者发现今本《蟋蟀》对原诗的改造，几乎是全方位的。而这种改造，很大程度上又是出于对原诗的误解。② 孔德凌认为，简文《蟋蟀》与《唐风·蟋蟀》有许多相同之处，表明两者之间具有内在的渊源关系。两者之同表

---

① 陈致：《清华简所见古饮至礼及〈耆夜〉中古佚诗试解》，《出土文献》第一辑，中西书局，2010，第28页。

② 黄怀信：《清华简〈蟋蟀〉与今本〈蟋蟀〉对比研究》，《诗经研究丛刊》第二十三辑，学苑出版社，2013，第249~250页。

现在，其一，语言文字方面，两诗的文字和语句高度相似。其二，地理背景上两诗比较接近。两诗分别出现于西周时期的宗周、晋国，都运用西土地区一些约定俗成的语言，凸显了西土地区相同语境下乐歌的特色，流露出保家卫国、乐生恶死的思想。同时，孔文还认为简文《蟋蟀》与《唐风·蟋蟀》之间存在诸多不同之处，其不同主要体现在句式、用韵、人称、起兴和主题五个方面，尤其是两者之间的主题存在重大差异。简文《蟋蟀》与《唐风·蟋蟀》是两首不同的诗歌。① 陈民镇认为：虽然简文《蟋蟀》与《唐风·蟋蟀》在个别语句以及次序上存在不同，但核心内容几乎是完全一致的，这核心内容可归结为三点：不过度逸乐，有节制，不放纵；时光易逝，珍惜光阴；戒骄戒躁，忧惧谨慎。这三点与《诗小序》的解释是背道而驰的，与《耆夜》的记载却相呼应。②

　　其二，主题（主旨）方面。有学者认为，清华简《蟋蟀》与传世《唐风·蟋蟀》的主旨是一致的，如：李均明认为，清华简《蟋蟀》与传世《唐风·蟋蟀》主旨一致，认为理解《蟋蟀》诗主旨的关键在简文"不喜不乐"及传世本的"不乐"上，但如果把"不"字当作否定副词，上下内容必然自相矛盾，很难自圆其说，把"不"字当作助词则更为合理。"不"字在先秦时作为语助词的用法是常见的，则简文之"不喜不乐"即"喜乐"也，《唐风·蟋蟀》之"不乐"即"乐"也。这一解释与简文《蟋蟀》的大背景及具体环境完全符合。二诗的主旨虽然一致，但表现出的情感热烈程度不同，从具体文句中可看出清华简《蟋蟀》所表达的情感更为直接强烈。③ 也有学者就诗的中心思想做了分析，如：陈民镇在《〈蟋蟀〉之'志'及其诗学阐释——兼论清华简〈耆夜〉周公作〈蟋蟀〉本事》一文的第二部分探讨《蟋蟀》的诗人之志时，从周公的身份、作者的思想背景、《蟋蟀》的创作背景、《蟋蟀》创作的情境分析，联系到周公作《蟋蟀》，则不难理解周公的诗人之志：因为其特殊身份，所以周公有着强烈的责任

---

① 孔德凌：《清华简〈蟋蟀〉与〈唐风·蟋蟀〉异同考论——兼论清华简〈蟋蟀〉的主题》，《北方论丛》2015年第1期，第27~29页。

② 陈民镇：《〈蟋蟀〉之"志"及其诗学阐释——兼论清华简〈耆夜〉周公作〈蟋蟀〉本事》，《中国诗歌研究》第九辑，社会科学文献出版社，2013，第73页。

③ 李均明：《〈蟋蟀〉诗主旨辨——由清华简"不喜不乐"谈起》，《出土文献》第四辑，中西书局，2013，第32~37页。

感；因为这一思想倾向，周公反对纵酒逸乐；《蟋蟀》的创作背景决定了饮至礼上的欢乐气氛，同时也说明战局的紧迫，一年将近，时光匆匆；而《蟋蟀》的创作情境，一方面说明了《蟋蟀》一诗中基本意象的由来、周公缘何以"蟋蟀在堂"起兴，另一方面说明了在周公作《蟋蟀》之前，众人有沉湎于逸乐的倾向。这四点，正决定了周公作《蟋蟀》的诗人之志。再联系到《蟋蟀》文本之志，无论是不过度逸乐，有节制、不放纵，还是感叹时光易逝，珍惜光阴，还是要求戒骄戒躁，忧惧谨慎，均与周公的诗人之志相契合。所以在《蟋蟀》一诗中，诗人之志与文本之志得到了完美的融合。①

其三，两者是否同一篇诗及诗篇作者是否周公。多数学者都认为，清华简《蟋蟀》是《唐风·蟋蟀》的前身，作者是周公。如：陈民镇认为，有理由相信，《耆夜》所载周公作《蟋蟀》，是真实可信的。② 但仍有个别学者持反对意见，如：曹建国认为，简本《蟋蟀》与《唐风·蟋蟀》本非一诗，《毛诗序》对《唐风·蟋蟀》的解说不仅切合诗旨，且渊源有自。故不能依据简本《蟋蟀》否定《毛诗序》。曹文还认为，清华简《耆夜》所载《蟋蟀》当为战国时人的作品，而托名于周公。简本《蟋蟀》当是《唐风·蟋蟀》的仿作，二诗旨趣不同，所以不能依据它否定《毛诗序》对《唐风·蟋蟀》的解读。而且《耆夜》所记载的几首诗都应该是战国人的作品，并非失传的乐经。它们对于文学史的意义在于为我们提供战国间的数篇诗歌，这有利于我们考察《诗》在战国时期的接受。③ 刘成群认为，清华简《耆夜》篇中的《蟋蟀》句式参差不齐，看起来要比今本《诗经》中的《唐风·蟋蟀》古老，但这并不能据此说明它就是周公所赋《蟋蟀》诗的原始风貌。清华简《耆夜》里句式参差不齐的《蟋蟀》可能正是战国时期《蟋蟀》的真正面貌，而我们现在所看到的今本《诗经》中整齐顺畅的《唐风·蟋蟀》则很有可能是经过汉代儒者改造后的产物。④ 此外，有个别学者

---

① 陈民镇：《〈蟋蟀〉之"志"及其诗学阐释——兼论清华简〈耆夜〉周公作〈蟋蟀〉本事》，《中国诗歌研究》第九辑，第 73~74 页。

② 陈民镇：《〈蟋蟀〉之"志"及其诗学阐释——兼论清华简〈耆夜〉周公作〈蟋蟀〉本事》，《中国诗歌研究》第九辑，第 73 页。

③ 曹建国：《论清华简中的〈蟋蟀〉》，《江汉考古》2011 年第 2 期，第 112~114 页。

④ 刘成群：《清华简〈耆夜〉〈蟋蟀〉诗献疑》，《学术论坛》2010 年第 6 期，第 148 页。

对清华简《蟋蟀》诗阙文做了补足。如：陈才对清华简《蟋蟀》的阙文做了补充，认为尽管该诗与今本《诗经》中的《唐风·蟋蟀》内容不完全一致，不过大致可以对应，故《唐风·蟋蟀》亦可以作为我们对残简的阙文加以补足的一个重要根据。①

（四）清华简《芮良夫毖》诗的研究

《周公之琴舞》与《芮良夫毖》是《清华大学藏战国竹简》（叁）中的两篇诗歌文献。这两篇文献非常重要，无论是史学价值、文化史价值，还是学术价值，都是不可低估的。然而，自清华简（叁）公布之后，《周公之琴舞》引起了许多学者的关注，相对而言，《芮良夫毖》却受到较少关注。也就是说，只有一小部分学者撰文探讨。他们探讨的问题涉及诗篇的文体特征、年代及其怨刺精神等。关于文体特征，如：马芳认为，《周公之琴舞》和《芮良夫毖》实际上是在创作对象、适用场合、体制、风格等方面都不尽相同的两种"毖"诗类型。总体上来说，《周公之琴舞》是类似于《颂》的仪式乐诗，而《芮良夫毖》则是类似于《大雅》的公卿献诗。也就是说，"毖"诗既包括类似"颂"的仪式乐诗范式，也可以包括类似"大雅"的劝谏上书范式。② 马芳还发表《从清华简〈芮良夫毖〉看"毖"诗及其体式特点》一文，把《芮良夫毖》看作《诗经》类文献，认为"毖"诗体式特点有三："毖"诗的第一个体式特点是以说理见长。"毖"诗的第二个体式特点是多用"赋"的表现手法。"毖"诗的第三个体式特点是形式上有明确的儆戒对象，多使用套语、格式化语言。③ 曹建国认为，这是我们在文献中第一次明确见到直接以"毖"命名的文体。但简文整理者命名《芮良夫毖》的"毖"，原简写作"祕"。而整理者之所以易之为"毖"，主要是对应于文献。接着曹氏认为"祕"的文体特征，首先，从内容上看，"祕"与"毖"通，也具有诫勉、戒敕的含义，简文《芮良夫祕》正是如

---

① 陈才：《清华简〈蟋蟀〉诗阙文试补》，《文津学志》第 9 辑，国家图书馆出版社，2016，第 75 页。

② 马芳：《从清华简〈周公之琴舞〉〈芮良夫毖〉看"毖"诗的两种范式及其演变轨迹》，《学术研究》2015 年第 2 期，第 141 页。

③ 马芳：《从清华简〈芮良夫毖〉看"毖"诗及其体式特点》，《江海学刊》2015 年第 4 期，第 193~194 页。

此。其次，从句式上看，这篇文章基本上是四言句。最后，看押韵。简文或两句一押韵，或三句一押韵，甚至于四句押韵。究其实而言，《芮良夫毖》文体为诗，这一点应该是没有问题的。曹文还认为《芮良夫毖》不能入乐，这主要是基于文本内在的节奏韵律来判断的。① 关于《芮良夫毖》的创作年代，目前学术界一般认为这是一篇西周晚期的文献。如马芳认为，《芮良夫毖》是西周晚期的作品。主要内容是，在国家危难的时刻，芮良夫劝诫与民争利的执政者，要敬天保民、止欲戒贪、招贤纳士、齐备法度，只有这样才能够继续统治。② 曹建国认为，目前学术界主流意见似乎都认为这是一篇西周末年的文献，并把它和周厉王时期的大臣芮良夫联系起来，但这一看法未必正确，把它的年代定在战国中期以后应该比较合适。③ 另外，还有人探讨怨刺精神，如刘子珍、王向华认为，在《芮良夫毖》中，同样有很多诗句反映"敬天""畏天"的思想。选录《芮良夫毖》两段内容，都很明确地在彰显先祖的功业和美德，其最终旨归，与"变雅"诗作相同，均是在讽谏当权者，希望能效法先王、改弦更张、励精图治，最终能保持"天命"，国祚永存。④

　　以上大多都是依据单篇作品进行解读和分析的个案研究。近几年来，出现了对清华简诗类或文学的整体研究的博士、硕士学位论文，如陈鹏宇《清华简中诗的套语分析及相关问题》（清华大学博士学位论文，2014 年 4 月）对《耆夜》中的《蟋蟀》《乐乐旨酒》等五篇、《芮良夫毖》《周公之琴舞》等作品的套语成分及相关问题进行了细致的分析。王向华《清华简颂诗初探》（烟台大学硕士学位论文，2016 年 4 月）从清华简颂诗与先秦诗乐舞传统、清华简颂诗所见乐舞术语、清华简所见儆毖颂诗三个方面对清华简颂诗做了论述。周红《清华简与先秦的诗类文献研究》（上海师范大学硕士学位论文，2017 年 3 月）考证了《耆夜》《周公之琴舞》《芮良夫毖》这三篇清华简乐诗的成书年代，从乐诗角度考证清华简真伪，分析了清华

---

① 曹建国：《清华简〈芮良夫毖〉试论》，《复旦学报》2016 年第 1 期，第 23~25 页。

② 马芳：《从清华简〈周公之琴舞〉〈芮良夫毖〉看"毖"诗的两种范式及其演变轨迹》，《学术研究》2015 年第 2 期，第 138 页。

③ 曹建国：《清华简〈芮良夫毖〉试论》，《复旦学报》2016 年第 1 期，第 29 页。

④ 刘子珍、王向华：《"变雅"及清华简〈芮良夫毖〉所见怨刺精神探源》，《宜春学院学报》2016 年第 8 期，第 100~101 页。

简乐诗与"孔子删诗"问题，认为《诗经》在孔子之前已存在定本。所谓"孔子删诗"不是对《诗经》的篇目做大规模删除，而是从押韵、语谐的角度，对《诗经》的文字、语序做小规模的改编，即孔子可以删字、删句、删章，但不会像《史记》所说，将三千篇删为三百零五篇。最后，从流传版本繁多、流传地域广泛、影响深远等方面研究先秦《诗》类文献流传特点。值得一提的是，蒋晓群《清华简文学研究》（济南大学硕士学位论文，2017 年 6 月）涉及的研究范围非常广，不仅包括清华简古小说《赤鹄之集汤之屋》及其文化内涵、《耆夜》的创作年代及《耆夜》所见"诗""礼""乐"诸因素、《周公之琴舞》的"诗""乐舞""礼"，而且还涉及清华简《祝辞》的文本解读以及祝辞的内容、文体特质、文化内涵，清华简散文的叙事艺术、思想内容，清华简与相关传世文献比较，清华简对先秦散文研究的意义等方面。可以说，这是学术界较早的对于清华简文学的系统、全面的研究。

二

通过对近十年来清华简文学研究的回顾，笔者发觉这些成果主要集中在对《赤鹄之集汤之屋》、《周公之琴舞》、《耆夜》的《蟋蟀》及《芮良夫毖》等作品的研究上。近两三年来更出现了一些以清华简《周公之琴舞》为选题的博士、硕士学位论文，对《周公之琴舞》做了更为细致的分析。可以说，清华简是当今学术界继郭店简、上博简之后的又一研究热点。不容置疑，我们面对这些丰硕成果，自然感到万分惊喜。然而，有些问题值得大家深思。

其一，新出土文献能否进入文学史书写。

关于出土文献能否进入文学史书写，有学者也注意到这个问题，如王长华教授说："我个人认为，就目前来看，考古成果进入文学史书写不仅是急需的，也是可能的，但如何保证考古成果特别是新出土文献客观真实，经得起反复推敲，却是有话可说和有问题可探讨的。"[①] 此话很有道理。就

---

① 王长华：《关于新出土文献进入文学史叙述的思考——以清华简〈周公之琴舞〉为例》，《河北师范大学学报》2014 年第 2 期，第 14 页。

目前所见到的中国文学史著作而言，文学史家均未采用新出土文献来编写。难道是文学史家对当今学术界的研究成果视而不见，还是坐井观天、孤陋寡闻呢？毋庸置疑，置身于当今信息发达的社会，研究文学史的专家通过网络或纸质材料或多或少了解一些出土文献。可是，为什么会出现这些文学史家面对出土文献却无动于衷的情形呢？笔者认为，主要原因是这些文学史家非常谨慎。以清华简《赤鹄之集汤之屋》而言，有相当一部分研究简帛的学者，把它定性为小说，甚至有的学者给予高度评价，如：姚小鸥说："2012 年底公布的清华简《赤鹄之集汤之屋》一篇，为研究中国早期小说的形成及形态提供了新的思路。这一新材料的发现，在中国小说史上具有重要的意义。"[1]　显而易见，姚小鸥教授非常重视清华简《赤鹄之集汤之屋》的材料。有些学者赞同先秦是中国古代小说的发端时期，甚至有学者认为文学史家关于先秦无"小说"的结论因此篇的发现需要重新改写。[2]　然而，这种观点与长期以来我们一贯形成的中国古代小说的起源与形成的观念不同。目前的中国古代小说史及中国文学史，一般都认为先秦两汉是小说的萌芽阶段，魏晋南北朝时期是小说的形成阶段，出现了以《搜神记》《搜神后记》为代表的志怪小说，以《世说新语》为代表的志人小说。唐宋时期，志怪传奇处于发展阶段，宋元又产生了话本，明清通俗小说达到兴盛阶段。回顾我国古代小说史，单凭一篇作品《赤鹄之集汤之屋》就想推翻长期以来形成的小说史开端的观念，未免过于草率。

　　此外，出土文献本身有真伪之分，应该慎重对待。决不能凭一则出土文献材料，就轻易得出结论。诚如曹建国所说："对出土文献也需要有辩证的态度，利用出土文献校读或否定传世文献必须慎重，绝不能预设出土文献的绝对真理性。"[3]　像清华简《耆夜》中的《蟋蟀》的作者是周公吗？还是战国时人的作品，托名周公？单凭清华简《蟋蟀》，就能认为它就是《唐风·蟋蟀》的原诗吗？抑或清华简《蟋蟀》是《唐风·蟋蟀》的仿作？诸如此类的问题，都需要学者认真、仔细辨析。

---

① 姚小鸥：《清华简〈赤鹄〉篇与中国早期小说的文体特征》，《文艺研究》2014 年第 2 期，第 43 页。

② 黄德宽：《清华简〈赤鹄之集汤之屋〉与先秦"小说"》，《复旦学报》2013 年第 4 期，第 84 页。

③ 曹建国：《论清华简中的〈蟋蟀〉》，《江汉考古》2011 年第 2 期，第 110 页。

因此，对于当今古代文学研究者来说，出土文献可以作为研究古代文学的材料补充和左证，决不能仅凭一则出土文献，就得出类似改写中国文学史的结论。

其二，写作语气与治学态度是否严谨。

（1）带有猜测的写作口吻。笔者发现，在研究清华简文献时，不止一个学者的写作语气带有猜测的口吻。有相当一批学者撰文时，使用"可能""很可能""或许""似乎"等不确定或猜测的词语。如：吴新勇在《清华简〈蟋蟀〉及其所见周公无逸思想》中说："我们认为以上学者的观点甚是，简文《蟋蟀》与《唐风·蟋蟀》是具有源流关系的。我们推断，《蟋蟀》一诗传入唐地很可能通过以下两种途径：一是周公诛灭唐地叛乱时将伐耆获胜时所做的《蟋蟀》传入了唐地；二是唐叔虞被封于唐时，周公将自己所作《蟋蟀》作为对叔虞的告诫之词由叔虞带入唐地。"① 文中使用"很可能"这一不确定语气。曹建国在《清华简〈芮良夫毖〉试论》一文中说："目前学术界主流意见似乎都认为这是一篇西周末年的文献，并把它和周厉王时期的大臣芮良夫联系起来。或许不尽然。我们认为把它的年代定在战国中期以后应该比较合适。……所以，我们认为这篇简文不大可能是西周末年芮良夫的作品，而应该成文于战国时期。"② 文中使用了"似乎""或许不尽然"等不确定的语词。香港大学中文学院邓佩玲说："《大武》乐舞进入'六成'之前，或许会有一序幕的阶段，本文怀疑《左传·宣公十二年》所记的《时迈》应该是序幕时所诵唱的诗篇。《周公之琴舞》中有周公儆毖诗一首，共四句，亦可能是该乐章的序幕部分。"③ 引文中有"或许""亦可能"等猜测的语词。韩国全南大学教授吴万锺说："目前我们由所见的战国时期在楚国流传的《周公之琴舞》这样完整的乐章形式的颂诗，可以推测当时诸侯国的朝廷在举办宗庙祭礼等的仪式活动时很可能还使用《颂》诗来进行。但我们没有更多的资料来说明，当时除了以'德义'为主

---

① 吴新勇：《清华简〈蟋蟀〉及其所见周公无逸思想》，《史学月刊》2012 年第 4 期，第 130 页。

② 曹建国：《清华简〈芮良夫毖〉试论》，《复旦学报》2016 年第 1 期，第 29 页。

③ 邓佩玲：《〈诗经·周颂〉与〈大武〉重探——以清华简〈周公之琴舞〉参证》，《岭南学报》复刊第四辑，上海古籍出版社，2015，第 246 页。

的《诗》学之外，包括'声教'内容的《诗》学的真实情况如何。"① 文中有"推测""很可能"的猜测词语。徐正英说："这组诗代表西周晚期《诗经》作品的原始形态也未可知。笔者甚至推想，如果马银琴的'康王首编《诗经》'说能有更强有力的实证得到证明，获得学界公认，那么《周公之琴舞》的短序加于康王时期，也不是没有可能。若然，则这组诗就有可能代表西周前期《诗经》作品文本的原始形态了。"② 文中使用了"未可知""推想""不是没有可能""有可能"等不确定的语词。

上述文中使用不确定的词语的现象，甚至连清华简文献研究的资深专家李学勤教授也未能幸免。如李学勤说："简文与《唐风》两篇《蟋蟀》既然有这样的不同，其成篇的时期和地域应该有较大的距离。从《唐风》一篇显然的比简文规整看，简文很可能较早，经过一定的演变历程才演变成《唐风》的样子。"③ 文中有"很可能"的语词。像这样在文中使用猜测或不确定的词语，说明单一的地下材料不能作为极有效的论证的依据。

（2）治学态度不够端正。学术研究，不是一般的文章写作，或文学写作。文学写作，可以虚构故事，可以虚构人物语言。学术研究，需要的是严谨认真的治学态度，一丝不苟的治学精神。然而，在近几年的清华简文学研究的论文中，发现一些学者治学态度极其不够端正。具体表现在：①引文窜改、有错。如黄怀信在《清华简〈蟋蟀〉与今本〈蟋蟀〉对比研究》一文中引用了他人的话语，他说："关于二者的关系，有研究认为，存在以下三种可能：第一，毛诗《唐风·蟋蟀》是简文《蟋蟀》的前身，或者是更早的一个文本，而两个文本之间的诗行及文字差异是在传抄或者是口头传播过程中产生的。第二，毛诗《唐风·蟋蟀》是简文《蟋蟀》的前身，或者是更早的一个文本，前者源于中原国家，后者是楚国文本。第三，简文《蟋蟀》与毛诗《唐风·蟋蟀》是源自两个平行互不相干的文本，有

① 吴万锺：《〈清华简·周公之琴舞〉之启示》，《中国诗歌研究》第十辑，中华书局，2014，第39页。
② 徐正英：《清华简〈周公之琴舞〉组诗对〈诗经〉原始形态的保存及被楚辞形式的接受》，《文学评论》2014年第4期，第52页。
③ 李学勤：《论清华简〈耆夜〉的〈蟋蟀〉诗》，《中国文化》（2011年春季号）第33期，第8页。

各自的传播历史和各自的传播人群与范围。"① 其间引用了香港浸会大学中文系陈致教授的三种可能的意见，标注为："《清华简所见古饮至礼及〈耆夜〉中古佚诗试解》，清华大学出土文献研究与保护中心编、李学勤主编《出土文献》第一辑，中西书局 2010 年 8 月，第 28、30 页。"然而，笔者发现上述的引文出自第 28 页，且陈致教授的第一种可能意见的原文是这样的："第一，简文《蟋蟀》是毛诗《唐风·蟋蟀》的前身，或者是更早的一个文本，而两个文本之间的诗行及文字差异是在传抄或者是口头传播过程中产生的。"经过比较，笔者发现黄怀信引用陈致的话语第一条，出现了不该出现的错误现象，不知是否有意这样窜改。②引文引自摘要及出处有误。论文写作，常常要引自他人文章的话语。凡是治学之人都知道引文要出自原文，而不是引自摘要。可是，有学者引文竟然引自摘要。这样的治学方法确实是前所未闻的一大奇闻。如：北京邮电大学刘成群副教授《清华简〈赤鹄之集汤之屋〉文体性质再探》一文第一部分这样说：

> 《赤鹄之集汤之屋》简文公布不久，便有学者写文章讨论其文体特征，如黄德宽认为："该篇佚文的发现有可能改写文学史家关于先秦小说的结论"；谭生力则认为这篇简文"为我们研究中国古代小说的源头提供了新的价值线索"；姚小鸥认为该篇简文"情节曲折生动，不让六朝小说"，"为我们重新认识小说文体观念的形成提供了重要证据"②。

经仔细对照，发现其中的引自黄德宽的话语，是出自黄德宽《清华简〈赤鹄之集汤之屋〉与先秦"小说"——略说清华简对先秦文学研究的价值》一文的摘要。③引自姚小鸥的话语，是出自姚小鸥《清华简〈赤鹄〉篇与中国早期小说的文体特征》的摘要。④ 又发现刘成群副教授在该文后面

---

① 黄怀信：《清华简〈蟋蟀〉与今本〈蟋蟀〉对比研究》，《诗经研究丛刊》第二十三辑，学苑出版社，2013，第 242~243 页。

② 刘成群：《清华简〈赤鹄之集汤之屋〉文体性质再探》，《学术论坛》2016 年第 8 期，第 100 页。

③ 黄德宽：《清华简〈赤鹄之集汤之屋〉与先秦"小说"——略说清华简对先秦文学研究的价值》，《复旦学报》2013 年第 4 期，第 81 页。

④ 姚小鸥：《清华简〈赤鹄〉篇与中国早期小说的文体特征》，《文艺研究》2014 年第 2 期，第 43 页。

的参考文献所列谭生力的文章《由清华简〈赤鹄之集汤之屋〉看伊尹传说——兼论该篇传说的文化内涵》，出处标为"《文艺研究》2013（10）"，经查实，期刊名称应为《文艺评论》，而不是《文艺研究》。

综上所述，近十年来当今研究古代文学的专家、学者利用清华简研究先秦文学，取得了有目共睹的丰硕成果。然而，部分学者草率的治学态度令人担忧。今后研究者应继续高度重视出土文献，以更严谨的治学态度，适当运用清华简材料来研究先秦文学。

出土文献与思想文化研究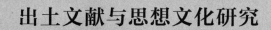

帛书《黄帝四经》论"道"[*]

——兼论《吕氏春秋》等先秦子书的"道"思想

俞林波[**]

摘　要： 1973 年湖南长沙马王堆三号汉墓出土了一批具有重要学术价值的古代帛书，其中《老子》乙本卷前古佚书《经法》《十大经》《称》《道原》，据唐兰先生考证为《汉书·艺文志》所载《黄帝四经》。《黄帝四经》指出"有原而无端""无始而有应"等都是"道"的特质。传世先秦诸子文献《管子》《庄子》《吕氏春秋》等亦有对"道"的论述。本文就上述诸种文献所述"道"的思想及其异同做了梳理及相关讨论。

关键词： 出土文献　帛书《黄帝四经》　道　《吕氏春秋》

"道"是什么？用陈鼓应先生的话说："'道'指宇宙实体、万物本源和普遍规律，为老子首创的哲学专用名词，并成为中国哲学的最高范畴。"①

一　《老子》的创立

老子和《老子》一书的关系问题学术界的意见还存在分歧。郭沫若先生认为老子和《老子》应该分开来讨论，"要认《道德经》为老聃所做的书，字字句句都出于老子，那是错误，但要说老子根本没有这个人，或者有而甚晚，那也跑到了另一个极端"，《老子》成于后人之手，但是有老聃

　＊　基金项目：国家社会科学基金青年项目"《吕氏春秋》学史"（项目编号：15CZW031）。

＊＊　俞林波，文学博士，济南大学副教授，硕士研究生导师，主要研究先秦两汉文学。

　①　陈鼓应：《黄帝四经·经法·道法》注释①，见陈鼓应《黄帝四经今注今译：马王堆汉墓出土帛书》，商务印书馆，2007，第 2~3 页。下引此书版本同。

的遗说在里面，"不过要根据《道德经》来论老聃，那在遗说的摘发上就还须经过一道甄别的工夫。要在先秦诸子里面有旁证，足以证明确实为老聃遗说的，我们才好征引"。经过甄别，郭沫若先生认为"'道'这个观念，确是老聃所倡导出来的东西"①。陈鼓应先生说："由帛书《黄帝四经》的发现，一方面人们可以认识范蠡在哲学史上承上启下的重要性，另一方面，由于它已经融化了老子思想，因而《老子》的成书年代就不能被估计得太晚，应以司马迁所说的是老子自著为正确。"② 张岱年先生认为孔子、老子同时，《老子》书为老聃所著，但是五千言中哪些思想属于老聃应该加以辨别，经过辨别，张岱年先生说："《老子》书中关于'道'的章节以及关于柔弱胜刚强的章节是老聃的中心思想。"③ 虽然三位先生关于老子和《老子》一书的关系问题还存在争议，但是在老子首先提出中国哲学的最高范畴——"道"这一点上，他们之间不存在分歧，意见是一致的。

作为哲学范畴的"道"是老子首先提出来的，《老子》开篇④即云："道，可道，非常道。名，可名，非常名。无名，天地之始；有名，万物之母。故常无欲，以观其妙；常有欲，以观其徼。此两者同出而异名，同谓之玄，玄而又玄，众妙之门。"⑤ 老子的"道"，"玄而又玄，众妙之门"，是无名的。老子的"道"还具有以下特质：第一，无形，王弼本《老子》第十四章曰："视之不见名曰夷，听之不闻名曰希，搏之不得名曰微。此三者不可致诘，故混而为一。其上不曒，其下不昧，绳绳不可名，复归于无物。是谓无状之状，无物之象，是谓惚恍。迎之不见其首，随之不见其后。执古之道，以御今之有，能知古始，是谓道纪。"⑥"道"，"视之不见""听

---

① 郭沫若：《稷下黄老学派的批判》，见郭沫若《十批判书》，东方出版社，1996，第184~185页。下引此书版本同。

② 陈鼓应：《关于帛书〈黄帝四经〉成书年代等问题的研究》，见陈鼓应《黄帝四经今注今译：马王堆汉墓出土帛书》，第46~47页。

③ 张岱年：《论老子在哲学史上的地位》，见陈鼓应主编《道家文化研究》第1辑，上海古籍出版社，1992，第74页。下引此书版本同。

④ 陈鼓应先生认为："'道经'在'德经'前的《老子》通行本维持了《老子》的原貌，是老子道家的传本；而'德经'在'道经'前的帛书《老子》本，应该是黄老道家的传本。"（陈鼓应：《先秦道家研究的新方向》，见陈鼓应《黄帝四经今注今译：马王堆汉墓出土帛书》，第6页）。据此，则《老子》当以"道可道，非常道"开篇。

⑤ 王弼本《老子》第1章。高明：《帛书老子校注》，中华书局，1996，第221~227页。下引此书版本同。

⑥ 高明：《帛书老子校注》，第282~288页。

之不闻""搏之不得",看不见,摸不着,没有形状,"是谓惚恍"。第二,有物,王弼本《老子》第二十五章曰:"有物混成,先天地生。寂兮寥兮,独立不改,周行而不殆,可以为天下母。吾不知其名,字之曰道,强为之名曰大,大曰逝,逝曰远,远曰反。故道大,天大,地大,王亦大。域中有四大,而王居其一焉。人法地,地法天,天法道,道法自然。"① 老子的"道"虽然看不见、摸不着,但是却是客观存在的实体,是"有物"的,如王弼本《老子》第二十一章所说"道之为物,惟恍惟惚。惚兮恍兮,其中有象。恍兮惚兮,其中有物。窈兮冥兮,其中有精"②。第三,无为,王弼本《老子》第三十七章曰:"道常无为而无不为,侯王若能守之,万物将自化。化而欲作,吾将镇之以无名之朴。无名之朴,夫亦将无欲。不欲以静,天下将自定。"③"道冲,而用之或不盈。渊兮,似万物之宗"④,"道生之,德畜之"⑤,"道"生万物而"无为"。张岱年先生认为"'无为'即是没有意志、没有情感的",并总结说:"老子所谓'道',从其无形无状来说,没有可感性,在其没有可感性的意义上亦可谓没有物质性;从其有物有象来说,又具有客观实在性。从其无为没有意志没有情感来说,可谓又不具有精神性。'道'是超越一切相对性的绝对,可称之为超越性的绝对。"⑥

二　《黄帝四经》论"道"

　　1973 年湖南长沙马王堆三号汉墓出土了一批具有重要学术价值的古代帛书,其中《老子》乙本卷前古佚书《经法》《十大经》《称》《道原》,据唐兰先生考证为《汉书·艺文志》所载《黄帝四经》⑦。《黄帝四经》是现存最早的黄老道家的著作,陈鼓应先生考证认为《黄帝四经》"成书当在战国中期,要早于《孟子》《庄子》和《管子》四篇"⑧。黄老道家继承老子

---

① 高明:《帛书老子校注》,第 348~353 页。
② 高明:《帛书老子校注》,第 328~331 页。
③ 高明:《帛书老子校注》,第 421~427 页。
④ 王弼本《老子》第四章,高明:《帛书老子校注》,第 239 页。
⑤ 王弼本《老子》第五十一章,高明:《帛书老子校注》,第 69 页。
⑥ 张岱年:《论老子在哲学史上的地位》,见陈鼓应主编《道家文化研究》第 1 辑,第 80 页。
⑦ 唐兰:《马王堆出土〈老子〉乙本卷前古佚书的研究》,《考古学报》1975 年第 1 期。
⑧ 陈鼓应:《关于帛书〈黄帝四经〉成书年代等问题的研究》,见陈鼓应《黄帝四经今注今译:马王堆汉墓出土帛书》,第 31 页。

思想也讲"道"，《十大经·前道》曰："道有原而无端，用者实，弗用者蘸。合之而涅于美，循之而有常。古之贤者，道是之行。知此道，地且天，鬼且人。以居军［强］，以居国其国昌。古之贤者，道是之行。"① "道"生于"无"，所以说，"道有原"。道有本原，但却没有边际。在使用"道"的时候你会感觉到它实实在在地存在；不用"道"的时候你又感觉不到它的存在。又《称》曰："道无始而有应。其未来也，无之；其已来，如之。"② 陈鼓应先生翻译为："包罗万象的大'道'浩广而没有边际，但却是实实在在存在着。人们没有认识到它的时候，它好像没有；认识到它的时候，它便随之出现了。"③ "有原而无端""无始而有应"，这些都是"道"的特质。

帛书《黄帝四经》又将"道"称为"一"，《道原》曰："恒无之初，迵同大（太）虚。虚同为一，恒一而止。湿湿梦梦，未有明晦，神微周盈，精静不配（熙）。古（故）未有以，万物莫以。古（故）无有刑（形），大迵无名。天弗能覆，地弗能载。小以成小，大以成大。盈四海之内，又包其外。在阴不腐，在阳不焦。一度不变，能适规（蚑）侥（蛲）。鸟得而蜚（飞），鱼得而流（游），兽得而走。万物得之以生，百事得之以成。人皆以之，莫知其名，人皆用之，莫见其形。"④ 又曰："一者其号也，虚其舍也，无为其素也，和其用也。是故上道高而不可察也，深而不可则（测）也。显明弗能为名，广大弗能为刑（形）。独立不偶，万物莫之能令。天地阴阳，［四］时日月，星辰云气，规（蚑）行侥（蛲）重（动），戴根之徒，皆取生，道弗为益少；皆反焉，道弗为益多。坚强而不撌，柔弱而不可化。精微之所不能至，稽极之所不能过。"⑤ "一"，即是"道"。在混沌渺茫的原初时代，只有恒定的"先天一气"（采陈鼓应说），别无他物。"先天一气"精细、神妙、宁静而不显耀，没有固定的形状，没有固定的名字，所以，"先天一气"就像不存在一样，世间万物似乎也不依赖它。"先天一气"，天地不能覆载，可以成小，可以成大，充塞四海而又包含四海以外的

---

①　陈鼓应：《黄帝四经今注今译：马王堆汉墓出土帛书》，第 317 页。

②　陈鼓应：《黄帝四经今注今译：马王堆汉墓出土帛书》，第 345 页。

③　陈鼓应：《黄帝四经今注今译：马王堆汉墓出土帛书》，第 346~347 页。

④　陈鼓应：《黄帝四经今注今译：马王堆汉墓出土帛书》，第 399 页。

⑤　陈鼓应：《黄帝四经今注今译：马王堆汉墓出土帛书》，第 402 页。

一切世界。万物依赖它而生存，百事依赖它而成功，人们运用着它却不知道它的名字和形状。"一"是"道"的称号，虚无是"道"的处所，无为是"道"的本根，和合是"道"的用途。"道"无处不在，无时不有，取之不少，予之不多，所以，"道""不能至""不能过"。黄老道家的"道"，陈鼓应先生"阐述"说："值得注意的是'盈四海之内，又包其外'。战国前的诸子书中皆无'又包其外'类似的表述。只有曾游学于稷下，受过齐地海滨潮汐洗礼过的学者方能出是语。这对邹衍阴阳五行学说对四海九州大一统格局的构筑有直接的影响。'道'的广大已超越老子的'域中'，此开放式的格局显然已出于老子道家之右。"① 此说有道理。

　　道家文献《太一生水》已经把"道"称为"太一"。1993 年湖北郭店一号墓出土了具有重要学术价值的战国楚简，其中包括《太一生水》篇。② 李学勤、裘锡圭、李伯谦、彭浩、刘祖信等先生一致认为"郭店一号墓约下葬于公元前四世纪末期"③，则《太一生水》成书于此前。《太一生水》与道家有紧密联系，是道家文献，李学勤先生认为"'太一生水'等文字，虽不见于传世《老子》，但就简本而言，实与《老子》不能分割"，并认为"'太一'在道家的起源当出自关尹一派"④。《老子》没有"太一"一词，但常以"大""一"指"道"，李零先生认为"太一"当即是此"大""一"的合成词，《太一生水》在思想上与《老子》有关联是比较可信的。⑤

　　《太一生水》曰："大一生水，水反辅大一，是以成天。天反辅大一，是以成地。天地［复相辅］也，是以成神明。神明复相辅也，是以成阴阳。阴阳复相辅也，是以成四时。四时复【相】辅也，是以成寒热。寒热复相辅也，是以成湿燥。湿燥复相辅也，成岁而止。故岁者，湿燥之所生也。湿燥者，寒热之所生也。寒热者，【四时之所生也】。四时者，阴阳之所生【也】。阴阳者，神明之所生也。神明者，天地之所生也。天地者，大一之

---

① 陈鼓应：《黄帝四经今注今译：马王堆汉墓出土帛书》，第 402 页。
② "太一生水"，楚简原作"大一生水"，学界认为"大一"就是"太一"，"大一"是"太一"的本来写法。
③ 王博：《美国达慕思大学郭店〈老子〉国际学术讨论会纪要》，见陈鼓应主编《道家文化研究》第 17 辑，生活·读书·新知三联书店，1999，第 2 页。下引此书版本同。
④ 李学勤：《太一生水的数术解释》，见陈鼓应主编《道家文化研究》第 17 辑，第 297 页。
⑤ 李零：《读郭店楚简〈太一生水〉》，见陈鼓应主编《道家文化研究》第 17 辑，第 328～329 页。

所生也。是故大一藏于水，行于时，周而又［始，以己为］万物母；一缺一盈，以己为万物经。此天之所不能杀，地之所不能埋，阴阳之所不能成。君子知此之谓［□，不知者谓□。■］。"① 李零先生"校读"说："'大一'，释文读'太一'。案'大一'是'太一'的本来写法。"② 何谓"太一"？庞朴先生说："所谓'太一'，就是开始的开始，或最最开始的意思，别无奥秘。"③ "太一"就是"道"，生水、生天、生地，"以己为万物母"，"以己为万物经"。与老子的"道生万物"不同的是，"水"在其中扮演重要角色。太一生水，水又"反辅"太一生出了天，天再"反辅"太一生出了地。《太一生水》强调"水"，许抗生先生认为"它不同于《管子·内业》等篇的道家'尚气'学说，是道家宇宙论的另一发展路向"④。此说有道理。

三　稷下道家论"道"

稷下道家，人才济济，著述颇丰，然多散佚，陈鼓应先生认为："明确属于稷下道家作品的，除了通常所说的《管子》四篇之外，《水地》《枢言》《宙合》也被公认为稷下黄老的作品。此外，《形势》《势》《正》《九守》《四时》《五行》等篇，亦属稷下道家之作，我们把这几篇和《老子》及帛书《四经》对照，便可以明白看出它们的学派性质。"⑤ 《管子》书中属于稷下道家的作品，最被研究者认可的还是"《管子》四篇"，即《心术上》《心术下》《白心》《内业》。我们对稷下道家的探讨即依据"《管子》四篇"。

《内业》曰："道也者，口之所不能言也，目之所不能视也，耳之所不能听也，所以修心而正形也。人之所失以死，所得以生也。事之所失以败，所得以成也。"又曰："凡道无根无茎，无叶无荣。万物以生，万物以成，

---

① 李零：《郭店楚简校读记》（增订本），中国人民大学出版社，2007，第41~42页。黑色方框是章号。下引此书版本同。

② 李零：《郭店楚简校读记》（增订本），第42页。

③ 庞朴：《一种有机的宇宙生成图式——介绍楚简〈太一生水〉》，见陈鼓应主编《道家文化研究》第17辑，第302页。

④ 许抗生：《初读〈太一生水〉》，见陈鼓应主编《道家文化研究》第17辑，第306页。

⑤ 陈鼓应：《先秦道家研究的新方向》，见陈鼓应《黄帝四经今注今译：马王堆汉墓出土帛书》，第11页。

命之曰道。"① "道",不可言,不可见,不可听,"无根无茎"而生成万物。《心术上》曰:"道也者,动不见其形,施不见其德,万物皆以得,然莫知其极。"② "道",无形,无极。又《白心》曰:"道者,一人用之,不闻有余;天下行之,不闻不足。此谓道矣。"③ "道",不损不益,无增无减。诸如此类,皆是稷下道家对"道"特质的概括。

稷下道家对老子的"道生万物"思想有所发展,认为"精气"是化生宇宙万物最基本的微粒,是构成万物的本源,在这个意义上,"精气"就是"道"。《内业》曰:"凡物之精,此则为生。下生五谷,上为列星。流于天地之间,谓之鬼神。藏于胸中,谓之圣人。是故民气,杲乎如登于天,杳乎如入于渊,淖乎如在于海,卒乎如在于己。是故此气也,不可止以力,而可安以德。不可呼以声,而可迎以音。敬守勿失,是谓成德。德成而智出,万物果得。"④ "道" "渊兮似万物之宗","可以为天地母",是构成万物的本源。在稷下道家这里,"精气"具有了"道"这方面的功能,"下生五谷,上为列星。流于天地之间,谓之鬼神。藏于胸中,谓之圣人"。王弼本《老子》第二十一章所云"道之为物,惟恍惟惚。惚兮恍兮,其中有象。恍兮惚兮,其中有物。窈兮冥兮,其中有精"⑤ 是对"道"的描绘,也可以看作对"精气"的描绘。又《内业》曰:"夫道者,所以充形也。"⑥ 这里的"道"是指"精气"。裘锡圭先生解释说:"第10条说:'夫道者,所以充形也'。《心术下》有'气者,身之充也'语,《淮南子·原道》有'气者,生之充也'语,马王堆汉墓出土的竹书《十问》有'以精为充,故能久长'语,可证这一句的'道'应该理解为精气。"⑦ 冯友兰先生也说:"在《内业》等四篇中,道就是精气,也称为灵气。《内业篇》说:'灵气在心,一来一逝,其细无内,其大无外。所以失之,以躁为害。心能执静,

---

① 黎翔凤:《管子校注》,中华书局,2004,第935、937页。下引此书版本同。
② 黎翔凤:《管子校注》,第770页。
③ 黎翔凤:《管子校注》,第793页。
④ 黎翔凤:《管子校注》,第931页。
⑤ 高明:《帛书老子校注》,第328~331页。
⑥ 黎翔凤:《管子校注》,第932页。
⑦ 裘锡圭:《稷下道家精气说的研究》,见陈鼓应主编《道家文化研究》第2辑,上海古籍出版社,1992,第171页。下引此书版本同。

道将自定.'由此段可以看出来，宋尹学派认为'道'就是'灵气'。"① 成中英先生说："先秦文献中即已有把气视为宇宙化生的根本元素及力量的看法。"② 稷下道家的"精气"说就是一个很好的例子。

四　《庄子》论"道"

《庄子》一书，一般认为《内篇》七篇（包括《逍遥游》《齐物论》《养生主》《人间世》《德充符》《大宗师》《应帝王》）为庄子所作，《外篇》《杂篇》是庄子后学所作。庄子也讲"道"，《大宗师》曰："夫道，有情有信，无为无形；可传而不可受，可得而不可见；自本自根，未有天地，自古以固存；神鬼神帝，生天生地；在太极之先而不为高，在六极之下而不为深，先天地生而不为久，长于上古而不为老。狶韦氏得之，以挈天地；伏戏氏得之，以袭气母；维斗得之，终古不忒；日月得之，终古不息；堪坏得之，以袭昆仑；冯夷得之，以游大川；肩吾得之，以处大山；黄帝得之，以登云天；颛顼得之，以处玄宫；禺强得之，立乎北极；西王母得之，坐乎少广，莫知其始，莫知其终；彭祖得之，上及有虞，下及五伯；傅说得之，以相武丁，奄有天下，乘东维，骑箕尾，而比于列星。"③ "道"，"无为无形"，可心传不可口授，可心得不可目见；"自本自根"，在没有天地之前本来就存在着；生天生地，生鬼生神，产生万物；在空间和时间上都具有无限性，"在太极之先而不为高，在六极之下而不为深，先天地生而不为久，长于上古而不为老"。这是庄子对"道"的特质的概括。

《庄子·天下》曰："以本为精，以物为粗，以有积为不足，澹然独与神明居，古之道术有在于是者。关尹老聃闻其风而悦之，建之以常无有，主之以太一，以濡弱谦下为表，以空虚不毁万物为实。"④ 陈鼓应先生翻译说："以根本的道为精微，以有形的物为粗杂，以储积为不足，恬淡地独与造化灵妙共处，古来道术有属于这方面的。关尹、老聃听到这种风尚就喜好。建立常无、常有的学说，归本于最高的'太一'，以柔弱谦下为型表，

---

①　冯友兰：《先秦道家哲学主要名词通释》，《北京大学学报》1959 年第 4 期。

②　成中英：《中国哲学范畴问题初探》，《汉学研究》1985 年第 1 期。

③　郭庆藩：《庄子集释》，中华书局，1961，第 246~247 页。下引此书版本同。

④　郭庆藩：《庄子集释》，第 1093 页。

以空虚不排斥万物为实质。"① 庄子后学将老子的思想概括为"建之以常无有，主之以太一"，即"常无、常有的学说"，其根本为"最高的'太一'"。"太一"就是老子的"道"。

五　《吕氏春秋》论"道"

《吕氏春秋·下贤》描述"道"曰："莫知其始，莫知其终，莫知其门，莫知其端，莫知其源，其大无外，其小无内，此之谓至贵。"② "道"无始无终，无门无端，其大无外，其小无内，这是《吕氏春秋》对"道"特质的概括。这种思想继承道家思想而来。

（一）宇宙生成论——"万物所出，造于太一"

"太一"是什么？李零先生指出："从文献记载看，有三种含义。作为哲学上的终极概念，它是'道'的别名（也叫'大''一''太极'等）；作为天文学上的星官，它是天极所在，斗、岁（太岁）游行的中心；作为祭祀崇拜的对象，它是天神中的至尊。"③ "太一"作为哲学上的终极概念，虽然有郭店楚简《太一生水》的"大一生水"、庄子后学《庄子·天下》对老子思想进行概括的"建之以常无有，主之以太一"等表述，但是，首次明确将"道"命名为"太一"的是《吕氏春秋》。

《吕氏春秋·大乐》曰："道也者，视之不见，听之不闻，不可为状。有知不见之见、不闻之闻、无状之状者，则几于知之矣。道也者，至精也，不可为形，不可为名，强为之谓之太一。"④ 《吕氏春秋》将"道"的特质概括为"视之不见，听之不闻，不可为状"。王弼本《老子》第二十五章曰："有物混成，先天地生。寂兮寥兮，独立不改，周行而不殆，可以为天下母。吾不知其名，字之曰道，强为之名曰大，大曰逝，逝曰远，远曰反。"⑤ 老子给万物本源进行了"命名"："字之曰道，强为之名曰大。"像老子一样，"道也者，至精也，不可为形，不可为名，强为之谓之太一"，

---

① 陈鼓应：《庄子今注今译》，中华书局，1983，第883页。下引此书版本同。
② 陈奇猷：《吕氏春秋新校释》，上海古籍出版社，2002，第886页。下引此书版本同。
③ 李零：《读郭店楚简〈太一生水〉》，见陈鼓应主编《道家文化研究》第17辑，第320页。
④ 陈奇猷：《吕氏春秋新校释》，第259页。
⑤ 高明：《帛书老子校注》，第348~350页。

"太一"则是《吕氏春秋》对"道"的命名。《吕氏春秋》之前虽然已经存在"太一"代指宇宙本源——"道"的情况，但是，皆为暗指，比较含蓄，《吕氏春秋》第一次明确地将"道"命名为"太一"。

王弼本《老子》第四十二章将宇宙的生成过程描述为："道生一，一生二，二生三，三生万物。万物负阴而抱阳，冲气以为和。"① 《淮南子·天文训》解释曰："道曰规，始于一，一而不生，故分而为阴阳，阴阳合和而万物生，故曰'一生二，二生三，三生万物'。"②

《太一生水》所描述的宇宙生成过程为："大一生水，水反辅大一，是以成天。天反辅大一，是以成地。天地〔复相辅〕也，是以成神明。神明复相辅也，是以成阴阳。阴阳复相辅也，是以成四时。四时复【相】辅也，是以成寒热。寒热复相辅也，是以成湿燥。湿燥复相辅也，成岁而止。"③在《太一生水》所描述的"太一"创生宇宙的过程中，"水"起着至关重要的"反辅"作用。在"水"的作用下，"太一"创生了天地、神明、阴阳、四时、寒热、湿燥、岁。

"道生一，一生二，二生三，三生万物"是老子对宇宙生成过程的描述，"大一生水，水反辅大一，是以成天。天反辅大一，是以成地"是《太一生水》对宇宙生成过程的描述，《吕氏春秋》也有自己对宇宙生成过程的描述。在对"道"重新进行命名之后，《吕氏春秋》运用新的名称"太一"对宇宙的生成过程重新进行了描述。

《吕氏春秋·大乐》曰："太一出两仪，两仪出阴阳。阴阳变化，一上一下，合而成章。浑浑沌沌，离则复合，合则复离，是谓天常。天地车轮，终则复始，极则复反，莫不咸当。日月星辰，或疾或徐，日月不同，以尽其行。四时代兴，或暑或寒，或短或长。或柔或刚。万物所出，造于太一，化于阴阳。"④ 高诱注曰："两仪，天地也。出，生也。"⑤ 《吕氏春秋》描述的宇宙生成过程是：太一生出天地，天地生阴阳，阴阳之间发生变化，一上一下，和合而成万物的形体，这就是《吕氏春秋》所谓的"万物所出，

① 高明：《帛书老子校注》，第 29 页。
② 刘文典：《淮南鸿烈集解》，中华书局，1989，第 112 页。下引此书版本同。
③ 李零：《郭店楚简校读记》（增订本），第 41 页。
④ 陈奇猷：《吕氏春秋新校释》，第 258～259 页。
⑤ 《吕氏春秋·大乐》注〔四〕，见陈奇猷《吕氏春秋新校释》，第 260 页。

造于太一，化于阴阳"。同为"太一"创生万物，《吕氏春秋》与《太一生水》有诸多不同，首先，最大的不同是在创生过程中《吕氏春秋》不需要"水"；其次，创生过程中，《吕氏春秋》不是"反辅"在起作用而是"阴阳变化"在起作用；最后，创生过程中，《吕氏春秋》没有"神明"这一环节。

《吕氏春秋》对宇宙生成过程的描述与《周易·系辞传》对宇宙生成过程的描述有几分相似。《系辞》曰："易有太极，是生两仪，两仪生四象，四象生八卦，八卦定吉凶，吉凶生大业。"注："太极者，无称之称，不可得而名，取有之所极况之太极者也。"① "太极"也是对宇宙本源的命名，像《吕氏春秋》命名为"太一"一样，是"强为之名"的选择。葛兆光先生认为古人感觉上的相似性使"北极""太一""道""太极"四个概念在语义上具有了互操作性，指出"《易系辞》明明说：'太极生两仪'，可《吕氏春秋·仲夏纪》里却将'太一'来代替'太极'，说'太一生两仪'，而《易系辞》'易有太极'一句，《经典释文》引马融又说是'北辰也'，可见'太一''太极'可以互训，而太极与北辰之间又有很微妙的开关"② 。葛兆光认为"太一""太极"可以互训，"太一生两仪""太极生两仪"表达的是同一个意思。这里"两仪"可以解释为"天地"或者"阴阳"，《吕氏春秋》"太一出两仪，两仪出阴阳"的"两仪"如高诱所说理解为"天地"为宜；《庄子·天下》曰"《易》以道阴阳"③ ，则《易系辞》"太极生两仪"的"两仪"当理解为"阴阳"。即在《吕氏春秋·大乐》和《周易·系辞传》所描述的宇宙生成过程中，"阴阳变化"都发挥着十分重要的作用，这是二者的相似之处。然而，二者还是有细微差别的。

（二）道即精气

与《太一生水》的"尚水"、用"水"来描述宇宙的生成不同，《吕氏春秋》倾向于"尚气"，认为"精气"就是"道"，就是产生万物的本源。老子已经开始试图将"气"抽象为哲学概念，王弼本《老子》第四十二章

① 孔颖达：《周易正义》，阮刻《十三经注疏》本，中华书局，1980，第82页。下引此书版本同。
② 葛兆光：《众妙之门——北极与太一、道、太极》，《中国文化》1990年第3期。
③ 郭庆藩：《庄子集释》，第1067页。

曰："道生一，一生二，二生三，三生万物。万物负阴而抱阳，冲气以为和。"① 老子用阴阳二气来论证万物的本源。又王弼本《老子》第二十一章所云"道之为物，惟恍惟惚。惚兮恍兮，其中有象。恍兮惚兮，其中有物。窈兮冥兮，其中有精"②。后世把"精气"作为生成万物的本源当是对老子所谓"精""气"的阐发。

《管子·内业》曰："精也者，气之精者也。"③ 张岱年先生解释说："所谓精即是细微而粹美的气，亦称为精气。"④《吕氏春秋·大乐》曰"道也者，至精也"⑤，认为"道"是"至精之气"——精气。《吕氏春秋·圜道》曰："何以说天道之圜也？精气一上一下，圜周复杂，无所稽留，故曰天道圜"，"精行四时，一上一下各与遇，圜道也。"⑥ "精气"是产生万物的本源，一上一下生成万物，而又循环往复，从不停止，所以说"天道圜"。"精气四季运行，阴气上腾，阳气下降，相合而成万物，这是圜道"⑦。

《吕氏春秋·尽数》曰："精气之集也，必有入也。集于羽鸟与为飞扬，集于走兽与为流行，集于珠玉与为精朗，集于树木与为茂长，集于圣人与为敻明。精气之来也，因轻而扬之，因走而行之，因美而良之，因长而养之，因智而明之。流水不腐，户枢不蠹，动也。形气亦然，形不动则精不流，精不流则气郁。"⑧ 帛书《黄帝四经》称"道"为"一"，《道原》曰："鸟得而蜚（飞），鱼得而流（游），兽得而走。万物得之以生，百事得之以成。"⑨ "道"使万物具有功能，使万事得以成功，鸟得之而飞，鱼得之而游，兽得之而走，"万物得之以生，百事得之以成"。《吕氏春秋》发展了帛书《黄帝四经》的思想认为"精气"使万物具有功能，使万事得以成功。"精气"作为十分细微的物质，汇集进入形体之内，集于鸟羽，使它可以展翅飞翔；集于走兽，使它可以快速奔跑；集于珠玉，使它可以璀璨耀眼；

---

① 高明：《帛书老子校注》，第 29 页。
② 高明：《帛书老子校注》，第 328~331 页。
③ 黎翔凤：《管子校注》，第 937 页。
④ 张岱年：《〈管子〉书中的哲学范畴》，《管子学刊》1991 年第 3 期。
⑤ 陈奇猷：《吕氏春秋新校释》，第 259 页。
⑥ 陈奇猷：《吕氏春秋新校释》，第 174 页。
⑦ 张双棣、张万彬、殷国光、陈涛：《吕氏春秋译注》，吉林文史出版社，1993，第 88 页。下引此书版本同。
⑧ 陈奇猷：《吕氏春秋新校释》，第 139 页。
⑨ 陈鼓应：《黄帝四经今注今译：马王堆汉墓出土帛书》，第 399 页。

集于树木，使它可以枝繁叶茂；集于圣人，使他可以聪慧睿智。

　　稷下道家的"精气"理论对《吕氏春秋》的"精气"理论有更为直接的影响。《管子·内业》曰："凡物之精，此则为生。下生五谷，上为列星。流于天地之间，谓之鬼神。藏于胸中，谓之圣人。"① 稷下道家将"精气"成就万事万物的功能表述得更加直接和明确。《吕氏春秋》在稷下道家的基础上进一步发展了"精气"理论，将"精气"讲的更加具体和深入。《吕氏春秋·达郁》曰："精气欲其行也，若此则病无所居而恶无由生矣。病之留、恶之生也，精气郁也。"② 《吕氏春秋》指出精气要不断地运行，这样"病无所居""恶无由生"。万物的具有功能源于"精气"在其体内的流动，"形不动则精不流，精不流则气郁"。"病之留、恶之生也，精气郁也"，精气郁结会带来严重的恶果，"郁处头则为肿为风，处耳则为挶为聋"，"处鼻则为鼽为窒，处腹则为张为府，处足则为痿为蹶"③。

　　《吕氏春秋》认为"精气"是可以相通的，《吕氏春秋·召类》曰："气同则合。"④《吕氏春秋》有《精通》《精谕》两篇专讲"精气"的相通问题。《精通》曰："圣人南面而立，以爱利民为心，号令未出而天下皆延颈举踵矣，则精通乎民也"，"身在乎秦，所亲爱在于齐，死而志气不安，精或往来也"⑤。圣人与民众精气相通，圣人以爱利之心爱民众，民众也以爱利之心爱圣人，所以圣人还没有颁布法令，民众已经在"延颈举踵"地等待了，这就是《精谕》所谓"圣人相谕不待言，有先言言者也"⑥。身在秦国的人会因身在齐国的爱人的死亡而感到心神不宁，这也是因为精气是可以相通的。

　　又《精通》曰："锺子期夜闻击磬者而悲，使人召而问之曰：'子何击磬之悲也？'答曰：'臣之父不幸而杀人，不得生；臣之母得生，而为公家为酒；臣之身得生，而为公家击磬。臣不睹臣之母三年矣。昔为舍氏睹臣之母，量所以赎之则无有，而身固公家之财也。是故悲也。'锺子期叹嗟

---

① 黎翔凤：《管子校注》，第 931 页。
② 陈奇猷：《吕氏春秋新校释》，第 1382 页。
③ 《吕氏春秋·尽数》，陈奇猷：《吕氏春秋新校释》，第 139 页。
④ 陈奇猷：《吕氏春秋新校释》，第 1369 页。
⑤ 陈奇猷：《吕氏春秋新校释》，第 513 页。
⑥ 陈奇猷：《吕氏春秋新校释》，第 1176 页。

曰：'悲夫，悲夫！心非臂也，臂非椎非石也。悲存乎心而木石应之，故君子诚乎此而谕乎彼，感乎己而发乎人，岂必强说乎哉？'周有申喜者，亡其母，闻乞人歌于门下而悲之，动于颜色，谓门者内乞人之歌者，自觉而问焉，曰：'何故而乞？'与之语，盖其母也。故父母之于子也，子之于父母也，一体而两分，同气而异息。若草莽之有华实也，若树木之有根心也，虽异处而相通，隐志相及，痛疾相救，忧思相感，生则相欢，死则相哀，此之谓骨肉之亲。神出于忠，而应乎心，两精相得，岂待言哉？"① 击磬者与其母精气相通，击磬者感知母亲之痛苦而不能将其救离苦海，所以悲痛，故击磬甚悲；同样，由于精气相通，锺子期可以感知击磬者之悲。锺子期所谓"君子诚乎此而谕乎彼，感乎己而发乎人"说的正是"精通""精谕"。申喜之所以听到其母乞讨时所唱的歌而感到悲痛，"动于颜色"，是因为母子之间精气是相通的。父母子女之间，"一体而两分，同气而异息"，同样的精气存在于两个个体之中，虽然处于不同的个体，但是二者是息息相通的，正所谓"虽异处而相通"。因为精气相通，所以父母子女之间能够"隐志相及，痛疾相救，忧思相感，生则相欢，死则相哀"，这就是"骨肉之亲"。

《吕氏春秋》将"道"命名为"太一"，又用"精气"来阐释"道"，这是《吕氏春秋》论"道"的重要特色。强昱在《〈太一生水〉与古代的太一观》一文中说："《吕氏春秋》等以太一为道，此道意为气之至精者，至少老子、庄子、惠施的一，却不能纯以'气之至精'者解。这就是说，一固然是统一性，但以太一为气之至精者，重点是在质料的一致，而在老庄那里，则为最高的抽象原理，此原理为世界的本质。"② "以太一为道，此道意为气之至精者"是《吕氏春秋》的"道"与道家之"道"的区别所在，是《吕氏春秋》论"道"的特色。

（三）因重"道"而强调"知一""执一"

"一"就是"道"，《吕氏春秋·大乐》曰："道也者，至精也，不可为形，不可为名，强为之谓之太一。故一也者制令，两也者从听。先圣择两

---

① 陈奇猷：《吕氏春秋新校释》，第 514 页。
② 强昱：《〈太一生水〉与古代的太一观》，见陈鼓应主编《道家文化研究》第 17 辑，第 355 页。

法一,是以知万物之情。故能以一听政者,乐君臣,和远近,说黔首,合宗亲。能以一治其身者,免于灾,终其寿,全其天。能以一治其国者,奸邪去,贤者至,成大化。能以一治天下者,寒暑适,风雨时,为圣人。故知一则明,明两则狂。"①"一"是"道",处于支配的地位,制约着万事万物;"两"处于从属的地位,只能听从命令而已。先代圣王舍弃"两"而取法"一",所以能够掌握万物生成的情理。能用"一"处理政事,则君臣欢乐,远近和谐,百姓高兴,宗亲和睦。能用"一"来治身、治国、治天下更是有百利而无一害,所以,《吕氏春秋》强调"知一":知一则明,明两则狂。

又《吕氏春秋·论人》曰:"凡彼万形,得一后成。故知一,则应物变化,阔大渊深,不可测也。德行昭美,比于日月,不可息也。豪士时之,远方来宾,不可塞也。意气宣通,无所束缚,不可收也。故知知一,则复归于朴,嗜欲易足,取养节薄,不可得也。离世自乐,中情洁白,不可量也。威不能惧,严不能恐,不可服也。故知知一,则可动作当务,与时周旋,不可极也。举错以数,取与遵理,不可惑也。言无遗者,集肌肤,不可革也。谗人困穷,贤者遂兴,不可匿也。故知知一,则若天地然,则何事之不胜,何物之不应?"②世间万物,"得道"之后而形成。"故知一",许维遹曰:"王念孙校本重'知'字,是。'故知知一'下文凡三见,知一犹云得一。《审应篇》注'知犹得'。"③据此,"知一"即为"得一",即"得道"。《吕氏春秋》强调"知一"就是在强调"得道"。

掌握了得道的道理,就可以顺时变化而精深莫测,可以使德行昭明并列于日月而永不熄灭,可以使豪杰贤士随时归附而不可遏制,可以使精气顺畅无所束缚而不可拘守;掌握了得道的道理,就可以返朴归真,从而做到节制欲望而不被支使,超凡脱俗而不可污染,刚强无畏而不可屈服;掌握了得道的道理,就可以举动适当、随时变化而不可困窘,依礼行事、取术遵理而不可迷惑,言无遗失、接于肌肤而不可改变,亲贤远佞、贤者显达而不可隐匿。诸如此类皆是"知一"的好处,所以,《吕氏春秋》强调

---

① 陈奇猷:《吕氏春秋新校释》,第259~260页。
② 陈奇猷:《吕氏春秋新校释》,第162页。
③ 许维遹:《吕氏春秋集释》,中华书局,2009,第74页。

"知一"，强调"知知一"：故知知一，则若天地然，则何事之不胜，何物之不应？

《吕氏春秋》又强调"执一"。《吕氏春秋》有《不二》《执一》两篇专讲"执一"问题。《不二篇》有脱文，① 篇幅极短，今录全文于下。《不二》曰："听群众人议以治国，国危无日矣。何以知其然也？老耽贵柔，孔子贵仁，墨翟贵廉，关尹贵清，子列子贵虚，陈骈贵齐，阳生贵己，孙膑贵势，王廖贵先，兒良贵后。有金鼓所以一耳也，同法令所以一心也。智者不得巧，愚者不得拙，所以一众也；勇者不得先，惧者不得后，所以一力也。故一则治，异则乱；一则安，异则危。夫能齐万不同，愚智工拙，皆尽力竭能，如出乎一穴者，其唯圣人矣乎！无术之智，不教之能，而恃强速贯习，不足以成也。"② 《吕氏春秋》认为老耽、孔子、墨翟、关尹、子列子、陈骈、阳生、孙膑、王廖、兒良十人的学说各自崇尚不同的内容，如果兼听而用之，国家就会危亡。《吕氏春秋》指出要一耳、一心、一众、一力，一则治、则安，异则乱、则危，旨在提倡"执一"。

《执一》曰："王者执一，而为万物正。军必有将，所以一之也；国必有君，所以一之也；天下必有天子，所以一之也；天子必执一，所以抟之也。一则治，两则乱。今御骊马者，使四人，人操一策，则不可以出于门闾者，不一也。"③ 王者"执一"，就可以成为万物的主宰。军队一定要有将帅、国家一定要有君主、天下一定要有天子、天子一定要"执一"，表达的都是"一则治，两则乱"的思想。

《吕氏春秋·有度》曰："先王不能尽知，执一而万物治。使人不能执一者，物感之也。故曰通意之悖，解心之缪，去德之累，通道之塞。贵富显严名利六者，悖意者也。容动色理气意六者，缪心者也。恶欲喜怒哀乐六者，累德者也。智能去就取舍六者，塞道者也。此四六者不荡乎胸中则正。正则静，静则清明，清明则虚，虚则无为而无不为也。"④ 先王不能事事皆知，"执一御万"而万物治，但是，人往往不能"执一"，因为事物的

---

① 陈奇猷曰："《吕氏》各篇长短皆相近，不得此篇特短，亦可明此必有脱文。"（《吕氏春秋·不二篇》注〔一一〕，见陈奇猷《吕氏春秋新校释》，第 1141 页）
② 陈奇猷：《吕氏春秋新校释》，第 1134~1135 页。
③ 陈奇猷：《吕氏春秋新校释》，第 1143 页。
④ 陈奇猷：《吕氏春秋新校释》，第 1660 页。

迷惑：贵、富、显、严、名、利扰乱思想，容、动、色、理、气、意惑乱心志，恶、欲、喜、怒、哀、乐拖累德行，智、能、去、就、取、舍阻塞大道。如果心中没有这些迷惑，那么就能体认"道"、就能"执一"。"君"能"执一"就能实现"无为而无不为"，即"执一而万物治"。

《吕氏春秋·圜道》曰："一也齐至贵，莫知其原，莫知其端，莫知其始，莫知其终，而万物以为宗。"① 《吕氏春秋·为欲》曰："执一者至贵也。至贵者无敌。圣王托于无敌，故民命敌焉。"② 因为"一"是"至贵"的，所以，"执一者"也是"至贵"的。"至贵者"没有对手，"圣贤的君王立身于没有对手的境地，所以人们的命运就都依附于他们了"③。在此，《吕氏春秋》着重强调的依然是"执一"的重要性。

---

① 陈奇猷：《吕氏春秋新校释》，第 174 页。
② 陈奇猷：《吕氏春秋新校释》，第 1303 页。
③ 张双棣等：《吕氏春秋译注》，第 688 页。

综　述

"第七届出土文献与中国文学史研究
学术研讨会"会议综述

郝　潇

2018 年 10 月 20~21 日，由聊城大学文学院和济南大学文学院联合主办的"第七届出土文献与中国文学史研究学术研讨会"在聊城大学举行。来自北京大学、清华大学、复旦大学、陕西师范大学、首都师范大学、南京师范大学、中南民族大学、山东大学、济南大学、曲阜师范大学等国内和台湾地区 30 余所高校和科研机构的 50 多位专家学者齐聚一堂，就出土文献与中国文学史研究的相关问题切磋讨论。会议期间，与会代表围绕出土文献与古代文学研究理论成果、出土文献与传世文献互证视域下的出土文献与古代文学研究、大学科视域下出土文献与古代文学的跨学科研究及出土文献与古代文学研究的反思与展望四个方面展开探讨，展示了该领域研究的最新成果，推动了相关学术研究的深入。

一　出土文献与古代文学研究的理论成果

中国人民大学徐正英教授《出土文献"大文学"研究与坚定文化自信》一文通过对殷商甲骨刻辞、两周铜器铭文、战国秦汉简帛等出土文献"大文学"文本研究论证了"表现性"及"抒情性"是我国古代"大文学"区别于西方"再现性"文学的独特存在形态和文化优势；山东大学廖群教授在《回到"疑古"与"信古"之间（论纲）》中提出应在辩证运用出土文献的基础上辩证地看待传世文献；山东大学威海分校洪树华教授在《近十年来清华简研究论述》一文中指出清华简是当今学术界继郭店简、上博简之后的又一研究热点；江苏师范大学范春义教授在《出土文献前后两期异同论》中提出唐后出土文学研究的可能路径；聊城大学蔡先金校长总结了四点简帛学研究的相关方法和策略，即复合证据法、文本挖掘法、分类研究法和文献整理法，为研究提供了方法论指导。聊城大学杨春忠教授在《论出土文献与中国文学史关系理论》中提出出土文献与中国文学史关系理论、三重证据法及"完形"和跨媒介文学的概念。

以上成果表明，关于出土文献与中国古代文学史的研究已经开始上升至理论层面，这为研究提供了方向和方法论指导。

二　简帛文献与古代文学研究

当前出土文献大量面世，如诸多学者所言，经专家鉴定过的出土文献可放心使用，与传世文献文字有出入者可供校勘之用，在传世文献中找不到者则是辑佚的好材料。会议期间简帛文学研究成果较多，成为这次学术研讨会上的一个热点。关于简帛文学的研究主要从文本考释和文学史两个角度展开。

（一）文本考释与简帛文学研究

会议上许多学者从文本考释的角度对简帛文学进行了研究，成果丰富。原台湾师范大学季旭昇教授在《〈季庚子问于孔子〉一则》中就"宝人"二字进行了释读，指出"宝人"即"主人"，令人茅塞顿开。济南大学张海波在《北大简〈妄稽〉编联问题整理及相关问题研究》中从简背划痕、用韵和内容三方面对近年北大汉简《妄稽》篇的编联意见进行整理并提出自己的见解，具有很强的专业性。清华大学出土文献研究与保护中心助理研究员高中华在《新出楚简〈诗经〉与〈魏风〉"左辟"释义》一文中结合新出安大简材料指出，《葛屦》"左辟"一语确如古注所说为礼容，即妇人初嫁入夫家之仪。聊城大学赵海丽教授和王婷在《论北大汉简〈妄稽〉地名"荥阳"》中从"荧""荥"的字形字义演变、文字通假现象和本源字"荥"的长期使用等角度论述了地名"荥阳"是自产生之日起就有的标准写法。聊城大学赵立伟副教授在《古写本〈尚书〉异文与今本〈尚书〉校读》中指出传世古书地下文本的发现，为纠正这些古书在传抄过程中所发生的讹误提供了直接证据，并选取若干写本异文，探讨了写本《尚书》对于校读今本《尚书》的重要价值。聊城大学汪梅枝副教授在《〈元致子方书〉之"沓"考辨》中，运用传世文献与语言学知识及出土实物考证了"沓"应为"鞈"，即皮鞋。解开简文中的难字和解决简序问题是深入研究简帛文本的前提，文本考释与简的编联为简帛文学研究打下了坚实的基础。

（二）简帛文献与古代文学研究

会议上，部分专家学者从文体、文学源流及思想内容等方面对简文进行了研究。北京大学傅刚教授在《北京大学藏汉简〈反淫〉简说》中认为《反淫》篇是赋体，并指出从《反淫》到《七发》反映了汉初由重黄老思想向逐渐重视儒家思想的转变。湖北文理学院刘刚教授在《上博简楚辞体作品与屈原骚体辞、宋玉散体赋的形成》中对上博简中的楚辞体作品进行了研究，指出上博简早期楚辞体作品是宋玉散体赋形成的内在因素。中南民族大学赵辉教授在《先秦"语"体的发生、演化及内在脉络》中指出先秦"语"体文本形态的内在逻辑关系规定了"训语"和"事语"的演化及相互影响。济南大学何家兴副教授在《清华简〈子仪〉辞令研究》中从辞令出发，立足文本，解释相关字词、疏通文义，最后指出《子仪》篇应属语类文献。烟台大学孙进教授在《上博简〈凡物流形〉文本分析及相关问题》中分析了《凡物流形》的文本结构、"发问"文体及其形成原因，就其学术源流和价值做了讨论。济南大学颜建真在《〈三国演义〉曹操烧信本事考》中从故事情节、形象体系和思想内容三个方面考证了《周驯》"周成王燔僭书"是《三国演义》曹操烧信的本事。

有的专家学者从简文研究出发，试图解开学术史上的难题，填补相关研究的空白。姚小鸥教授等在《〈芮良夫毖·小序〉与〈毛诗序〉的书法问题》中指出清华简《芮良夫毖·小序》有助于重新勾勒先秦《诗》学传承脉络、深入探讨《毛诗序》的形成过程。杭州师范大学张树国教授在《从伍子胥图咏论〈天问〉创作时地问题》中认为《天问》是屈原晚期被楚顷襄王流放陵阳的九年之间，见到春秋吴国神殿遗存壁画"呵而问天"的产物。济南大学俞林波副教授在《帛书〈黄帝四经〉论"道"——兼论〈吕氏春秋〉等先秦子书的"道"思想》中从出土文献与传世文献互证的视域下对"道"进行了探讨和论述。济南大学常昭副教授和辛玉明在《北京大学藏西汉竹书〈荆决〉文学价值初探》中指出西汉前中期占卜之辞保存着文学色彩，为文学起源于卜辞提供了新的证据。来自聊城大学简帛学中心的成员也在秦汉简帛文学研究方面提供了一系列文章，包括赵海丽教授的《悬泉帛书〈元致子方书〉所涉人物关系研究》、戴永新教授的《北大简〈妄稽〉篇的早期小说特征》、宁登国副教授的《〈神乌赋〉"署名简"与其文本来源》、李如冰副教授的《清华简〈赤鹄〉篇巫乌形象探析》及杜季芳副教授的《论司马迁对旧史料的处理》等，分别从文体、文学风尚和文学形象等方面对秦汉简帛进行研究，展现出勃勃生机。总体来看，会议期间关于北大简、清华简和上博简等材料的研究成果较为丰富，讨论也较充分，简帛文学研究结出了累累硕果。

三　其他出土文献与古代文学研究及基于出土文献的跨学科研究

出土文献的内容非常丰富，根据出土文献载体的不同，大体分为土陶文献、甲骨文献、金文文献、简帛文献、皮质文献、纸质文献和碑刻文献等。不仅文献载体多种多样，大学科视野下，基于出土文献的跨学科研究也在史学和哲学之外出现了新的交叉学科，这为古代文学研究提供了新的材料和线索。

（一）甲骨、青铜器、碑刻、画像石等文献与古代文学研究

简帛之外，甲骨、青铜、墓志、画像石、古戏台等也承载着中华文化的精神文明内涵。近年来，出土材料相关实物和图片资料陆续公布，其中蕴含的文学因素多有专家学者撰文研究。首都师范大学姚苏杰博士在《商代青铜器铭文的体式与功能——兼论文学视野下的铭文研究》中采用篇章结构分析法对商代青铜器铭文进行了研究，指出商代铭文有着很高的艺术成就，对后世叙事文学的发展有着深远影响。鲁东大学国际教育学院刘昕在《从文学的视域：甲骨卜辞与中华文化基因》中认为甲骨卜辞具有文学性，从文学视域对甲骨卜辞进行观照有助于理解其诗乐思想、忧患意识和审美意绪等中华文化基因。陕西师范大学柏俊才教授在《出土文献与传世文献互证视域下的北魏女性作家的文学成就》中指出北魏三类女性作家的文学创作融合了汉族与鲜卑族的文化因子，并取得了较高的文学成就，其中胡太后的《杨白花》堪称北魏女性文学之冠。山东大学张倩倩在《图像、文字与生活：汉代社会生产类画象石叙事"语法"考论》中从空间叙事、文学叙事的角度探索了"画像"这一新兴的研究领域。济南大学刘雯在

《早期传说的创作起源、传播主体对故事演变的影响》中结合典籍与文物、图像（故事类汉画）对孟姜女故事和韩朋故事进行了比较研究，论述了故事创作起源与传播主体对故事演变的影响。江苏师范大学曹广华教授在《古戏台题记实物文献价值及保护》中指出古戏台题记具有重要的学术研究价值，是民间戏曲研究的宝库，并呼吁对之进行保护。

（二）出土文献与古代文学跨学科研究

文化贯穿并且承载着民族的记忆，在当今纯文学与大学科并存的时代下，跨学科研究不失为打开中国古代文学研究的一把钥匙。中南民族大学孙卫华副教授在《〈容成氏〉"尚贤"思想辨析》中通过先秦文献中的"禅让"思想和郭店楚简有关资料对《容成氏》蕴含的政治哲学思想进行论述，探讨"尚贤"思想的发展轨迹。泰山学院范正生教授在《环境考古与上古神话解读》中介绍了环境考古学资料对于还原神话中的史实和科学解读神话的文学性具有不可替代的作用。广西师范大学张文东在《"玉衡指孟冬"辨疑》一文中运用有关天文历法的出土材料来对聚讼至今的"玉衡指孟冬"一语进行辨析。南京师范大学韩旭在《〈楚辞·远游〉文本所见"玄武""文昌"星象信仰考源》中通过查考出土文献与传世材料指出"玄武""文昌"均是秦汉以后才构建成型的文化学观念，推断《远游》并非屈原作品，乃是汉人拟作。上述论文分别从政治哲学、环境考古学和天文学角度出发并结合出土文献及传世典籍对古代文学进行研究，角度新颖、论证严密，是在大学科视域下出土文献与古代文学研究取得的可喜成果。

此外，会议还收到了利用罕见文献和善本进行古代文学研究的成果。山东财经大学李秀华教授《论汉地本土五言颂的生成与在南北朝隋唐五代的发展》一文在收集整理1000余首唐前汉地本土五言颂的基础上探讨五言颂的生成及其在南北朝隋唐五代的发展过程。济宁学院颜健在《颜肇维〈锺水堂诗〉版本源流及价值考论》中考察了国图本、北大本、南图本、鲁图本和青图本五种《锺水堂诗》的不同藏本，在此基础上厘清其版本源流，并对其思想和学术价值进行了论述。哈尔滨师范大学种梦卓和万志祎在《〈东池诗集〉的故国之思与板荡之悲》中对国家图书馆藏清朝善本《东驰诗集》进行了研究，得出此一诗派与众不同的遗民思想。这些论文成果丰富了会议内容。

四　出土文献与古代文学研究的反思与展望

会议回顾了出土文献与古代文学研究的历史并就将来的研究作了展望。首都师范大学赵敏俐教授回顾了第一届出土文献与中国文学史研究学术研讨会的具体情况，指出出土文献研究的重要性与热点性。复旦大学刘钊教授就出土文献研究现状与发展前景、出土简牍的真伪辨析、出土文献文本的文学性研究、对待出土文献的原则与方法等问题做了报告。聊城大学校长蔡先金指出，目前简帛学研究的任务和使命主要表现在简帛学与相关学科的构建、我国在国际社会简帛学研究中的地位、进一步挖掘简帛文本资源、构建简帛学话语体系、助力东方古典学乃至东方学构建等方面。会议最后，姚小鸥教授做总结报告，对近 20 年来出土文献与中国古代文学研究的成果做了评述，并对年青一代的研究者寄予厚望。

此次会议老中青年学者齐聚一堂，学术氛围浓厚，研究视野广阔，展现了出土文献与古代文学研究的青春与活力。在当前出土文献研究的有利条件下，此次研讨会促进了专家学者之间的交流，出土文献与中国文学史研究必将取得新的令人瞩目的成果。

（作者系聊城大学文学院硕士研究生）

附：会议日程

日期	时间	内容	地点
10月20日上午	8：30~10：00	●开幕式（8：30） 主持人：苗菁（聊城大学文学院院长） ●开幕致辞（8：30~10：00） 1. 蔡先金（聊城大学校长） 2. 刘钊（复旦大学教授） 3. 赵敏俐（首都师范大学教授） ●聘任仪式 聘任郑杰文教授为聊城大学天工国学院院长 ●揭牌仪式 1. 聊城大学简帛研究中心揭牌仪式 2. 山东省特色文献与传统文化双创协同创新中心揭牌仪式 3. 聊城大学天工国学院揭牌仪式 4. 国学院院长郑杰文教授发言 5. 天工国学院理事会理事长刘学锦发言	东湖宾馆一楼报告厅
	10：00~10：30	大会合影暨茶歇	
	10：30~12：00	大会发言 主持人：苗菁（聊城大学文学院院长） ●北大汉简《反淫》篇整理的问题 发表人：傅刚（北京大学教授） 评议人：季旭昇（聊城大学特聘教授） ●回到"疑古"与"信古"之间（论纲） 发表人：廖群（山东大学教授） 评议人：徐正英（中国人民大学教授） ●出土文献"大文学"研究与坚定文化自信 发表人：徐正英（中国人民大学教授） 评议人：廖群（山东大学教授） ●《芮良夫毖·小序》与《毛诗序》的书法问题 发表人：姚小鸥（聊城大学特聘教授） 评议人：张树国（杭州师范大学教授）	东湖宾馆一楼报告厅

日期	时间	内容	地点
10月20日 上午	10：30～12：00	●《季庚子问于孔子》一则 发表人：季旭昇（聊城大学特聘教授） 评议人：傅刚（北京大学教授） ●从伍子胥图咏论《天问》创作时地问题 发表人：张树国（杭州师范大学教授） 评议人：姚小鸥（聊城大学教授）	东湖宾馆 一楼报告厅
	12：00～13：00	午餐	
10月20日 下午	14：30～16：00 （10：00～10：30 茶歇）	第一分组讨论 主持人：陈才智　范正生	国学院一楼
		第二分组讨论 主持人：洪树华　单承彬	国学院一楼
		第三分组讨论 主持人：何家兴　张金霞	国学院二楼
	18：00	晚宴	东湖宾馆
10月21日 上午	8：30～12：00 （10：00～10：30 茶歇）	第一分组讨论 主持人：范春义　赵海丽	国学院一楼
		第二分组讨论 主持人：柏俊才　常昭	国学院一楼
		第三分组讨论 主持人：张银堂　张学成	国学院二楼
	12：00～13：00	午餐	东湖宾馆
10月21日 下午	14：30～16：00	大会发言 主持人：张兵 ●先秦"语"体的发生、演化及内在脉络 发表人：赵辉（中南民族大学） 评议人：刘刚（湖北文理学院） ●出土文献与传世文献互证视域下的北魏女性作家的文学成就 发表人：柏俊才（陕西师范大学教授） 评议人：赵辉（中南民族大学） ●上博简楚辞体作品与屈原骚体辞、宋玉散体赋的形成 发表人：刘刚（湖北文理学院） 评议人：张海波（济南大学） ●商代青铜器铭文的体式与功能——兼论文学视野下的铭文研究 发表人：姚苏杰（首都师范大学） 评议人：何家兴（济南大学） ●清华简《子仪》辞令研究 发表人：何家兴（济南大学）	东湖宾馆一楼报告厅

日期	时间	内容	地点
10 月 21 日 下午	14：30～16：00	评议人：姚苏杰（首都师范大学） ●北大简《妄稽》编联问题整理及相关问题研究 发表人：张海波（济南大学） 评议人：柏俊才（陕西师范大学）	东湖宾馆一楼报告厅
	16：00～16：30	茶歇	
	16：30～17：00	●大会交流 第一小组总结发言 第二小组总结发言 第三小组总结发言	
	17：00～17：30	●闭幕致辞 蔡先金（聊城大学校长） 姚小鸥（聊城大学特聘教授）	
	18：00	晚宴	东湖宾馆

稿　约

　　本刊是简帛研究的专门学术刊物，面向国内外公开发行。本刊以"弘扬传统文化、推动简帛研究"为宗旨，力求构建简帛学术研究的交流平台。本刊尊重学术自由，鼓励百家争鸣，竭诚欢迎国内外专家学者不吝赐稿。来稿体例如下：

（一）摘要、关键词及字体

中文摘要 100~300 字，关键词 3~5 个，正文为宋体小四。

（二）作者信息

置于关键词之后。依次注明：姓名、工作单位、邮编、所在城市。

　　文章最后请注明作者的任职或就学单位，职衔，通信地址、邮编、联系电话及 E-mail 邮箱等信息（私人信息仅供编辑部与您联系使用）。

（三）注释及参考文献

本刊采用页下注，每页重新编号，注释编号依次为①②等。

参考文献置于文末，以阿拉伯数字外加方括号如"［1］"。

（四）注释格式

1. 专著

作者：书名，出版社及出版时间，页码。如：

鲁迅：《中国小说史略》，上海古籍出版社，2004，第 6 页。

2. 期刊论文

作者：文章名称，刊物名称及刊出期号。如：

蔡先金：《"国学"原义断裂、跨语际挪移与流变性转换考察》，《文史哲》2015 年第 4 期。

3. 文集论文

作者：文章名称，主编及文集名称，出版社及出版时间，页码。如：

廖名春：《出土文献与先秦文学史的重写》，姚小鸥主编《出土文献与中国文学研究》，北京广播学院出版社，2000，第 6 页。

4. 报纸文章

作者：文章名称，报纸名称及发表时间，版次。如：

姚小鸥、高中华：《〈诗经〉与清华简之"䜌"命》，《光明日报》2015 年 2 月 26 日，第 7 版。

5. 网络文章

作者：文章名，网络名称及网址，发表时间。如：

蔡先金：《战国"小说"——清华简〈耆夜〉（摘要）》，济南大学出土文献与文学研究中心网站，http：//wen. ujn. edn. cn/wenxian/detail. asp？Id = 75，2014-12-17。

6. 其他特别说明：

（1）在 WORD 文文件中，凡系统在默认状态下不能处理的字以及古文字字形，请以图片格式插入。如果图片数量较多，则集中做成列表附于文末，而在正文中以阿拉伯数字或英文字母指代。

（2）论文所需大幅图版、照片，其分辨率、尺寸应满足一般出版要求。

（3）海外版图书可通过标注出版者所在地点（城市）反映出来，海外作者名字前用方括号加国籍。如：

〔日〕林巳奈夫：《战国时代出土文物的研究》第 N 页，（东京）京都大学人文科学研究所，1985。

（五）选题范围及字数

以简帛文献整理与研究为主，包括但不限于简帛文献与文学、经学、史学、哲学等选题。字数不限。

（六）稿件寄发及信息反馈

请寄送电子版或纸质版至编辑部地址（详下）。编辑部自收稿之日起，两个月内反馈录用信息。

（七）版权事宜

稿件一经录用，即赠送样刊两册。文章的光盘版、网络版版权属本刊所有。

（八）编辑部联络方式

地址：山东省聊城市湖南路 1 号聊城大学简帛研究中心《中国简帛学刊》编辑部收。

邮编：252000

电子信箱：chutuwenxianld@163.com。大作请同时提供 WORD 及 PDF 版本。

图书在版编目（CIP）数据

中国简帛学刊. 第三辑 / 蔡先金主编 . --北京：
社会科学文献出版社，2019.10
ISBN 978-7-5201-5485-7

Ⅰ.①中… Ⅱ.①蔡… Ⅲ.①竹简-中国-文集②帛
书-中国-文集 Ⅳ.①K877.54-53

中国版本图书馆 CIP 数据核字（2019）第 192323 号

中国简帛学刊（第三辑）

主　　编／蔡先金
副 主 编／苗　菁

出 版 人／谢寿光
责任编辑／李建廷
文稿编辑／范明礼

出　　版／社会科学文献出版社·人文分社（010）59367215
　　　　　地址：北京市北三环中路甲 29 号院华龙大厦　邮编：100029
　　　　　网址：www.ssap.com.cn
发　　行／市场营销中心（010）59367081　59367083
印　　装／三河市尚艺印装有限公司

规　　格／开　本：787mm×1092mm　1/16
　　　　　印　张：17.75　字　数：270 千字
版　　次／2019 年 10 月第 1 版　2019 年 10 月第 1 次印刷
书　　号／ISBN 978-7-5201-5485-7
定　　价／89.00 元